한국어 한자어 동작성 명사에 대한 연구

저자 **최 정 애(崔貞愛)**

중국 연변대학교에서 학부, 석사과정을 마쳤고 연변대학교 박사학위와
한국 충북대학교 박사학위(복수학위)를 취득하였다.
현재 중국 상해제2공업대학 한국어학과 교수로 재직 중이다.

한국어 한자어 동작성 명사에 대한 연구

초판 인쇄 2016년 2월 15일
초판 발행 2016년 2월 25일

지은이 최정애
펴낸이 이대현
편 집 이소정
펴낸곳 도서출판 역락
　　　　서울 서초구 동광로 46길 6-6 문창빌딩 2층
　　　　전화 02-3409-2058(영업부), 2060(편집부)
　　　　팩시밀리 02-3409-2059
　　　　이메일 youkrack@hanmail.net
　　　　역락블로그 http://blog.naver.com/youkrack3888
　　　　등록 1999년 4월 19일 제303-2002-000014호

ISBN 979-11-5686-285-7 93710
정 가 22,000원

이 도서의 국립중앙도서관 출판시도서목록(CIP)은 서지정보유통지원시스템 홈페이지(http://seoji.nl.go.kr)와 국
가자료공동목록시스템(http://www.nl.go.kr/kolisnet)에서 이용하실 수 있습니다.(CIP제어번호 : CIP2016002780)

한국어 한자어 동작성 명사에 대한 연구

최 정 애

역락

머리말

한국어 박사 공부를 하면서 저자는 한자어에 대해 특별한 관심을 가졌다. 중국에서 태어나서 중국 연변대학 조선어문학부를 다니며 한국어(조선어)에 대해 관심을 가지게 되었고 이런 관심이 작은 씨앗이 되어 한국어 연구자가 되겠다는 꿈을 싹 틔우게 되었다. 한국어(조선어) 석 박사 과정에서 한자어에 관한 많은 연구논문들을 보게 되었고 한자어에 대해 좀 더 깊이 있게 주목하게 되었다. 이 책은 저자가 박사 과정을 공부하면서 한자어에 관심을 갖고 박사학위논문 주제를 한자어로 선정해 연구하고 고민하던 부분을 체계화하여 학위논문으로 제출하였던 것을 다듬어 펴낸 것이다. 부족한 부분이 많음에도 불구하고 저자가 학문의 길을 여는 하나의 발판으로, 앞으로의 연구를 이어나가는 출발점이라고 생각하고 이것을 위안 삼아 이 책을 세상에 펴보이고자 한다.

한국어에는 60% 이상의 한자어가 있다. 또한 한국어 한자어는 어원으로 보면 중국에서 차용되어 쓰였기에 그 형태와 의미가 중국어와도 밀접한 관계를 갖고 있다. 하지만 의미나 쓰임이 완전 다르거나 혹은 형태는 같지만 품사 범주가 완전 다른 어휘들이 아주 많다는 것을 발견했다. 본 연구의 주제 중 하나인 "동작성 명사"가 바로 이러한 한자어 어휘들이다. 한국어에서는 "연구"가 명사이나 중국어의 "研究"는 명사, 동사의 기능을 모두 갖고 있다. 한국어의 명사 "연구"를 동사로 쓰려면 반드시 "하다"나 "되다" 등 동사 요소들을 붙여야만 동사가 될 수 있다. 그럼 이러한 한국어에서의 명사와 형태가 같은 중국어의 것들과는 어떠한 연관성이 있는가? 또한 어떠한 범주적 특성을 갖고 있는가? 그것이 "하다"가 붙어서 동사가 될 때 갖는 논항들은 그것들이 명사일 때 갖는 논항들과 어떠한 관계가 있는가? 이러한 한자어는 또한 구조상에는 어떠한 특징들이 있을까? 그렇다면 이러한 공통적인 어떤 특성을 갖는 명사를 하나의 특정 범주로 이름 지을 수 없을까? 하는 등등의 의문들을 가지게 되었다. 이러한 의문들을 가지고 저자는 실력이 부족함을 알면서도 연구자로서 배운다는 자세로 이 연구를 시도하게 된 것이다. 본 연구는 이러한 의문들을 풀어나가는 과정에서 얻은 결과라고 볼 수 있다. 우선 "하다", "되다" 등 명사 요소들과 결합할 수 있는 동사들을 빈도수에 따라 추출해서 그것들을 "동작성 명사"라고 명명하고 이 부류의 명사들을 형태, 구조, 통사 등 면에 대한 고찰을 통하여 "동작성 명사"가 하나의 어휘 범주로서 자리매김할 수 있는 근거를 마련하고자 했다.

세상의 그 어떤 언어를 막론하고 명사는 수량이 가장 많은 어휘범주라고 할 수 있다. 한국어도 마찬가지이다. 한국어에서 90년대 중반까지 동사에 대한 연구가 활발하게 이루어지다가 90년대 말부터 명사에 대한 연구가 활발히 진행되고 있다. 특히 동사의 의미역, 논항 등 연구로부터 점차 명사의 의미부류, 명사의 격 실현, 명사 격 의미 등으로 초점이 옮겨졌다. 본 연구도 이러한 연구 배경과 연구초점을 염두에 두고 시대의 흐름에 힘입어 진행된 연구인 만큼 명사연구사에서 독창적인 이론체계나 관점을 제시하기보다는 명사연구사에서 하나의 보탬이 된다면 그것으로 의미가 있지 않을까 싶다. 하지만 본 연구에서는 한자어에만 치중하여 연구한 바 동일한 현상들이 고유어에서는 어떻게 나타나는가에 대해서는 언급하지 못한 아쉬움이 남는다. 앞으로 계속 연구 보완할 부분이라고 생각하고 앞으로의 연구과제로 남긴다.

저자의 연구가 한 권의 책으로 나올 수 있기까지는 주변 분들의 관심과 도움을 이야기하지 않을 수 없다. 누구보다도 먼저 어려운 가정 형편에도 불구하고 하고 싶은 공부 다 할 때까지 뒷바라지 해주신 부모님을 꼽아야 할 것이다. 저자가 박사 공부를 마칠 때까지 부모님께 용돈 한 푼 못 드리고 제 공부만 욕심 부린 자신이 원망스러울 때도 있지만 그래도 자식이 박사라고 항상 다른 사람 앞에서 자랑하면서 뿌듯해 하시는 부모님을 떠올리면 그나마 죄송한 마음이 조금이라도 가라앉는다. 부모님의 은혜는 죽어서도 갚지 못한다는 말을 부모가 된 이제야 절감한다. 그냥 부모님께는 갚지 못할 빚이라는 걸 알기에 마냥 감사하는 맘으로 살겠다.

또한 저자가 연변대학교 조문학부에서 공부할 때 한국어 연구자로서의 나아갈 길을 제시해주신 김광수 선생님을 비롯한 학부 여러 전공 선생님의 은혜를 평생 잊지 못할 것이다.

그리고 학부 때 저자의 담임이셨던 신운철 선생님께도 고마운 마음을 전하고 싶다. 신운철 선생님은 학문보다는 인간으로서의 살 도리를 가르쳐 주셨고 세상을 살아가는 도리를 깨우쳐주신 은사이다. 학부 때부터 지금까지도 쭉 사제 간의 인연을 이어나가면서 여러모로 도움을 주시고 계시는 고마운 분이시다.

한국에서 연구할 기회를 주신 한림대학교 장범성 교수님께도 감사의 인사를 드리고 싶다. 이번 방한 기간 동안 학위논문을 다시 손에 쥐고 수정 보완할 수 있는 시간과 여건을 가질 수 있었다.

한국에서의 연구 활동 기간 동안 저자에게 도움을 주신 강릉원주대학교 국어 국문학과 최병우 교수님과 사모님께 고마움을 전한다. 만날 때마다 맛있는 음식을 사 주시면서 이곳저곳 구경까지 시켜주시고 여러모로 많은 도움을 주신 두 분 정말 따뜻한 분들이시다.

또한 저자의 박사논문 심사를 맡아주신 김기석 교수님께도 감사를 전하고 싶다.

그리고 저자가 박사 복수학위 과정으로 충북대학교 국어국문학과에 다닐

때 지도교수님이셨던 조항범 교수님께 감사를 드리며 전공 수업 강의를 해주신 강창석 교수님과 이호승 교수님께도 감사를 드린다.

부족한 원고지만 출판을 흔쾌히 승낙해주신 역락출판사 이대현 사장님께 감사를 드린다. 이대현 사장님은 중국내 조선어, 한국어 연구자들을 위해 항상 아낌없는 지원과 도움을 주셨고 저자와는 연변대학 학부시절 때부터 알고 지냈으며 그동안 줄곧 여러모로 도움을 주신 분이시다. 이 책을 위해 노고를 아끼지 않으신 역락출판사 이소정 편집자님을 비롯한 여러 식구들에게도 함께 감사를 드린다.

저자가 연구자로서의 마음가짐을 갖게 해주고 올바른 연구 자세를 갖도록 해주신 석사 지도교수 고 전학석 은사님, 박사 지도교수 고 이득춘 은사님의 은혜를 영원히 잊을 수 없다. 저자의 연구의 길에서 이렇게 훌륭한 두 분을 지도교수님으로 모실 수 있었던 것은 하느님께서 주신 은총이 아닐 수 없다. 자신의 학술 연구에 있어서나 학생들을 가르침에 있어서나 항상 엄격하시고 조금도 흐트러짐 없는 전학석 교수님은 참으로 멋진 분이시다. 이득춘 은사님은 몸이 편찮으신 와중에도 저자의 박사논문을 맡아 지도해주셨고 철자 하나 띄어쓰기 하나까지도 바로잡아 주셨다. 지금 생각하면 좀 더 꼼꼼하지 못했던 제 자신이 후회스럽다. 이득춘 은사님은 저자에게 늘 아버님처럼 친절하시고 인자하셨던 분이시다. 살아 계셨을 때 이 책을 펴냈더라면 얼마나 좋아하셨을까? 인간적으로나 학문적으로나 이 두 분을 따라가기에는 너무나 부족하지만 이 두 분을 거울삼아 더 참다운 연구자로서 인간으로서 살아가겠다.

저자가 이 책을 세상에 내놓으면 저 하늘나라에서라도 기뻐하실 두 분- 이득춘, 전학석 은사님께 이 책을 바친다.

2016. 2
저자 씀.

차례

1. 저술의 목적

본 연구는 한국어에서 [+동작성]을 띠면서 '하다'와 결합되어 동사로 되는 한자어 명사를 동작성 명사라고 명명하고 이들의 형태-구조론적, 통사론적 등 제 측면에 대한 고찰을 통하여 동작성 명사를 명사의 한 하위 범주로 간주하고 이를 다각도로 분석하는 데 목적이 있다.

명사는 동사 못지않게 한국어에서 중요한 자리를 차지하고 있으며 그 수 또한 가장 많다. 그러나 기존의 (한)국어학 연구는 동사에만 치중하여 명사 연구는 어휘장이론을 제외하면 그다지 활발한 편은 아니었다. (한)국어연구 초기부터 현재까지 명사는 끊임없는 관심의 대상이 되어 왔지만, 기존 연구는 문법서의 품사론에서 부분적으로 언급하는 수준에 머물러 있을 뿐 명사의 질적이고 내적인 문제에 대한 연구는 아직도 미흡하다. 최근 들어 (한)국어 연구자들의 시선이 동사의 의미역, 논항 등에서 점차 명사로 옮겨오면서 명사의 논의가 주목받게 되었다.

명사에 대한 기존 논의들을 살펴보면 명사의 의미 분류에 대한 새로운 시도, 명사구의 격 실현 양상이나 격의 의미, 보조사의 의미 등 형태 혹은 의미 문제이거나, 명사 전반을 대상으로 여러 특성을 살피는 연구 성과들이 주를 이룬다. 하지만 명사 구성 가운데 개별적 범주에 대한 연구 성과가 거의 발견되지 않는다. 특히 본 연구에서 논의하려는 동작성 명사 역시 기존의 논의에서는 하나의 독립적인 문법적 범주로 다루지 않고 있다. 대개는 서술성 명사 혹은 술어명사, 동명사라는 큰 범위 안에서 본 연구에서 일컫는 동작성 명사를 약간씩 언급하고 있는 실정이다.

기존 연구에서는 서술성 명사나 술어명사의 논항구조나 통사적 특성들을 다룰 때 동작성 명사를 간단하게 언급하거나 아니면 논항구조 한 부분에만 치중하여 동작성 명사의 단면적인 특성들을 해석하고 설명하는 경향을 보였다. 그러나 동작성 명사의 특성들을 논항이나 통사현상의 해석 등 한 면에만 치중하여 설명한 종래의 설명방식은 동작성 명사에 대한 전면적인 설명이 못 되는 바, 동작성 명사의 제반 특성을 일관성 있게 설명하는 데는 이르지 못하고 있다.

최윤갑(1998)에 의하면 한국어의 57.29%는 한자어라고 한다. 이렇듯 한자어가 한국어 속에서 큰 비중을 차지하고 있다는 것은 한국어 연구에서 한자어에 관한 연구의 중요성을 잘 보여준다. 한자어에서 'N+하다'형 동사는 우리말에서 아주 생산적인 어휘 구성의 방법이다. 'N+하다'형 서술어는 우리말에서 35,500여 개에 이를 정도로 한국어 서술어 구성에서 대표적 형태라고 할 수 있다(김광희 1998 : 156). 이들 중 N이 한자어인 경우가 60% 이상을 차지한다는 점에서 이를 하나의 단독 범주로 간주하여 논의할 필요가 있다.

본 연구는 동작성 명사의 전반적인 범주적 성격을 밝히는 것을 목적으로 하는 만큼 이들이 갖고 있는 특징적인 현상을 중심으로 형태–구조론적, 통사론적인 분석을 시도할 것이다.

2. 기존 논의의 검토

1) 한자어에 대한 연구

신기상(2005)은 한자어가 고유어의 부족한 점을 보완하고 있음을 중히 여기고 한국어와 한국어 한자어와의 관계, 한국어 한자음, 한자어의 의미, 한자어의 구성, 한자어의 품사체계 등 여러 측면에서 분석을 시도하였다. 그러나 이 책에서는 논술의 폭이 너무 방대해서 전체 틀에서의 넓이는 있으나 세부적인 부분에 대한 깊이가 없는 등 한계점을 보이고 있다.

奇周衍(1994)은 근대한국어의 조어법을 설명하면서 근대한국어에서 '-ᄒ 다'와 결합된 형태들을 살피고 그 유형에 따라 합성어, 파생어, 통사적 합성어 등으로 나누고 있다. 또한 그는 한자어의 조어법에 대해서 다루면서 파생어, 합성어 등 조어법을 논함에 있어 한자어는 구성 요소인 한자의 성격이 일 음절 일 형태소이므로 고유어와는 다른 특이한 구성 방법을 가진다고 했다. 따라서 한자어의 조어법을 기술함에 있어 한자어는 고유어의 그것과 동일시하기 어려운 점이 있다고 했다. 이는 한자어의 구조적 특성과 조어법상 차이에서 그 근거를 찾을 수 있다. 따라서 우리가 한자어의 조어법을 다룰 때는 일관적으로 고유어 체계에 맞춰 다룰 것이 아니라 한자어의 특수성을 고려하여 조어론적 특성을 밝혀야 그 정확성을 기할 수 있을 것이다.

송기중(1993)은 한국어 어휘를 크게 한자어와 비한자어로 나누어 구분하고 있다. 그는 한자어 중에는 '感氣', '福德房', '四柱八字', '三寸', '身熱'과 같이 한국에서 합성된 단어들과 '垈地', '媤家', '田畓'과 같이 한국에서 만들어진 한자로 합성된 단어들이 있는데 이들을 고유한자어라 했다.[1] 한국어 한자어에서 고유한자어가 차지하는 비율은 극히 낮고 대부분은 중국이나 일본에서 도입된 '외래한자어'들이다. '외래한자어'들은 고대로부터 19세기 중엽까지는 중국어에서, 그 후 현재까지는 일본어에서 도입된 것이 많다. 그러나 외래 한자어들이 도입되어 한국어 한자어로 정착되는 과정은 현대 언어학적 관점에서 명료하게 설명되지는 않았다. 또한 이와 같은 신 어휘 생성 방식이 서구에서는 흔히 볼 수 없기 때문일 것이라고 하였다. 그러나 이에 대한 상세한 서술은 하고 있지 않으며 한국어 한자어에 특수한 차용, 정착과정에 대하여 간략하게만 언급하고 있다.

심재기(1982)는 한자어의 전래와 계보에 대해 다루면서 한자어를 1)中國古典에 연유하는 것, 2)중국을 경유한 佛敎經典에서 나온 것, 3)중국의 구어 즉 白話文에서 연유하는 것, 4)일본에서 만든 것, 5)한국에서 독자적으로 만든 것 등 다섯 유형으로 나누어 설명하고 있다.

또한 통사론 분야에서도 한자어에 대해 설명하면서 중점적으로 '-하-'를 논의하였다. '-하-'는 선행하는 '운동' 등에 붙어서 1차적으로는 서술적 기능을 수행하며, 2차적으로는 그에 선행한 형태소 '운동'이 지닌 의미를 그대로 복사, 투영한다고 하면서 이를 '투영 의미'라고 명명하고 있다. 이를 통하여 '-하-'의 의미기능을 서술성 부여와 투영의미의 완전 표출의 두 가지로 요약하고 있다.

한편 '-하-'가 서술기능 대행, 서술기능 완결, 서술기능 이행이라고 하는 세 가지 통사적 특성을 보유함을 설명하고 있다. 그러나 여기에서는 '-하다'의 의미나 기능, 특성에 너무 지나치게 집착하다 보니 그 앞

---

1) 고유어음에만 존재하고 한자어음에는 부재하는 음절을 표시하기 위하여 만들어진 한자들 예를 들면 哗(뿐), 䈕(엿), 䢘(둥)과 같은 한자들로 표현되는 어휘는 한자어라고 볼 수 없다.

에 붙은 한자어의 의미나 기능, 그리고 특성에 대해서는 주의 깊은 논술을 하지 못하고 있다. 따라서 한자어 뒤에 붙는 '-하다'에만 치중하여 여러 면의 특성을 밝히는 한계를 보인다.

2) 동작성 명사(서술성 명사, 술어명사)에 대한 통사론적 연구

동작성 명사의 통사론적인 연구를 보면 기존의 연구에서는 보통 명사연구라는 큰 범주 안에서 다루거나 명사연구에서 서술성 명사 또는 비실체성 명사라는 큰 범주 안에서 함께 논의한 연구들이 많았다.

이선웅(2005)의 연구는 한국어 명사구의 논항구조에 대한 전문연구라고 할 수 있는 바, 명사를 술어명사와 비술어명사로 나누고 주로 술어명사를 논의하였다. 그는 명사구 내부의 통사 구조, 그중에서도 특히 명사구 내부에서 핵 명사가 취하는 논항들의 실현 양상을 관찰하여 기술하고 그 다양한 양상들을 통사론적, 어휘론적으로 해석한다는 데 목적을 두고 연구를 진행하였다. 그는 술어명사와 비술어명사의 개념 구분을 논의하면서 술어는 의미적으로 논항을 요구하고 상적 특성을 지니면서 사건, 행위, 상태 등의 의미적 실체를 나타내는 형식이라 하였다. 그리고 술어명사구가 보이는 여러 통사적 특징들을 기술한 후 술어명사이면서도 술어명사구를 구성하지 못하는 비술어명사구만을 구성하는 명사들도 고찰하였다.

이 연구에서 말하는 사건, 행위 등 명사에 대한 서술 내용에 본 연구에서 논의하고자 하는 동작성 명사들에 대한 언급이 있다. 그러나 술어명사의 논항을 논의할 때 논항의 의미론적인 서술에 많이 치우치다 보니 통사론적인 원리나 기제를 제시하지 못하고 있다. 그 결과 술어명사와 대응되는 동사구와 논항구조의 대응관계에 대한 고찰이 부족하여 술어명사의 논항에 있어서는 전면적인 논의가 이루어지지 못하고 있다.

정희정(2000)은 명사의 의미적인 특성이 통사적으로 어떻게 구현되는지를 살펴 명사가 서술어 자리에서 문장의 한 성분을 요구할 수 있는 것은 명사가 용언처럼 어휘 의미구조를 가졌다는 것을 의미한다고 보았다. 따라서 명사의 이러한 특성을 서술성으로 설정하고 서술성은 의미적으로 행위와 상태를 나타낸다고 하였다. 특히 서술성 명사와 결합하는 '하다'는 형식동사로 보았으며 용언인 '이다'와 어떠한 차이를 보이는지를 살펴보았다.

또한 서술성 명사의 범주화를 위해 서술성 명사와 행위명사를 가르는 기제를 설정하였다. 서술성 명사는 행위명사와는 달리 홀로 선행절을 이끌 수 있고 일반 명사구로 쓰일 때는 보충어를 관형어로 요구하는 특징이 있다. 그러나 행위명사는 홀로 선행절을 이끌지 못하며 보충어를 관형어로 요구하지 못하는 데서 서술성 명사와 차이를 보인다고 지적했다.

요컨대 명사에 대한 기존 연구에 의미 분류체계의 설립을 위한 연구나 논항에 대한 연구, 혹은 서술어의 논항에 대한 연구 등 문제에 대해서 다루고는 있으나 이러한 논의에서는 모두 서술성 명사를 위주로 다루면서 이들의 통사적 특성을 살폈다. 여기서 서술성 명사에 속하는 대상들 즉 고유어를 포함한 동작성 명사, '형용사 어근+하다', 행위성을 띤 단어나 단위들을 모두 같은 체계 속에서 다루려 했기 때문에 정밀성을 기할 수 없었다.

명사에 대한 연구에서 이런 전반적인 논의도 필요하겠지만 서술성이라는 특성 아래 특정 범주에 대해서 논의하는 것도 필요할 것이다. 특히 한국어 체계에서 한자어와 고유어 어휘 체계는 같은 점도 있고 다른 점도 있기에 논의의 정밀성을 위해서는 한자어와 고유어를 나누어 서술하는 것이 바람직하다고 생각된다. 이러한 관점에서 필자는 서술성 명사, 혹은 술어명사로 다루어져 왔던 기존의 연구에서 가장 비중을 많이 차지

하는 2음절 한자어 동작성 명사를 위주로 하여 이러한 부류의 단어들의
형태-구조론적, 통사론적 연구를 시도하려 한다. 따라서 본 연구가 명사
의 여러 연구 가운데 또 하나의 새로운 시도가 되기를 기대한다.

3. 저술 대상과 범위

한국어 빈도수 사전(국립국어연구원 2003)에서 빈도수가 10 이상인 단어
중에서 동작성을 띠면서 '하다' 혹은 '되다'와 결합할 수 있는 한자어 명
사들을 대상으로 하여 추출하였다.[2] 이렇게 추출한 단어는 모두 975개
이다(목록은 부록 ①를 참조). 또한 빈도수사전에는 없지만 일상용어에서 자
주 쓰이는 단어나 기타 논저에서 언급된 단어와 예구들도 대상으로 한
다. 그러면서 이러한 단어들이 나타내는 형태-구조론적, 통사론적 특성
들을 살피고자 한다. 또한 여기서 뽑은 한자어들을 중국어의 ≪現代漢語
辭典≫(2005년 판)과 대조하기로 한다.

4. 저술 방법 및 개념 규정

4.1 연구 방법

공시적인 관찰과 기술이 본 연구의 주된 방법이다. 그렇다고 해서 전

---

2) 빈도수 10 이하의 것을 모두 연구대상으로 하기엔 그 재료가 너무 방대해서 10 이
   상의 것만을 대상으로 삼았다. 또한 본 연구는 한자어 동작성 명사에 대한 논의로서
   고유어 동작성 명사는 제외시켰다.

적으로 관찰과 기술에만 머무는 것이 아니라 관찰과 기술을 토대로 특정된 부분에서는 해석도 가할 것이다. 기술과 해석은 언어연구에서 두 가지 상반된 방법으로 분리되는 것이 아니라 최종적으로 상호 작용을 통하여 언어연구의 완벽한 발전을 기할 수 있기 때문이다.

본 연구에서는 한자어에 대한 연구인 만큼 그 원천인 중국어와의 연관성을 무시할 수 없기에 대조언어학적 방법론도 도입할 것이다. 중국어와의 대조 속에서 한자어가 갖는 여러 가지 특성을 더 잘 해명할 수 있을 것이기 때문이다. 그리하여 한자어 동작성 명사의 통사적 특성이거나 조어론적 특성을 논할 때 중국어와의 대조를 통해 설명을 할 것이다.

또 필자는 본 연구를 관찰 가능한 범위 내에서 객관적으로 기술하며 언어에 보편적으로 적용이 가능하고 또한 한국어 문법에 유용하다고 생각되는 경우에 생성문법의 개념과 문법 원리들을 이용할 것이다. 그리고 통계와 분석의 방법도 하나의 중요한 방법인 바, 본 연구에서도 필요에 따라 단어들의 분포나 결합적 특성에 관한 통계분석이 따를 것이다.

4.2 개념 규정

본 연구에서 논의하려고 하는 '동작성 명사'의 개념규정에 대해 설명하고자 한다. 한국어에서 '동작성'을 띠면서 '하다'나 '되다'가 붙어서 동사가 되는 부류의 단어에 가장 적합한 술어가 무엇일까에 대해 먼저 알아본다.

기존의 이런 부류에 대한 연구에서는 동명사, 서술성 명사, 술어명사 등의 술어를 사용하고 있음을 알 수 있다. 그러나 서술성 명사나 술어명사들은 본 연구에서 기술하려는 '동작성 명사'의 범위와 완전히 대응되는 개념이 아니다.

강은국(1987), 최윤갑(1998) 등이 동명사라고 하는 것은 동사의 명사형 어미 '-음, -기', 관형사형 어미 '-는, -을'도 포함하고 있다. 이는 'ing'을 동명사라고 하는 영어문법의 영향에서 비롯된 것이다. 아울러 영어문법 기술에서 와전된 술어의 혼동을 피하기 위하여 여기서는 동작성 명사라는 술어를 쓰기로 하겠다.3)

명사가 논항을 가지고 서술성을 띠면서 서술어로 된다고 하면서 이러한 명사들을 서술성 명사(정희정(2000), 조용준(1996), 홍재성(1996)), 술어명사(강범모(2001)), 동명사(최윤갑(1998)), 동작성 명사(고재설(2001)) 등으로 규정하는 것은 이런 부류의 명사들이 의미론적으로 용언의 특성을 띠고 있다는 것을 말해 준다.

이병규(2001 : 19)는 용언의 의미론적 특성을 어떤 개체나 실체의 행위나 상태, 속성을 나타내는 것으로 파악한다. 또한 용언의 이러한 의미론적 특성은 용언의 어휘 상적 특성을 함의하고 있고 논항구조를 가지고 있는 것으로 분석되었다. 즉 대부분의 용언은 어휘 상적 의미 특성을 가지고 있는 것이다. 따라서 이런 부류의 명사 역시 의미적으로 용언과 같은 특성을 나타내고 있는 것이다.

이병규(2001 : 25)는 이러한 상적 특성을 위주로 용언을 분류하고 있는데 용언은 시간적인 전개 과정에서 어떤 성격을 나타내는가에 따라 '상태동사', '작용동사'로 구분된다고 했다. 명사도 이러한 어휘 상적 특성을 내포하고 있다. 즉 의미론적으로 용언과 같은 의미적 특성을 갖고 있다고 하는 이런 부류의 단어들을 우선 [±동작성(상태성)]의 함의 여부에 따라서 동작성 명사와 상태성 명사로 구분하기로 한다. 이런 의미 자질의 특성으로 해서 [+동작성]을 가진 명사가 '하다' 혹은 '되다'와 결합하여 동사로

---

3) 동명사 설정의 문제에 대하여 이홍식(1998) 참조.

되는 명사를 동작성 명사라고 하겠다.

사실 동작성 명사라고 하는 것은 주로 단어의 의미적 속성에서 온 명사 분류에서 나온 술어로서 현재 의미론적인 측면에서 명사를 분류하고 있는 사정에도 맞는 것이다. 이는 또한 강은국(1987)의 동명사라는 술어의 지칭범위와 비슷한 것인 바, 주로 명사의 문법-기능적 측면을 위주로 하여 나눈 명사의 분류로서 어디에 중점을 두는가에 따라 명명이 다를 뿐 본질적인 차이는 없다고 생각된다. 그리하여 본 연구에서는 의미론적 분류의 기준에서 동작성 명사라는 술어를 쓰기로 한다.

5. 책의 구성

이 책은 모두 여섯 개 장으로 구성되었다.

제2장에서는 명사의 분류들을 살피고 동작성 명사의 각종 특성들을 살핌과 아울러 동작성 명사의 각 특성에 따른 유형분류를 하고 그 목록을 제시한다.

제3장에서는 동작성 명사의 형태-구조적 특성을 살피는데 여기에서는 한자어 동작성 명사의 중국어에서의 품사 소속, 형태적 특성 그리고 동작성 명사의 단어 내부구조와 조어법 등에 대해 논의한다.

제4장에서는 동작성 명사의 통사적 특성을 밝히는 데 착안점을 두고 서술을 진행한다. 여기에서는 동작성 명사와 후행 성분들과의 결합 양상; 그리고 문장에서의 동작성 명사의 논항 양상 ; 동작성 명사가 피·사동 표현 구문에서의 피·사동 표현 동사들과의 결합 ; '-답-', '-스럽-', '-롭-' 등 접미사와 결합에서 나타나는 의미제한, 의미특성 등에 대해서 살핀다.

제5장에서는 동작성 명사구의 동작성 명사의 논항 실현을 다루면서 '의' 통합 양상 및 제약 조건, '에 대한', '에 의한' 통합 양상 및 제한 조건 등을 살핀다.

제6장에서는 앞의 논의를 개괄하고 그것으로 결론을 대체한다.

제2장

한자어 동작성 명사의 범주적 특성

서술성 명사의 연구는 한국어 구문 분석을 위하여 반드시 필요하다. 서술성 명사의 일부에 속하는 동작성 명사의 연구 역시 한국어 정보 처리를 위한 기초 연구로서 의의가 있을 것이다.

1. 동작성 명사의 범위

동작성 명사의 범위를 한정하는 데 앞서 우선 명사의 분류부터 살펴볼 필요가 있다. 전통문법에서는 주로 명사들의 형태-문법적 특성에 치우쳐 명사들을 분류하였는데 명사를 크게 활동체명사, 비활동체명사, 고유명사, 보통명사 등 네 가지로 분류하고 있다. 현대에 이르러 명사에 대한 의미론적 분류 그리고 존재론적 분류를 시도하고 있다. 이는 최경봉(1996), 이병모(2001), 김인균(2005) 등에서 찾아볼 수 있는데 표현은 다르지만 모두 실체와 비실체의 이분법의 분류를 시도하였다.

본 연구에서는 우선 기존의 명사에서 동작성 명사에 속하는 부류의 단어들을 명사의 분류에서 어느 부류에 포함시키고 있으며 어떻게 언급하고 있는가를 살펴봄으로써 본 연구에서 다루려고 하는 동작성 명사의 범위를 밝히고자 한다.

1.1 조선

조선에서의 분류를 보면 조선어문법(1949)에서는 명사를 고유명사와 보통명사, 완전명사와 불완전명사로 분류하였는데 이런 분류는 주로 고유어 명사의 분류이다. 상태나 동작을 나타내는 부류의 한자어 명사에 대해서는 언급하지 않고 있다.

조선어문법(1960)에서는 다양한 단어들이 명사에 소속된다고 하면서 (1)인물 및 기타 동물에 관한 것- 어머니, 학생, 남자… (2)물체에 관한 것 - 물, 책, 진달래, 풀… (3)현상에 관한 것- 무지개, 봄, 아침, 번개, 병, 불… (4)사건에 관한 것- 지진, 수해, 화재, 홍수… (5)대상으로 파악한 행동, 상태, 성질, 관계 기타에 대한 생각에 대한 것- 마감, 가늠, 눈대중, 즐거움, 성실성, 모녀간, 눈매… 등 다섯 부류로 개괄하였다. 그러나 한자어 동작성 명사의 구체적인 예는 여기서 보이지 않고 있다. 군이 포함시키자면 (5)의 일부가 이에 해당한다.

또한 명사를 보통명사와 고유명사, 완전명사와 불완전명사, 활동체명사와 비활동체명사로 나누고 있다. 여기에서도 본 연구에서 논의하려는 동작성 명사의 소속이 명확하지 않으며 이에 대한 언급도 없다.

현대조선어리론문법(품사론 1987)에서는 명사를 명명적 성격에 따라 보통명사와 고유명사, 어휘적 의미 특성과 형태론적 및 문장론적 특성의 차이에 따라 완전명사와 불완전명사 그리고 형태론적 차이에 따라 활동체명사와 비활동체명사로 갈라진다고 기술하고 있다. 또 불완전명사의 한 종류인 단위명사와 특수한 문법적 표식을 가지고 있는 어근적 명사가 갈라져 나온다고 했다.

여기서 주목할 만한 것은 어근적명사인 것이다. 조선어의 명사에는 자립적 명사로부터 다른 품사로 넘어가거나 또는 단어조성적 형태부로 넘어가는 과도적 단계에 있으면서 명사의 기능을 잔재적으로 수행하는 특수한 부류들이 있다고 했다. 이런 단어들은 자립적 명사들과 뚜렷이 구별될 뿐만 아니라 불완전명사와도 구별되는 일련의 특성들을 가지고 있다. 이러한 부류들이 어근적 단어들이다.

또한 어근적 단어들의 부류들을 두 가지로 나누고 있다. 한 부류는 주로 명사와 결합하여 뒤에 오는 단어의 표식을 규정해주는 유형이고 다른 한 부류는 격토가 첨가되는 일이 없고 기본적으로 '하다'와 결합하여 형용사, 동사를 이루는 어근적 유형이라고 했다.

그리고 이러한 어근적 단어는 한자말에서 전형적으로 나타난다고 하면서 '간단하다, 명료하다, 충실하다, 자세하다, 용가하다. 소박하다, 순결하다, 헌신하다' 등 많은 예를 들었다. '간단, 명료, 충실, 자세, 용기, 소박, 순결, 헌신' 등은 어근적 명사로서 '하다'와 결합하여 형용사 혹은 동사로 된다고 했다. 동사조성적인 말뿌리로 쓰이는 어근적 단어는 형용사의 경우보다 적고 '하다'와 결합한 '운동하다', '연구하다', '발전하다', '건설하다' 등과 같이 '하다'가 자립적 명사로 쓰이는 단어와 결합하는 경우가 기본을 이루고 있다고 했다.

이렇듯 현대조선어리론문법(1987)에서는 본 연구에서 다루려는 동작성 명사를 일부를 자체로 쓰이지 못하는 어근적 단어부류로 보면서 그 특성을 설명하고 있다.

현대조선어학(2003)에서는 명사의 본질을 규정할 때 대상이라고 하는 것은 순수한 어휘적 의미에서가 아니라 어휘-문법적 의미에서 대상으로 파악된 즉 '대상성'을 가진 모든 것을 의미한다고 했다. 그래서 본래 어휘-의미적으로 대상을 표현하지 않은 것들도 그 문법적 특성에 의하여 대상성을 획득하면 명사로 인정된다고 기술하고 있다.

그리고 각종 현상, 사건, 사실을 나타내는 '유일적령도체계, 효성, 무지개, 지진, 전쟁, 평화…' 등과 대상화된 행동, 상태, 성질을 나타내는 '학습, 달리기, 믿음, 기쁨, 증오…' 등의 단어들도 명사에 소속된다고 했다. 여기에서 '전쟁, 평화, 학습' 등이 바로 필자가 논의하려는 동작성 명사에 속하는 단어들이다.

그러나 여기에서도 이들을 단독적인 범주나 하위분류로 언급하지 않고 있다. 그리하여 명사를 성격에 따라 보통명사와 고유명사, 의미-형태상 차이에 따라 활동체명사와 비활동체명사, 의미-문법적, 결합적 성격에 따라 완전명사와 불완전명사 및 단위명사로 나누고 있다.

그 외에 김동찬(2005)은 명사를 의미의 성격과 형태갖춤새 그리고 문장론적 기능 등을 고려하여 고유명사와 보통명사, 활동체명사와 비활동체명사, 완전명사와 불완전명사, 일반명사와 물질명사로 나누고 있다.

김옥희(2005)는 명사를 보통명사와 고유명사, 활동체명사와 비활동체명사, 완전명사 불완전명사와 단위명사로 분류하고 있다. 하지만 이러한 분류에서는 역시 동작성 명사들의 분류와 예들을 찾아볼 수 없다.

1.2 중국

강은국(1987)에서는 명사를 (1)완전명사와 불완전명사 (2)보통명사와 고유명사 (3)활동체명사와 비활동체명사 (4)명사의 특수한 부류로서의 동명사와 형명사 등 4가지 하위범주를 설정하고 동명사라는 범주 안에 본 연구에서 다루려는 동작성 명사를 명사의 하위범주에 넣어 논술하고 있다.

여기에서 동명사라는 술어로 이런 단어부류의 범주를 처음으로 제기하고 있다. 동명사란 의미-기능적 측면에서 명사와 동사의 이중적 성격을 소유하고 있는 명사의 특수한 한 개 부류를 가리킨다고 했다. 그래서 '연구', '학습' 같은 것을 동명사라고 지칭하고 있다.

한편 이런 유형들은 어휘론적 측면에서 볼 때 거의 대부분이 2음절이상의 한자어로 이루어졌다고 하였다. 이처럼 강은국(1987)은 처음으로 동명사라는 술어를 쓰고 있으며 이를 명사의 한 하위분류에 넣어 하나의 단독 범주로 다루고 있다. 그리고 이 동명사는 한자어로 되어 있든 고유어로 되어 있든 '하다', '되다'가 붙어 동사로 될 수 있다고 했다.

조선어문법(2000)에서의 명사의 분류를 보면 역시 완전명사와 불완전명사, 보통명사와 고유명사, 활동체명사와 비활동체명사로 분류되어 있는데 동작성 명사 혹은 동명사의 분류를 시도하지 않고 이를 하나의 문법적 범주로도 간주하지 않고 있다.

1.3 한국

최경봉(1996)은 우선 네 가지 기본 범주를 삼고 있는데 이들에 대해서 동일한 지위를 부여하지는 않고 이들 사이에 다시 체계를 설정하였다. 그는 기본적으로 의미 영역은 존재 대상이 세계 내에서 차지하고 있는 영역이라고 보았다. 따라서 이러한 관점에서 가장 명확하게 위치를 점하고 있는 존재물, 즉 제1실체를 '실체'로 설정하고 나머지 세 부류는 이 존재물이 세계에서 존재하는 양식을 나타낸 것으로 보아 '양식'이라는 범주로 묶었다.

'양식'은 다시 실체와 직접적인 관련성을 맺는 사태와 실체와 간접적인 관련성을 맺는 '관계'로 나누었으며, 사태는 다시 운동성이 있느냐 없느냐에 따라 '사건'과 '상태'로 분류하고 있다.

(1) 명사의 존재론적 의미 분류
① 실체명사
　　㉠ 인간 - 그, 너, 누구, 우리, 자기, … (인칭대명사)
　　　　 - 홍길동, 케네디, 이순신, … (고유명사)
　　　　 - 사람, 학생, 아버지, 사장, 대통령, 국민, 남자, 노인, … (보통명사)
　　㉡ 사물
　　　　ⓐ 공간물(범위 경계) - 그곳, 여기, 어디, … (공간대명사)
　　　　　　 - 백두산, 한강, 서울, 뉴욕, 고려, 인도, …(고유명사)
　　　　　　 - 산, 들, 강, 하늘, 땅, 우주, 학교, 호텔, 운동장, 체육관, 도시, 정부, 국회, 대학, 단체, 가정, … (보통명사)
　　　　ⓑ 개체물(속성) - 유정물 - 그것, 이것, 저것, … (지시대명사)
　　　　　　 - 메리, 쫑, 다롱이, … (고유명사)
　　　　　　 - 호랑이, 개, 말, … (보통명사)
　　　　　　 - 무정물 - 그것, 이것, 저것, … (지시대명사)
　　　　　　 - 아폴로1호, 로미오와 줄리엣 … (고유명사)
　　　　　　 - 나무, 자동차, 책, 종이, 커피, … (보통명사)
② 양식명사
　　㉠ 사태
　　　　ⓐ 사건 - 운동, 비행, 곡예, 휴식, 잠, 걸음, 장사, 사업, 노력, … (자동)
　　　　　　 - 결혼, 사랑, 공부, 감독, 건설, 게임, 전쟁, 인사, … (타동)

ⓑ 상태 – 성실, 건강, 추위, 더위, 홍수, 불편, 필요, 경향, … (현상)
　　　 – 값, 높이, 넓이, 규코, 예술, 기온, 사상, 문학, … (추상)
ⓒ 관계
　 ⓐ 차원 – 봄, 내년, 때, 하루, 오늘, 아침, 과거, 마지막, 앞,
　　　　　 … (시간)
　　　　 – 위, 아래, 옆, 뒤, 가운데, 틈, 사이, 주변, 밖, 안,
　　　　　 … (공간)
　 ⓑ 단위 – 하나, 셋, 일, 사, 첫째, 셋째, … (수사)
　　　　 – 분, 마리, 명, 개, 권, 벌, 토막, 송이, 두름, 쌈,
　　　　　 … (분류사)

그의 분류를 도식화하면 다음과 같다.

동작성 명사는 위의 양식의 하위분류에서 사건, 상태에서의 사건에 포함시킬 수 있는 바 이는 사건구조를 가지고 동작성을 띠는 명사라고 할 수 있다.

이병모(2001)에서는 최경봉(1996)의 인식의 대상인 존재에 바탕을 둔 분류 방법과 달리 존재를 인식하는 주체인 인간의 인식을 근거로 하여 명사를 하위분류하는 방법으로 명사를 분류하였다.

그래서 실체명사와 추상명사로 대별하고 추상명사는 일반 추상명사와 특수 추상명사로 나누었다. 실체명사는 시간적으로 어느 시점에 위치하고 물리적으로 3차원의 공간에 위치하며 관찰이 가능한 명사이고, 일반

추상명사는 시간과 공간 안에 있으면서 '어떠하다, 어찌하다'는 특성을 지니는 명사와 공간과 시간 밖에 있는 추상적 존재를 나타내는 명사이다. 그리고 특수 추상명사는 시간과 장소를 나타내는 위치명사와 인과적 관계를 나타내는 용어와 관련된 관계명사, 진위·확실성·가능성과 관련되는 화자의 심리적 태도를 드러내는 양상명사로 다시 분류한다. 이상의 명사의 인식론적 의미 분류를 예와 함께 제시하면 다음과 같다(김인균 2005 : 72).

(2) 명사의 인식론적 의미 분류
① 실체명사
   ㉠ 사물 실체명사 - 책상, 연필, 얼굴, 산, 들, 공장, 운동장, 고향, 골짜기 …
   ㉡ 사람 실체명사 - 선비, 학생, 김철수, 동생, 그녀, 사람, 사장, 아버지 …
② 추상명사
   ㉠ 일반 추상명사 - 솜씨, 충성심, 철학, 사상, 업무, 법, 진, 선미, 사회, 예술, 기관, 신앙, 중심, 과정, 도리, 소설 …(추상적 존재)
                   - 사랑, 헌신, 보도, 결혼, 복종, 연구, 건설, 게임, 거절, 대답, 전쟁, 건강, 부족, 풍부 … (서술성)
   ㉡ 특수 추상명사
      ⓐ 위치 특수 추상명사 - 봄, 여름, 시간, 기간, 때, 어제, 정오, 새벽, 하순, … (시간)
                          - 장소, 공간, 구석, 중앙, 곳, 옆, 밖, 밑, 끝, 앞, 가운데, 틈, 가장자리, 동쪽, 이북, … (공간)
      ⓑ 관계 특수 추상명사 - 인과, 관계, 관련, 연관, 교섭, 연결, 인연, 친분, 원인, 결과, 까닭, 이유, 탓, …
      ⓒ 양상 특수 추상명사 - 의도, 단언, 현실, 필연, 가능, 우연, 진

실, 냉담, 곤란, 비겁, 자랑, 의미, 허락,
질문, 명령, 기원, 강조, 희망, 기대, 경
향, 요청, 의심, 의문, 함의, 인식, 상상,
예측, 의지, 단정, 분명, 확실, 정확, …

김인균(2005)는 Lyons(1977), 최경봉(1996), 이병모(2001)의 명사 분류 논의
를 바탕으로 아래와 같이 명사를 의미 분류하였다.

(3) 명사의 의미 분류
① 실체명사
　가. 사람 명사-사람, 학생, 후보, 남자, 청년, 동생, 사장, 노인,
　　　　　　　　 대통령, 국민, 군중, 의사, 군인, 미녀, 어머니, 손
　　　　　　　　 자, 녀석, 놈, …
　나. 사물 명사-책상, 연필, 얼굴, 종이, 흙, 들, 공장, 운동장, 정부,
　　　　　　　　 국회, 식당, 도시, 마을, 고향, 골짜기, 나라, 손바
　　　　　　　　 닥, 논, 무대, …
② 비실체명사
　가. 사건 명사-사랑, 헌신, 보도, 결혼, 복종, 연구, 건설, 게임, 거절,
　　　　　　　　 대답, 전쟁, 취직, 변모, 변질, 운동, 비행, 휴식, 희
　　　　　　　　 망, 이해, 걱정, 계획, 결심, 노력, 강조, 과장, 고
　　　　　　　　 발, 동의, 인식, 이해, 원망, 자랑, …
　나. 상태 명사-건강, 부족, 불편, 불행, 성실, 필요, 무능력, 평안,
　　　　　　　　 정직, 요란, 친절, 얌전, 청결, 공평, 고독, …
　다. 추상물 명사-철학, 정신, 사상, 업무, 법, 참, 거짓, 미, 예술,
　　　　　　　　　 자연, 기온, 날씨, 역사, 관점, 경향, 자유, 분위기,
　　　　　　　　　 성격, 환경, 구조, 기준, 신앙, 과정, 소설, 마음,
　　　　　　　　　 상태, 상황, 명제, 개념, 사회, 문학, 가치, 사실,
　　　　　　　　　 소문, 이유, 결과, 문제, 증거, 양, 질, 수효, 순서,
　　　　　　　　　 길이, 부피, …
　라. 위치 명사-봄, 가을, 내년, 과거, 때, 시간, 하루, 새벽, 오전,
　　　　　　　　 오늘, 하순, 무렵, 동안, 마지막, 말, 초, 공간, 구석,

위, 옆, 밖, 밑, 끝, 가운데, 주변, 사이, 틈, 전, 후, 곳, …

우선 명사는 [실체성]에 의해 실체명사와 비실체명사로 대별하고 실체명사를 [인간성]에 의해 사람 명사와 사물 명사로 분류한다. 비실체명사는 [추상적 실체성]에 의해 사태 명사와 추상 명사로 구분하고 다시 사태 명사는 [동작성]에 의해 사건 명사와 상태 명사로, 추상 명사는 [시·공간과의 관련성]에 의해 추상물 명사와 위치 명사로 하위분류한다.

여기서 사태 명사가운에서 명사를 [동작성]에 의해 사건 명사와 상태 명사로 나누었는데 필자가 말하는 동작성 명사는 바로 사태 명사 가운데서 [+동작성]을 가지는 사건 명사를 가리킨다. 사실 사건 명사거나 동작성 명사라고 명명하는 것은 표현방법이 다를 뿐이지 하나를 가리킨다. 즉 사건이라는 것은 명사의 통사론적 면에 치우쳐 분류한 명칭이고 동작성이라는 것은 의미에 치중하여 분류한 명칭이라고 할 수 있다.

이상 조선, 중국, 한국에서의 명사분류에서 살펴볼 수 있듯이 명사의 분류 기준이나 분류 방식이 다름에 따라 본 연구에서 논하려는 동작성 명사의 범위도 다르게 서술되고 있다.

동작성 명사는 한자어가 많은 것이 특징이다. 물론 고유어도 있긴 하지만 대부분이 한자어이며 그 가운데서도 2음절 한자어가 가장 많다.

고유어 동작성 명사를 보면 '노래, 걱정, 사랑…' 등 단어들이 있는데 이들을 살펴보면 [+동작성]을 띠며 문장에서 '하다'나 기타 동사적 요소들과 결합하여 '동사'로 쓰일 수 있는 단어들이다.

고유어뿐만 아니라 한자어 역시 그러하다. '공부, 연구, 침략, 위협, 고민, 강탈' 등 단어들도 [+동작성]을 띠며 '하다'나 기타 동사적 요소와 결합하여 동사로 된다.

본 연구에서는 바로 이러한 한자어 동작성 명사들의 특성을 살피기 때문에 고유어 동작성 명사는 그 연구 범위에 넣지 않았다.

본 연구에서 동작성 명사는 주로 의미론적 분류에 의해서 나온 명사의 하위범주라 할 수 있다.

그리하여 주로 김인균(2005)의 명사분류의 방법에 초점을 맞추어 명사의 분류를 아래와 같이 하려고 한다.

우선 [실체성]의 의미 자질에 근거에서 실체성 명사와 비실체성 명사로 나누고 실체성 명사는 [인간성]에 따라 인칭명사와 비인칭명사로 나누려고 한다. 비실체성 명사는 [동작성]의 여부에 따라 동작성 명사와 상태성 명사로 나눈다.

그 외에 [시공간성]에 의해서 추상물명사와 위치명사로 나누려고 한다. 동작성 명사는 [+동작성]을 나타내는 명사로서 구체적 행동이나 추상적인 행동, 심리적 행동을 모두 포함한다.

이렇게 분류된 명사들 사이의 관계를 표시하면 아래와 같다.

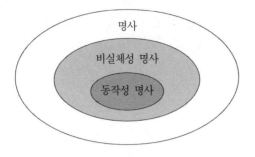

위에서는 동작성 명사의 범위를 살펴보았다. 아래에는 동작성 명사와 서술성 명사의 관계에 대해서 살펴보겠다.

기존 연구에 사건구조를 상정할 수 있는 명사들을 서술성 명사, 행위성 명사, 동사성 명사로 불러 왔다. 그러나 이들은 그 지칭하는 범위들이 다소 차이가 있다. 동작성 명사는 '행위성 명사' 혹은 '동사성 명사'와 지칭범위가 거의 비슷한 것으로 술어명사나 서술성 명사에 비해 그 외연이 좁다.

(1) 가. 명수는 <u>영희와</u> 평생을 함께하겠다고 약속을 했다.
　　나. 명수는 <u>영희와</u> 친분을 유지했다.
　　다. 요즘 철수는 <u>돈벌이에</u> 혈안이다.
(2) 가. 그들이 배당금을 <u>도둑질</u>, 다른 사람들을 놀라게 했다.
　　나. 정매의 방 <u>걸레질</u>이 아주 서툴렀다.
　　다. 정매가 방을 깨끗하게 <u>걸레질</u>.
　　라. 그들이 배당금을 <u>도둑질</u>.
　　마. 방북 인사들을 잡아먹었다고 <u>아우성</u>.

위의 예들은 이선웅(2005 : 104)에서 제시한 것들이다.

(1가, 나, 다)에서 밑줄 친 보충어들은 뒤의 '약속'이나 '친분', '혈안'이 요구하는 보충어임이 분명하다고 하면서 기존의 정의대로 한다면 이들 모두 서술성 명사에 속해야 한다고 했다.

또한 정희정(2000 : 203-206)은 '도둑질, 뺑소니, 걸레질, 아우성'(1가, 나, 다, 라, 마) 등이 쓰인 예에서 볼 수 있듯이 모든 '행위'를 뜻하는 명사가 모두 서술성 명사인 것은 아니라고 하였다. 필자도 이에 동의한다. 그러나 '하다'의 생략 여부를 가지고 동작성 명사의 판별 기준으로 삼는 것은 좀 의심스럽다. 또한 이선웅(2005 : 105)은 '친분', '혈안'을 행위성 명사나 동사성 명사라 말하기 어렵다면서 이는 의미적으로 맞지 않다고 했다. 필자도 '친분'이나 '혈안'은 동작성 명사로 보지 않는다.

'걸레질'은 '걸레'라는 명사에 '질'이라는 접사가 붙어서 '행동성'을 나타내며 여기에 다시 기타 동사적 요소가 붙어야만 동사로 된다. 이는 '노래', '사랑'과는 다르다. '노래'는 명사로서 이미 [+동작성]이 들어 있다. 그러나 '걸레'는 실체성 명사로서 [+동작성]이 들어 있지 않으며 '걸레'가 '그 도구를 가지고 하는 일'의 뜻을 더하는 접미사 '-질'과 결합되어야 합성명사가 되기에 위의 단일어 동작성 명사와 구별된다. 따라서 이는 형태적 결합에 의해 [+동작성]이 부여되므로 동작성 명사에서 제외된다.

동작성 명사는 기존의 서술성 명사라고 논의한 가운데 한 부분에 속하는 단어 유형으로 많은 부분은 서술성 명사의 특성을 띠고 있다. 동작성 명사를 기존의 서술성 명사(술어명사)와 비교할 때 그 지칭하는 범위가 좁다. 여기에서는 오로지 동작성을 띠는 한자어에 국한한다.

동작성 명사가 서술성 명사의 일부 특성을 갖고 있는 만큼 서술성 명사와 비서술성 명사(비술어명사)를 어떻게 판단하는가 살펴보자.

우선 '하다'와 같이 출현할 수 있는 모든 명사는 모두 서술성 명사인가를 의심해볼 수 있다. 채희락(1996)은 이 문제에 대해 이전의 연구 결과를 개괄하고 나름의 제안을 하고 있다.

비실체성 명사의 일부에 해당하는 움직임과 상태, 성질을 나타내는 명사만이 경술어 '하-'와 결합할 수 있으므로 서술 명사는 경술어 '하-'와 결합할 수 있는 비실체성 명사만을 지시하는 용어이다(채희락 1996 : 432).

서정수(1994 : 391-394)는 실체성 명사와 비실체성 명사를 구분하는 근거로 다섯 가지를 제기했다. 여기서 서정수(1985)의 근거를 바탕으로 필자의 견해를 첨부하고자 한다.

첫째, 실체성 명사는 형식동사 '하다'와 어울릴 수 없으나 비실체성 명사는 그것과 어울려 동사 또는 형용사와 같은 서술적 기능을 드러낼 수 있다.

　(3) 가. *사람+하다, *집+하다, *개+하다.
　　　나. *서울+하다, *오늘+하다, *죽+하다.

(4) 가. 운동+하다, 연구+하다, 노래+하다, 셈+하다.
　　나. 성장+하다, 변질+하다, 생각+하다, 발전+하다.
　　다. 가난+하다, 행복+하다, 불행+하다, 친절+하다.

그런데 실체성 명사도 '하다'와 어울리는 경우가 있다.

(5) 가. 그때 아주머니는 부엌에서 밥하고 있었다.
　　나. 아저씨는 산에 나무하러 갔다가 돌아왔다.

'밥하다', '나무하다'가 가능함을 보이는데 '밥'과 '나무'는 분명히 실체성 명사에 속한다. 이런 실체성 명사가 '하다'와 결합하는 예를 더 보이면 다음과 같다.

(6) 머리하다, 떡하다, 술하다, 한잔하다, 담배하다, 자리하다,
　　숙제하다, 공장하다, 회사하다, 점하다, 점심하다

서정수(1994 : 581-582)는 '하다'는 동사성이나 상태성이 있는 비실체성하고만 어울려서 서술 형식 대행 기능을 보이는 것이 예사이고, 그것이 '-하다'의 주된 기능이지만 특정한 화용론적 상황에서는 일부 특정한 실체성 명사 및 일부 한정된 문법적 선행요소와 어울려서 서술 기능을 드러내는 일이 있다고 했다.

그는 '하다'의 화용론적 대행 기능은 우리 언어생활 문화와 밀접한 관련을 가진다고 했다. 이를테면 '밥하다'에서 '하다'가 '먹는다'가 아니고 '짓다'와 같은 뜻의 동사로 이해되는 일이라든지, '나무하다'의 '하다'가 '마련'과 비슷한 뜻의 동사로 이해되는 것은 우리 언어 문화생활에서만 가능한 일이다.

또 '밥 하다'나 '떡 하다'라는 말은 쓰이는데 '죽 하다'나 '국 하다'라

는 말이 쓰이지 않는다면서 이런 점들도 한국어 사용의 독특한 일면을 보이는 것, 다시 말하면 '하다'의 이런 대행 기능은 우리의 문화적 환경에서 관용화되어 형성된 특수한 언어 표현행위라 할 수 있다고 했다.

하지만 필자는 이러한 기능은 관용화된 특수한 언어표현이라기보다 실체성 명사와 결합된 '하다'의 동사적 성격을 더 잘 보여주는 일례라고 생각한다.[1]

둘째, 실체성 명사는 시간어 따위와 어울려 서술 기능을 드러내지 못하나 비실체성 명사는 시간어와 어울려서 서술 기능을 웬만큼 드러낼 수 있다.

(7) 가. ?*그이는 아침에도 책상이고, 저녁에도 책상이다.
　　나. 그이는 아침에도 연구이고, 저녁에도 연구이다.
(8) 가. ?*그이는 언제나 책이다.
　　나. 그이는 언제나 만족이다.

서정수(1994)는 지정사 '이다'도 일종의 형식 동사로서 그 자체로서 서술적 의미를 드러내지 못하는데 (7가), (8가)에서 보듯이 실체성 명사는 '이다'와 결합하여 그러한 서술 기능을 드러내지 못한다는 것을 실체성 명사와 비실체성 명사를 가르는 한 가지 기준으로 보았다.

그러나 필자는 이러한 기준이 타당하지 못하다고 본다. 즉 비실체성 명사도 일정한 화용론적인 측면에서는 시간어와 어울릴 수 있다. (7)이나 (8)는 일정한 문맥이나 특정한 담화상황에서는 문법적인 문장이 되는 것이다.

---

1) '하다'는 '동작성'이나 '상태성'을 띤 명사 뒤에나 혹은 그 자체가 어떠한 동작이나 상태가 가해질 수 있는 실체성 명사 뒤에 붙어서 그러한 실체성 명사를 이용하여 어떤 구체적인 행동을 진행한다는 뜻을 나타낸다. 이는 '하다'의 동사적 특성을 더욱 뚜렷이 나타낸다.

(9) 그는 언제나 밥이다.

(9)에서처럼 그는 기타 죽이나 떡이나 국수에 비해서 언제나 밥을 먹
는다는 뜻이 내포되어 있는 문법적인 문장이듯이 (8)도 '책상'에 대응되
는 행동을 찾을 수 있는 이상 문법적인 것이 될 수 있다. 즉 그는 아침에
도 책상을 만들고 점심에도 책상을 만든다거나 아니면 아침에도 책상을
수리하고 낮에도 책상을 수리한다는 뜻으로 이해하면 문법적인 문장이
될 수 있는 것이다. 때문에 필자는 이러한 판단기준으로 실체성 명사와
비실체성 명사를 구별하는 것은 타당하지 않다고 판단한다.

셋째, 실체성 명사와 비실체성 명사는 '되다'와의 어울림에서 차이를
드러낸다.

(10) 가. 일학년이 이학년이 된다.
    나. 일학년이 이학년으로 된다.
    다. (?)일학년이 이학년 된다.
(11) 가. 건물이 파괴가 된다.
    나. *건물이 파괴로 된다.
    다. 건물이 파괴된다.

(10가)에서 보듯이 실체성 명사 '일학년'이 '되다'의 앞에 쓰일 때에는
조사 '이/가'가 개입되는 것이 자연스럽다. 또 (10나)에서처럼 다소 어색하
지만 이 조사가 '으로'로 바뀔 수도 있다. 이때의 선행어는 변화의 목표점
이 됨을 보여준다. 다시 말하면 '일학년'이 '이학년'으로 변화된 것임을 드
러낸다. 한편으로 '이학년 된다'처럼 조사가 개입되지 않고 합성되는 것은
어색하게 된다. 하지만 필자는 조사가 개입되지 않는 '이학년 된다'도 구
어에서는 자연스러운 표현으로 될 수 있다고 본다. 또한 비실체성 명사에

서도 '로'와의 통합이 자연스러운 것이 있다. 예를 들면 (12)와 같다.

(12) 가. 이번 답사는 역사를 다시 읽는 하나의 중요한 공부가 된다.
　　 나. 이번 답사는 역사를 다시 읽는 하나의 중요한 공부로 된다.
　　 다. *이번 답사는 역사를 다시 읽은 하나의 중요한 공부된다.

　때문에 '되다'가 붙는가 붙지 않는가가 실체성 명사인가 비실체성 명사인가를 판단하는 기준이 될 수 없다. 이는 명사 자체의 의미 자질이나 의미 특성에 의해서 결정된 것이다. 뒷장에서 '하다'가 붙을 수 있는 명사와 '되다'가 붙을 수 있는 명사에 대해서 각각 통계를 내어 본 바, 비실체성 명사에도 '되다'가 붙지 않는 것을 발견하게 된다.

　넷째, 비실체성 명사는 '을/를 가다/오다' 형식으로 만들 수가 있다.

(13) 가. 우리는 오후에 한강에 구경(을) 갔다.
　　 나. 어른께서 여기에 소풍(을) 오셨군요.

　'구경하다'와 같이 '하다'를 첨가할 수 있는 비실체성 명사 가운데 일부는 '를/을 가다/오다'와 같은 구문을 이룰 수 있다. 이런 구문은 본디 다음과 같이 축약된 것이라 해석된다.

(14) 가. 우리는 일요일에 낚시질을 간다.
　　 나. 우리는 일요일에 낚시질을 하러 간다.

　(14가)에서처럼 비실체성 명사 다음의 '하러'가 생략되어 '가다'만 남는 꼴이 되었다고 할 수 있는 것이다.

　다섯째, 실체성 명사와 비실체성 명사는 '질' 또는 '화(化)'와 같은 접미사와 결합하는 점에서도 차이점을 보인다.

(15) 가. 그 아낙네는 마자에게 { 삿대질하였다 / *삿대하였다 }.

　　　나. 그들은 { *노름질하였다 / 노름하였다 }.

(16) 가. 각 공장은 시설을 { 현대화하였다 / *현대하였다 }.

　　　나. 각 공장은 { *시설화하였다 / 시설하였다 }.

(15가)에서 보듯이 실체성 명사인 '삿대' 따위에는 '질'2)이라는 접미사가 덧붙을 수 있고, 또 그러한 덧붙임으로 비실체성 명사처럼 되어 '하다'와 결합한다. 그러나 '노름'과 같은 비실체성 명사에는 (15나)에서 보듯이 '질'이 붙지 않고 '하다'가 첨가된다. (16)에서는 실체성 명사는 '화' 따위를 덧붙여 비실체성 명사와 같이 됨을 보이며, 그 반면에 비실체성 명사는 그러한 덧붙임을 일반적으로 허용치 않는다.

이렇게 서정수는 다섯 가지로 실체성 명사와 비실체성 명사의 구별점을 살피고 있다. 그렇지만 다섯 가지가 모든 실체성 명사와 비실체성 명사를 구별하는 근거로는 부족함을 위에서 살펴보았다.

강범모(2001)는 서술성 명사(술어)명사의 판별기준을 아래와 같이 설명한다.

(17) 가. '-게, 토록' 결합 가능

　　　나. '하다' 기능동사 결합

　　　다. 명사문 가능

---

2) 서정수(1994 : 394) : 접미사 '질'과 어울릴수 있는 실체성 명사 : 접미사 '질'과 어울릴 수 있는 실체성 명사는 한정되어 있다. 토박이말 명사가 '질'과 결합하는 일이 많으며, 한자말과 통합하는 일은 드물다. 그 예를 보이면 다음과 같다.
(1) 손질, 발길질, 손가락질, 삿대질, 입질, 도리질, 딸꾹질, 찜질, 도리깨질, 톱질, 도끼질, 칼질, 쟁기질, 삽질, 써레질, 비질, 걸레질, 계집질, 도둑질, 풀무질, 부채질, 키질, 되질, 말질, 물질, 동냥질, 장난질, 곁눈질, 누비질, 뜨개질, 숨박꼭질
(2) 선생질, 이간질, 간사질, 훼방질, 둔갑질
(1)은 토박이말의 경우이고 (2)는 본디 한자말에서 온 것인데 거의 한국어화한 것이라 할 수 있다. 그런데 이 접미사가 붙은 말은 대개 품위가 떨어지는 말로 여겨지고 있다. 이를테면, '선생질'과 같은 말은 품위가 없는 말이므로 '선생 노릇'으로 하는 것이 예사이다.

라. '중' 구문
마. '언제나 ~이다'

위에서 '-케, 토록'은 사동을 나타내는 것인데 이러한 사동표현을 나타낼 수 있는 것은 동작성을 띤 명사들의 특성이다. 동작성 명사는 '-케'나 '도록'으로 사동을 나타낼 수 있다면 '받다, 당하다, 되다' 등으로 피동을 표현할 수 있으며 '시키다'와 결합되어 사동도 나타낼 수 있다.

그리하여 동작성 명사의 의미 특성에 따라서 '받다, 당하다, 되다, 시키다' 등 단어와의 결합도 그 판단 기준에 넣고자 한다.

필자는 강범모(2001)의 서술성 명사와 비서술성 명사의 판별 기준에서 얻은 서술성 명사 가운데서 동작성 명사를 그 연구 대상으로 삼으려 한다. 우선 필자는 강범모(2001)의 서술성 명사의 판별기준을 약간의 수정을 거쳐 다음과 같이 기준을 세우려 한다.

(18) 가. '-케, 토록' 결합 가능
　　　나. '되다, 받다, 당하다, 시키다' 등 동사와 결합하여 피·사동 표현
　　　　　가능
　　　다. '하다' 동사 결합 가능
　　　라. 명사문 가능
　　　마. '중' 구문

즉 필자가 대상으로 하려는 동작성 명사는 서술성 명사 가운데 행위나 동작을 나타내는 명사 즉 [+동작성] 혹은 [-상태성]을 띠는 부류의 명사들 중에서 한자어로 구성된 것으로 한정한다. 또한 이러한 동작성 명사들에서 주로 '하다'와 결합하여 동사로 되거나(그 목록은 부록 ①를 볼 것) '되다', '받다', '당하다', '시키다' 등과 결합하여 피동이나 사동을 나타내는 동사로 되는 명사들을 살피고자 한다.

2. 동작성 명사의 특성

동작성 명사는 그 특성상 명사와 동사적 속성을 동시에 가지고 있으므로 구문 분석에 있어서 그것을 일괄적으로 처리할 수 없다. 그러므로 우선 동작성 명사들을 그것의 명사적 속성과 동사적 속성에 따라 분석해야 할 것이다.

여기서는 우선 동작성 명사의 일반적 특성들을 살펴보고, 그중 구문 분석 과정에서 고려의 여지가 있는 특성을 중심으로 고찰하고자 한다. 동작성 명사의 특성을 살펴보기 위해서는 그것의 형태론, 통사론, 화용론 및 의미론적인 특성을 함께 고려해야 할 것이다.

동작성 명사는 동사성을 띠면서도 명사라는 점에서 두 품사 범주 사이의 유사한 점을 갖고 있으므로 동사와 명사의 특성에서 살펴보기로 한다.

동사는 활용을 한다는 점에서 명사와 구분된다. 즉 동사는 시제, 상, 양태, 서법, 태 존대를 나타내는 문법 범주의 실현을 가능하게 한다. 이에 비해 명사는 격, 수, 인칭을 나타내는 문법 범주의 실현을 가능하게 하며 한국어에서는 격조사의 첨가 현상을 통해 명사를 구분해낼 수 있다.

통사론적으로 동사는 서술어의 기능을 수행하는 반면에 명사는 주어나 목적어의 기능을 수행한다. 또 명사는 관형사가 수식을 하지만 동사는 부사가 수식을 하는 점에서 두 부류는 통사론적으로 구분된다.

화용론적으로 동사는 담화에서 참여자의 행위의 발생을 단언하도록 해 주고 명사는 사물, 장소, 시간, 사람, 사태 따위를 지시함으로써 담화 상에서 각각의 지시 대상을 소개해 주는 기능을 한다(이병규 2001 : 14).

이런 동사의 화용론적 특성은 동작성 명사들과의 비교에서 분명하게 드러난다. 예를 들면 '출발, 지각, 살해' 등과 같은 [+동작성]을 띤 명사들은 담화에서 동사처럼 사태 참여자의 발생을 단언하는 것이 아니라 그 행

위들에게 명명을 함으로써 행위를 나타낸다. 이처럼 의미적으로 유사한
동사와 동작성 명사의 화용론적 차이는 바로 동작성 명사는 사건 참여자
의 행위의 발생을 단언하는가 아니면 단지 행위들의 명명하는가에 따라
구분된다.

의미론적으로 동사는 어떤 행위나 사건을 서술하는 것으로서 서술어로
기능하는 동사가 의미론적으로 어떤 개체나 실체의 행위를 나타낸다는 것을
말해준다. 명사는 사람, 사물, 장소, 사태 등을 지시하거나 지칭하는 것이 그
의미적 특성이다. 이런 동사의 의미적 특성은 동사가 논항구조를 갖는다고
말하는 것과 다를 바 없다. 때문에 동사는 논항구조를 갖고 있으므로 어휘
상적 특성을 함유하고 있는 것이 동사가 서술어로 될 때의 특성이다.

이러한 명사와 동사의 범주적 특성을 도표로 보이면 다음과 같다(도표는
이병규 2001를 참조).

	동사	명사
형태론적 특성	시제, 상, 양태, 서법, 태, 존대를 나타내는 문법범주의 실현 가능	격, 수, 성, 인칭을 나타내는 법 범주의 실현이 가능
통사론적 특성	서술어의 기능, 부사어에 의한 수식	주어나 목적어의 기능, 관형어에 의한 수식
화용론적 특성	담화에서 행위의 발생이나 움직임을 단언해줌	담화에서 지시 대상을 소개해줌
의미론적 특성	개체나 실체의 행위, 동작을 나타냄	사람, 사물 장소, 사태, 행위 등을 지시 또는 지칭

2.1 명사적 특성

일반적으로 동작성 명사는 명사적인 특성을 나타내면서 다른 한편으
로는 동사적인 특성을 드러내는 것으로 파악된다.

(19) 가. 그들은 내년 봄에 결혼하기로 <u>결정했다.</u>
　　　나. 남한은 북한에 비료를 <u>제공했다.</u>
　　　다. 나는 국어학을 전공으로 <u>선택했다.</u>
(20) 가. 그들의 내년 봄의 결혼 <u>결정</u>
　　　나. 남한의 북한(에의) 비료(의) <u>제공</u>
　　　다. 나의 국어학 전공 <u>선택</u>

(19)는 동사들이 서술어의 기능을 하는 문장이고 (20)은 동작성 명사가 머리명사어의 기능을 하는 동작성 명사구이다. (19)의 '결정하다, 제공하다. 선택하다'는 각각 동사의 형태론적, 통사론적, 화용론적 의미론적 특성을 모두 가지고 있다. 그런데 (20)의 '결정, 제공, 선택'은 그렇지 않다. 이들은 활용을 하지 않고 서술어의 기능을 하지 않으며 행위의 발생을 단언하지 않는다.

(21) 가. 그들의 내년 봄의 결혼 <u>결정이</u> 알려졌다.
　　　나. 남한의 북한의 비료 <u>제공은</u> 일시적으로 중단되었다.
　　　다. 나의 국어학 전공 <u>선택은</u> 옳은 것이었다.
(22) 가. 그들의 내년 봄의 결혼 <u>결정</u>*었(/겠)다.
　　　나. 남한의 북한에의 비료 <u>제공</u>*었/(겠)다.
　　　다. 나의 국어학 전공 <u>선택</u>*었(/겠)다.

(21), (22)에서 볼 수 있듯이 동작성 명사 '결정, 제공, 선택'은 조사와는 결합하지만3) 어미 활용은 못한다.

(23) <u>시작이</u> 절반이다.
(24) 국어를 <u>연구를</u> 하다.

---

3) 엄격히 말하면 이 경우의 격조사는 동작성 명사에 첨가된 것이 아니라 동작성 명사구에 첨가된 것으로 보아야 한다.

(25) 실패는 <u>성공의</u> 어머니이다.

(23), (24), (25)의 '시작', '연구', '성공' 등은 각각 조사와 결합되어 쓰이고 있는 예이다. 이로부터 동작성 명사는 형태론적으로는 명사와 같은 특성을 보인다는 것을 알 수 있다.

통사론적으로 보아도 동작성 명사는 명사의 일반적인 특성을 보이고 있다. 문장에서 서술어 기능을 할 수 있는 것은 용언과 '명사+이다' 뿐이다.

동작성 명사는 (23), (24), (25)에서 볼 수 있듯이 문장에서 서술어로 기능할 수 없으며 단지 다른 일반 명사처럼 명사구의 머리명사어의 구실을 할 수 있다. 또한 술어명사는 관형어의 수식은 받지만 부사어의 수식은 받지 못한다.

(26) 가. 그들의 내년 봄의 결혼의 {단연한/*단연히} <u>결정</u>
　　 나. 남한의 북한(에의) 비료(의) {대대적인/*대대적으로} <u>제공</u>
　　 다. 나의 국어학 전공의 {올바른/*올바르게} <u>선택</u>

(26)으로부터 볼 수 있듯이 동작성 명사는 통사적으로도 명사의 일반적인 특성을 나타낸다.

화용론적 특성에 있어서도 동작성 명사는 명사의 일반적인 특성과 같은 양상을 드러낸다. 즉 동사를 서술어로 하는 (19)의 경우는 모두 단언행위를 수행한다. 그런데 (20)과 같이 동작성 명사가 머리명사어의 기능을 하는 동작성 명사구는 아무런 언어행위나 동작을 명시적으로 나타내지 못하고 동작성 명사구가 지시하는 상황을 다른 동사의 논항으로 담화상에 소개한다는 점에서 명사로서의 화용론적 특성을 나타낸다.

이상에서 본 바와 같이 동작성 명사가 나타내는 형태, 통사, 화용론적인 특성은 명사의 일반적인 특성과 같다.

2.2 동사적 특성

위에서 우리는 동사의 형태, 통사, 의미, 화용론적 측면을 살펴보았는 데 일반적으로 용언은 어휘상에 따라 분석되고 유형화된다. 동작성 명사는 의미적으로 용언과 같은 특성을 기반으로 성립하는 범주유형이기 때문에 어휘상적 분석이 가능해야 한다.

(27) 학생이 집에서 문제를 생각 중
(28) 학생이 수학을 연구 중
(29) 학생이 운동장에서 운동 중

(27), (28), (29)에서 볼 수 있듯이 '생각, 연구, 운동'은 행동의 지속을 나타내는 '중'과 통합이 가능하다. 이로부터 '연구, 운동'은 어휘상4)을 함의하고 있다는 것을 알 수 있다. 이러한 점이 동작성 명사가 동사와 같은 의미적 특성을 나타내는 증거로 이용된다.

(19)에서 보았듯이 동사 '결정하다, 제공하다, 선택하다'는 자체의 의미역을 갖고 있으며 논항구조를 가지고 논항을 요구한다. (20)에 보이는 '결정, 제공, 선택' 역시 통사적으로 실현될 때는 논항을 필요로 하며 그 논항에 의미역을 할당한다.

이는 동작성 명사가 의미론적으로는 동사와 같은 특성을 갖고 동사의 성격을 많이 띠는 것으로서 동사와 구분이 되지 않는다는 것을 알 수 있다.

위의 동작성 명사의 이러한 특성으로 말미암아 학계에서도 서술성 명사라는 이름 아래 행위나 동작, 상태 등 부류의 명사들을 서술성 명사의

---

4) 어휘상은 일반적으로 용언의 의미적인 특성으로 다루어지면 동사구나 사태를 지시하는 문장의 유형구분에도 이용된다. 한국어에서 어휘상 특성에 따른 용언의 유형 분류는 정문서(1984), 동사구 유형 분류는 조민정(2002)을 참고할 수 있다.

범주에 넣고 형태, 통사론적으로 논의를 많이 해왔다.

그러면 아래에서 동작성 명사의 이러한 특성에 근거하여 그 서술성에 대해서 알아보기로 한다.

2.3 서술성

위에서 살펴본 바와 같이 동작성 명사의 범주적 특성을 보면 형태, 통사, 화용론적으로는 명사의 일반적인 특성과 다를 바 없지만 의미론적으로 보면 용언의 일반적인 특성과 가깝다.

본 연구에서는 동작성 명사의 범주적 유형을 실현해주는 이러한 의미론적 특성을 동작성 명사의 '서술성'이라고 하겠다.

이병규(2001 : 21)는 서술성에 대해서 아래와 같이 정의하고 있다.

"서술성이란 어떤 언어 단위가 어휘상적 특성을 가지고 있으며 그것이 통사적으로 실현되기 위해서 논항을 필요로 하고 그 논항에 의미역을 할당해 주는 속성이다."

서술성의 이러한 개념에 따르면 본 연구의 대상인 동작성 명사도 서술성을 가진다. 즉 어휘상을 가지고 있으며 의미론적으로 논항을 필요로 하고 그 논항에 의미역을 준다는 특성이 있다.

명사가 서술어의 자리에 쓰일 때는 서술격조사 '이다'와 결합한다. 문장의 유형을 결정하는 중요한 요소는 서술어이다. 서술어는 보통 용언으로 구성되며 용언의 어휘 의미구조에 따라 주어의 성격이 결정되고 필요한 명사구나 기타 성분들이 결정된다.

(30) 가. 그가 책을 본다.

나. 어머니가 영수에게 용돈을 줬다.

여기서 '본다'가 주어로 '그', 목적어로 '책'을, '줬다'가 주어로 '어머니', 부사어로 '영수'를, 목적어로 '용돈'을 가진다. 이렇게 용언의 어휘 의미구조에 따라 주어의 속성이나 목적어의 속성이 한정, 제약된다. 즉 서술어로 쓰인 동사나 형용사의 어휘적 의미에 따라 문장에 나타나는 명사구가 결정된다고 할 수 있다. 그러나 다음과 같은 예를 보자.

> (31) 가. 사람들은 마술사의 신기한 묘기에 감탄했다.
>   가′. 사람들은 <u>마술사의 신기한 묘기에</u> 감탄을 했다.
>   나. 노조는 파업을 감행하기로 결정했다.
>   나′. 노조는 <u>파업을 감행하기로</u> 결정을 했다.
>   다. 나는 그 은행과 오랫동안 거래했다.
>   다′. 나는 <u>그 은행과</u> 오랫동안 거래를 했다.
>   라. 쌀을 한 되 퍼서 땔감과 교환했다.
>   라′. 쌀을 한 되 퍼서 땔감과 교환을 했다.

(31가, 나, 다, 라)에서 보듯이 논항의 실현이 동사에 의하여 결정된다는 것은 주지의 사실이다. 따라서 (31가′, 나′, 다′, 라)를 보면 직관적으로나 형식적으로나 서술어의 기능을 하는 것은 '하다'라고 할 것이다.

그러나 밑줄 친 부분은 '하다'가 요구하는 성분으로 볼 수 없고 오히려 '하다' 앞의 '를'명사구의 의미 속성에 따른 것이라고 할 수 있다. 또한 주어의 성격도 이들 동작성 명사들이 제약을 가한 것이라고 볼 수 있다.

정희정(2000 : 182)은 아래와 같은 예를 들고 있다.

> (32) 가. 회사측은 하는 수 없이 노조간부들과 <u>협상</u>, 사태를 원만히 해결했다.
>   나. 일학년 전원이 학기가 시작되기 전에 기숙사에 <u>입사</u>, 새 학기를 준

　　비하게 된다.

다. 이라크군이 쿠웨이트로 <u>진격</u>, 온 세계를 긴장시켰다.

라. 29일 대부분의 수험생들이 지원 대학 및 지망 학과를 최종적으로 <u>결정</u>, 원서를 작성할 것으로 예상하고 있다.

마. 연희는 혼자 서울에 올라가기로 <u>작정</u>, 그 준비를 시작했다.

바. 회사측은 휴업을 중지하고 상경 농성 투쟁자는 무단 결근으로 <u>처리</u>, 해고시킬 음모를 꾸몄다.

사. 화살이 과녁에 백발백중 <u>명중</u>, 참석한 사람들이 경악했다.

　　정희정(2000)은 (32)에서 '하다'가 실현되지 않아도 '협상', '입사', '진격', '결정', '작정', '처리', '명중'만으로 선행절에서 서술어의 기능을 하고 있다고 했다. 그리고 형식적으로 서술어로 쓰인 '하다'와 관계없이 문장성분을 요구하는 명사는 서술성 명사 또는 서술 명사로 논의되어 왔다고 말하면서 서술성 명사는 동사와 마찬가지로 자신의 논항을 필수적으로 요구하기도 하고 명사구의 성격에 영향을 미치기도 한다고 했다. 이러한 서술 명사의 의미적인 특성을 '서술성'이라 하고 명사의 서술성은 명사가 문장의 구조에 관여하는 의미를 가지는 특성이라고 했다.

　　동작성 명사는 의미상 동작성을 갖고 있으면서 위의 (32)에서처럼 그 앞의 성분을 요구할 수 있다. 때문에 동작성 명사도 서술성을 가진다고 할 수 있다. 하지만 정희정(2000)이 든 예에서 '협상', '입사', '진격', '결정', '작정', '처리', '명중'만으로 선행절에서 서술어의 기능을 하고 있다고 했는데 필자는 이러한 동작성 명사들은 의미상에서는 논항을 요구하지만 그 기능상에서는 이 명사들이 서술기능을 하는 것이 아니라 그 뒤의 '하다' 동사가 생략된 것으로 본다. '하다'의 생략현상에 대해서는 4장에서 구체적으로 논하기로 한다.

　　서술성은 용언류들이 가지는 특성으로서 그 기능을 ① 문장의 유형을 결정하고 ② 그 문장의 행위나 상태의 시상, 해위나 상태에 대한 화자의 심리적 태도를 나타내는 양태, 문장의 종류 등을 표시하는 것, 두 가지로 나눌 수 있다. 서술성은 문장의 유형을 결정하는 용언의 특성이다.

동작성 명사들은 명사의 특성을 가지면서 또 동사적인 특성도 갖고 있기 때문에 문장에서 논항을 요구하면서 문장의 유형을 결정하는 힘을 가진다. 여기에는 동작성을 나타내는 동작성 명사 외에 상태성을 나타내는 상태성 명사도 포함된다. 이런 것들은 모두 명사로서 서술성을 가진다. 때문에 동작성 명사는 서술성을 가진다고 할 수 있다.

서술성 명사의 특성은 어휘의미구조를 가진다는 것이다. 동작성 명사역시 서술성 명사에 속하는 만큼 어휘의미구조를 가지는데 이 어휘의미구조는 일반 명사구의 자리에서는 관형어를 보충어로 요구하는 특성을 갖는다. 서술어의 자리에서는 '하다'가 생략되어 조사가 붙은 명사구를 요구하는 특성을 가진다.

이로부터 동작성 명사는 아래와 같은 성질을 갖고 있음을 알 수 있다.

1) 동작성 명사는 유동성을 갖고 있다. 즉 문장에 의해서 품사가 결정이 된다.
2) 동작성 명사는 이중성을 갖고 있다. 즉 동사성도 갖고 있고 명사성도 갖고 있다.
3) 동작성 명사는 통일성을 갖고 있다. 즉 동사적 성격과 명사적 성격을 동시에 한 몸에 지니고 있으며 영어나 기타 언어처럼 형태적인 변화를 요구하지 않는다.

2.4 식별 기준

위에서 우리는 동작성 명사는 서술성을 가지면서 문장에서 논항을 요구하며 의미역을 실현케 한다고 했다. 이러한 서술성은 동작성 명사뿐만 아니라 상태성 명사도 가지고 있다.

그럼 동작성 명사와 상태성 명사를 판단하는 데는 어떠한 기준이 필요하며 그러한 기준 아래 어떻게 식별하는가 하는 것이 문제가 된다.

상태성을 가지는 상태성 명사도 한자어가 대부분이며 서술성을 가지고 '하다'와 결합되어 용언의 하나인 형용사가 된다. 그러면 아래에서 동작성 명사와 상태성 명사가 어떻게 구별 되는가 살펴보자.

1) 의미 자질

앞장에서 명사는 실체성 명사와 비실체성 명사로 나눌 수 있다고 했다. 비실체성 명사는 또한 크게 동작성 명사와 상태성 명사로 구분될 수 있다. 주지하는 바와 같이 동작성이니 상태성이니 하는 것은 용언을 분류할 때 사용되는 기준이다. 보통 동사를 동작성 용언이라고 하고 형용사를 상태성 용언이라고 하는 것이 그 예이다(김광희 1998 : 162).

위에서 동작성 명사는 의미 면에서 동사적 성격을 띤다고 했다. 이런 동작성 명사의 특성으로 말미암아 동작성 명사는 논항을 요구하고 의미역을 할당받을 수 있다.

또한 동작성 명사는 '인간의 힘이 미칠 수 있고 인간이 역동적으로 작용하며 어떠한 결과를 낳을 수 있는 행동을 지칭하는 속성'(임홍빈 1998 : 517)을 갖기 때문에 '하다'나 '되다', '시키다', '당하다' 등 동사와 어울려 서술어를 만들 수 있다.

따라서 그 의미 자질을 보면 심리적 행동이든, 추상적 행동이든, 구체적인 행동이든 [+동작성]이 부여되면 이는 동작성 명사라 할 수 있다. 의미 면에서의 특성은 동작성 명사와 상태성 명사를 가르는 일차적 기준이 될 수 있다.

(33) 가. 규칙적으로 조금씩 운동을 했다.(구체적인 행동)
　　　나. 여러 가지 복잡한 문제로 고민을 하다.(심리적 행동)
　　　다. 인간의 생존이 위협을 받다.(추상적 행동)
　　　라. 그동안 집안에서 더없이 행복하고 근심 걱정 없이 지냈지만
　　　　　밖에선 되는 노릇이 라곤 없었다.
　　　마. 볕에 까맣게 타긴 했지만 아주 건강해 보였어요.

(33가, 나, 다)와 (33라, 마)를 대비해 보면 (33가, 나, 다)는 모두 구체적
이든, 추상적이든, 심리적이든 어떤 행위성이나 동작성을 갖고 있다. (33
라, 마)는 움직임이나 행위보다는 어떠한 지속적인 상태를 나타내고 있
다. 때문에 의미상에서 이들이 구별되고 있다.

2) 보충어의 정보

동작성 명사와 상태성 명사는 그 보충어의 정보로부터 판별할 수 있
다. 동작성 명사는 내부 논항과 외부 논항을 모두 수반하는데 상태성 명
사는 외부 논항만을 이끈다. 외부 논항을 취하는 전형적인 범주는 형용
사이다. 상태성 명사가 '하다'와 결합하여 형용사를 파생하는 것은 전적
으로 상태성 명사의 이러한 자질성 때문인 것으로 이해된다.

아래는 동작성 명사의 통사 자질과 상태성 명사의 통사 자질을 표시
한 것이다(김광희 1998 : 163).

(34) 가. 동작성 명사의 통사 자질5)

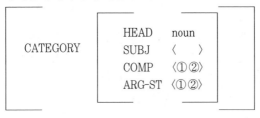

나. 철수가 국어학을 공부한다.
다. 남자들은 군대 경험을 과장해 말하는 버릇이 있다.

(35) 가. 상태성 명사의 통사자질

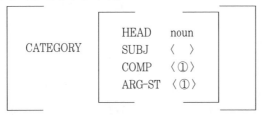

나. 국민들은 올해 우리 경제에 대해 낙관한다.
다. 정동진에서 우리는 민박했다.

이렇게 동작성 명사는 내부 논항과 외부 논항을 모두 수반하는데 반해 상태성 명사는 외부 논항만을 이끈다.

3) 후행 요소와의 분리성(독립성)

상태성 명사는 분리성이 약해서 '하다'와 잘 분리되지 않지만 동작성 명사는 잘 분리된다. 또한 격조사와의 결합에서도 동작성 명사의 독립성

---

5) 여기서 말하는 동작성 명사는 필자가 말하는 동작성 명사보다 범위가 넓다. 때문에 본 연구에서의 동작성 명사의 통사 자질은 김광희에서 제기한 통사자질과 같다.

이 더 강하여 여러 격조사와 잘 결합된다.

> (36) 가. *행복을 하다(행복은 하다, *행복을 했다, *행복을 한다).
>   *건강을 하다(건강은 하다, *건강을 했다, *건강을 한다).
> 나. 공격을 하다(*공격은 하다, 공격은 했다).
>   공부를 하다(*공부는 하다, 공부는 했다).

위의 예에서 볼 수 있듯이 상태성 명사는 접사 '하다'와 잘 분리되지 않지만 동작성 명사는 격조사가 붙어 분리되어 잘 쓰인다. '-은, -는'은 아무런 시상이나 태를 나타나지 않는 구 구성에서 동작성 명사와 결합되지 않지만 일단 과거형을 나타내는 '-었'이 붙으면 '-은'과의 결합이 자유로워진다.

4) 후행 요소와의 결합상황

'상태성 명사+하다'는 형용사가 되고 '동작성 명사+하다'는 동사가 된다. 또한 형태론적으로 후행 요소와의 결합을 보면 동작성 명사는 '하다/되다/시키다' 등과 잘 결합하고 상태성 명사는 '-스럽-, -롭-, -답-' 등과의 결합이 자연스럽다.

> (37) 가. 가공하다, 가공되다, 가공시키다.
>   위협하다, 위협받다, 위협당하다.
> 가′. *가공스럽다, *가공롭다, *가공답다.
>   *위협스럽다, *위협롭다, *위협답다.
> 나. 행복하다, *행복되다, ?행복시키다.
> 나′. 건강하다, *건강되다, 건강받다, *건강당하다.
> 다. 부담스럽다.

이처럼 동작성 명사는 명사이지만 '되다', '받다', '당하다', '받다' 등의 동사들과 결합되어 피동표현의 문장이나 사동표현의 문장을 이룰 수 있

다. 하지만 상태성 명사는 이런 것들과 결합이 안 되며 피동이나 사동을
표시할 수 없다.

5) 상적 특성

앞에서 동사의 특성을 고찰했을 때 우리는 동사는 어휘상적 특성을
가진다고 했다. 어휘상적 특성에 따라 동작성 명사를 순간, 지속, 완성으
로 나눌 수 있다.6) 이병규(2001)는 술어명사와 비술어명사의 판단 기준을
아래와 같이 정리하고 있다.

술어명사의 판단 기준			술어명사의 유형			
			상태	순간	지속	완성
+ 어 휘 상	상명사 통합	속	○	*	*	*
		순간	×	○	*	*
		도중	×	*	○	○
		완료	×	*	×	○
	상동사 통합	시작되다	*	*	○	○
		지속/계속되다	○	*	○	○
		끝나다	*	*	○	○
	'시'와의 통합		*	○	○	○
	의미역 할당과 명사구 형성		○	○	○	○
− 지 시 성	지시 관형사 통합		×		×	×
	'−들'과의 결합		×	×	×	×
	'마다'와의 결합		×	×	×	×

위의 표는 이병규(2001)가 술어명사와 기타 명사와의 비교를 통해서 비
술어명사를 판단하는 기준을 세운 것이다. 이러한 기준에서 보면 동작성

---

6) 동작성 명사의 유형분류는 3.1.4를 참고.

명사는 상적 특성을 가진다. 물론 상태성 명사도 서술성 명사에 속하는 만큼 상적 특성을 가지지만 이들이 결합하는 상적 의미가 다른 것이다. 위의 도표에서 볼 수 있듯이 상태성을 나타내는 상태성 명사와 순간, 지속, 완성을 나타내는 동작성 명사의 여러 차이들을 알 수 있다.

6) 앞 요소와의 결합의 공고성

상태성 명사는 '하다'와 결합되어 형용사가 되면 이들의 결합은 아주 긴밀하다. 극히 소수를 제외하고는 단독적으로 쓰이기 힘들다. '행복', '고요' 등은 특정한 환경에서 '하다'와 분리되어 쓰일 수 있지만 대개는 '하다'와 결합되어 형용사를 이룬다. 이러한 것을 '조선어리론문법'(1987)에서는 어근 분리 현상으로 해석하고 있으며 이런 명사를 어근적명사로 분류하고 있다.

3. 동작성 명사의 유형

서술성 명사 분류하는 방법은 크게 두 가지로 나눌 수 있다. 하나는 '상적 특성에 따른 분류'이고 다른 하나는 '논항 구조에 따른 분류'이다. 동작성 명사도 서술성 명사에 속하는 하위분류인 만큼 이러한 분류 방법에 따라 분류할 수 있다.

동작성 명사는 위에서 서술한 바와 같이 상적 특성을 갖고 있기에 그 상적 특성에 따라 분류가 가능하다. 하지만 이러한 상적 특성에 의한 동작성 명사의 분류만으로는 동작성 명사의 문법적 특성을 설명하기엔 부족하다. 동작성 명사의 통사·의미론적 특성을 파악하기 위해서는 동작성 명사의 상적 특성과 함께 논항 구조를 살피는 것도 필요하다.

아래에 동사의 상적 특성에 따른 분류와 논항에 따른 분류를 시도해 본다.

3.1 어휘상적 특성에 따른 유형

일반적으로 어휘상은 어떤 사태의 시간적인 전개 과정에 따른 어휘 내적인 분포 양상을 나타내는 것으로 용언의 의미 특성으로 다루어져 왔다 (이병규 2001 : 25). 동작성 명사는 의미상 동사와 같은 의미 속성을 가지므로 동사의 분류에 의해서 동작성 명사의 분류를 시도해볼 필요가 있다.

우선 용언의 분류에서 동사의 하위분류가 어휘상적 특성에 따라 어떻게 유형화되는지를 알아보기로 하자.

용언은 시간적인 전개 과정에서 어떤 작용을 함유하는지 여부에 따라 상태 동사와 작용동사로 구분되는데 상태 동사는 사태의 시간적인 전개 과정에서 상태가 지속될 뿐 아무런 작용의 발생도 없다. 이에 반해 작용동사는 사태의 시간적인 전개 과정에서 어떤 작용의 발생을 함의한다.

작용동사는 작용이 지속되는 정도에 따라서 순간동사와 과정동사로 구분될 수 있다. 순간동사는 작용의 지속을 함유하지 않기 때문에 시작과 끝이 구분되지 않는 반면 과정동사는 사태의 전개 과정에서 지속을 함의하기 때문에 시작과 끝이 구분되는 경우가 많다.

또한 작용이 지속되는 과정에서 과정동사는 작용의 결과가 완성되는 시점을 함의하는지 여부에 따라 다시 지속동사와 완성동사로 구분된다. 지속동사는 작용의 결과가 완성되는 시점을 함의하지 않는데 비해 완성동사는 작용의 결과가 완성되는 시점을 함의한다.[7]

---

7) 동사의 상에 의한 분류는 주로 영어에서 많이 진행되고 있다. 하지만 어휘상에 의해 동작성 명사가 판별되기 때문에 본 논의에서도 이러한 동사의 분류방식을 취하려고 한다.

이처럼 동사는 어휘 상적 특성에 따라 분류될 수 있다. 동작성 명사역시 위에서 살펴보았듯이 의미 면에서 동사적 특성을 띠므로 어휘상적특성을 함의하고 있다는 것을 우리는 위에서 살핀 바 있다.

따라서 동작성 명사도 동사의 경우와 마찬가지로 어휘상적 특성에 따라 유형을 나눌 수 있다. 동작성 명사는 [±과정성(±순간성)]의 함의 여부에 따라 순간 동작성 명사와 과정 동작성 명사로 나누고, 과정 동작성명사는 다시 [±완성성]의 함의 여부에 따라 지속 동작성 명사와 완성 동작성 명사로 나눌 수 있다. 어휘상에 따라 나눈 동작성 명사의 유형을도식화하면 아래와 같다.

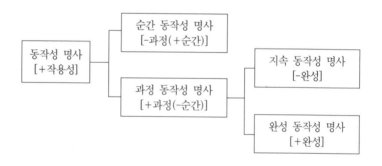

3.2 논항 양상에 따른 유형

우리는 동작성 명사의 특성을 논할 때 논항을 가지고 있다는 특성에대해 알아보았다.

동작성 명사가 논항 구조를 갖고 있다는 것은 결국 동사와 유사한 특성을 이 명사가 가지고 있다는 뜻이다. 이는 논항의 수와 그 구조적 관계를 나타내는 표상을 동사 서술어가 갖고 있음을 말한다.

동작성 명사의 논항에 대한 분석은 동작성 명사의 통사적 특성을 밝히는 데서 가장 중요한 부분으로 된다. 때문에 논항의 의미역 실현 양상에 따라 동작성 명사를 분류하는 것은 의미가 매우 크다. 여기서는 동사를 분류하는 기준에 맞춰서 동작성 명사를 분류하고 통사적 현상과의 상관성을 알아보기로 한다.

동사는 자동사와 타동사로 구분이 된다. 자동사에는 두 가지 유형이 있다. 우선 문장의 주어로 실현되는 논항이 서술어의 논항 구조에서 외부 논항이거나 내부 논항인 경우가 있다. 본 연구에서는 비능격 동사와 비대격 동사의 개념을 도입하고자 한다.8) 이에 따라 주어로 실현되는 논항이 외부 논항인 경우에는 비능격 동사(unergative verbs), 내부 논항인 경우에는 비대격 동사(unaccusative verbs)라는 술어를 쓰도록 한다.9)

비능격 동사와 비대격 동사의 분류를 동작성 명사에 적용하도록 한다. 그래서 이러한 분류에 기초하여 동작성 명사를 분류할 수 있다.

(38) 자동사성 동작성 명사의 분류
　　가. 비능격성 동작성 명사
　　　　운동, 독서, 자살, 활동, 출세, 식사, 성공
　　나. 비대격성 동작성 명사

---

8) 한국어의 비대격 동사에 대한 논의로는 홍기선(1994), 고광주(1994) 참조.
9) 비대격과 비능격을 구분하는 방법은 표류 양화사를 허용하는가 않는가, 그리고 동사구 전치 구문을 허용하는가 안 하는가에서 판단할 수 있다. 예를 들면
　(1) ㄱ. 운동장에서 학생들이 세 명 운동을 했다.
　　　ㄴ. *아이들이 운동장에서 다섯 명 운동을 했다.
　(2) ㄱ. 화살에 두발 과녁에 명중했다.
　　　ㄴ. 화살이 과녁에 두발 명중했다.
　(1)은 표류 양화사를 허용하지 않는다는 점에서 비능격성을 보이고 (2)는 비대격성을 보인다. 동사구 전치 구문으로도 이것을 구분할 수 있다.
　(3) ㄱ. 학생들이 체육관에서 운동을 하기는 했지만…
　　　ㄴ. 체육관에서 운동을 하기는 학생들이 했지만…
　(4) ㄱ. 화살이 과녁에 명중을 하기는 했지만…
　　　ㄴ. *과녁에 명중을 화살이 하기는 했지만…

진화, 퇴화, 성장, 발달, 악화, 약화, 증발, 변화, 명중, 도착, 침몰, 포함…

(38)에서 보이는 비능격성 동작성 명사는 '하다'와만 결합할 수 있으며 논항을 1개 가질 수 있다. 비대격성 동작성 명사는 '하다', '되다'와 모두 결합할 수 있다. 하지만 그 뒤에 결합되는 요소가 다름에 따라 1개의 논항을 가질 수도 있고, 2개의 논항 가질 수도 있다.

타동사란 외부 논항과 내부 논항을 동시에 취하는 동사로서 대체로 격조사 '-가'와 '-를'이 붙어 있는 경우를 말한다. 본 연구에서는 타동사성 동작성 명사들을 크게 두 부류로 나누어 그 특성을 고찰하려고 한다.

(39) 타동사성 동작성 명사
　　가. 제1유형 : 배신, 칭찬, 동정, 저주, 위로
　　나. 제2유형 : 파괴, 해고, 파손, 수감, 정화, 이동, 폭파, 제거, 임명, 변형

타동사성 동작성 명사는 그 의미만으로 논항을 실현할 수 있는 유형과 두 개의 논항을 가질 수 있는 유형으로 나눌 수 있다.

논항 분석은 표면적인 문장 성분 분석과 의미역 분석으로 나누어 볼 수 있는데 구문 분석에서 논항 분석을 할 때 가장 기본적인 정보는 결합가 정보이다. 동사가 문장에서 서술어 기능을 할 때 이들 동사의 결합가 정보가 그것이다.

동작성 명사도 서술성을 띠기에 논항을 실현하고 서술어로 기능할 수 있다. 때문에 결합가 정보를 가질 수 있다. 따라서 여기에서는 결합가를 기준으로 서술성 명사를 분류할 필요가 있다. 위의 분류도 역시 논항에 의한 분류라고 할 수 있는 것처럼 동작성 명사를 그것이 가지는 결합가

에 의해 분류를 시도할 수 있다.

결합가(valency)는 서술어가 가질 수 있는 각 논항의 개수이다. 강은국 (1993)은 한국어의 기본 문형에 대해 논술하고 있는데 여기에서 기본 문형을 설정하고 각 문형에 해당하는 동사를 나누어 놓았다. 본 연구에서도 동작성 명사는 동사적 특성을 갖고 있기에 일차적으로는 동사와 의미적으로 비슷한 특성을 바탕으로 동작성 명사를 분류해 보고자 한다. 결합가는 1가, 2가, 3가, 4가로 나눌 수 있는데 동작성 명사의 결합가를 보이면 다음과 같다.

(40) 가. 1가 동작성 명사10)
운동, 독서, 자살, 진화. 퇴화, 성장, 고생, 귀국, 근무, 서식, 성공, 성숙, 실망, 실패, 유행, 행동, 행사, 활동, 회복, 급증, 긴장, 동의, 감동, 개의, 공연, 과장, 난무, 노동, 단행, 멸망, 목욕, 몰락, 방치, 부패, 분노, 분출, 사망, 생존, 성행, 세안, 쇠퇴, 순산, 순환, 승선, 식사, 신음, 실수, 안심, 연대(連帶), 외출, 월동, 육박, 이륙, 일관, 일탈, 임신, 입사, 자립, 자부, 자살, 자생, 자제, 자진, 자청, 자초, 자행, 재직, 재촉, 전전, 전진, 전후, 정진, 제대, 좌절, 주저, 증언, 진학, 질문, 집권, 촬영, 출세, 출자, 출전, 출제, 출품, 치부, 침묵, 타락, 퇴근, 퇴원, 팽배, 팽창, 포옹하다, 하락, 현존, 환호, 활약…

나. 2가 동작성 명사
배신, 칭찬, 신뢰, 완성, 파손, 강요, 가입, 간과, 감당, 감사, 감상, 감소, 가안, 강조, 강화, 개발, 개방, 개선, 개입, 개최, 거부, 거절, 건설, 검토, 결심, 결정, 경계, 경험, 계산, 계속, 계획, 고려, 고민, 고수, 고집, 공개, 공격, 공급, 공부, 공유, 과 시, 관련, 관리, 관찰…

다. 3가 동작성 명사 : 제출, 고백, 선사, 발급, 기별, 파견, 추방

---

10) 여기서 제시한 단어들은 조사대상에 있는 것도 있지만 4가 동작성 명사 같은 경우에는 조사대상에서 찾아볼 수 없기 때문에 조사 대상에 있는 단어들이 아니라 다른 사람들이 제시한 단어를 가져온 것이다.

라. 4가 동작성 명사 : 병설, 혼작, 간작, 겸용, 혼적

만약 부사어를 필수 성분으로 인정한다면 2가에서 3가의 경우 다양한 문형이 나올 수 있다. 따라서 이들의 결합가를 대상으로 그 양상을 자세히 살필 필요가 있다. 비능격성 동작성 명사와 비대격성 동작성 명사가 모두 1가 동작성 명사에 속한다. 때문에 의미역 분석을 할 경우에 비능격성과 비대격성이 중요한 정보로 될 수 있다. 여기에 속하는 목록은 (40)과 일치하다. 2가 동작성 명사에는 타동성 동작성 명사와 자동성 동작성 명사가 모두 속한다. 우선 타동성 명사는 논항으로 주어와 목적어를 취할 수 있는 명사이다.

(41) 2가 타동성 동작성 명사
가. 배신, 칭찬, 동정, 저주, 위로
나. 해고, 완성, 파손, 정화, 이동, 폭파, 제거, 임명, 변형, 증산, 개정, 가결, 설계, 선언, 편집, 저술, 조사, 감독, 지휘, 거부, 결정, 건축, 외면
(42) 가. 영희가 철수를 배신, 다른 남자와 결혼했다.
나. 철수가 배신, 다른 사람과 결혼했다.
다. 영희가 배신, 다른 남자와 결혼했다.

위에서 (41가)에 속하는 동작성 명사의 문장은 (42나)처럼 표현된다고 하더라도 '철수가 배신당하다(되다)'란 피동의 의미가 아니라 '철수가 x를 배신하다'의 의미로 해석이 된다. 때문에 (42가)와 (42나)는 동일한 의미를 나타내지 않는다. 오히려 (42다)가 (42가)의 의미와 비슷하다고 할 수 있다. 그러나 (41나)에 속하는 동작성 명사의 경우는 좀 다른 양상을 보인다.

(43) 가. 진이가 그 그림을 완성, 그간의 노력이 결실을 보았다.
　　　 나. 그 그림이 완성, 그간의 노력이 결실을 보았다.

위에서 동일한 '완성'이 하나는 타동성을 띠어 2가로, 다른 하나는 자동성을 가져 1가로 실현되고 있음을 볼 수 있다. 이는 서술성 명사가 기능동사와의 결합 없이 쓰이기 때문에 기능동사의 의미가 기여했던 부분에서 중의성이 발생하고 있다(남경완 유혜원 : 51). 하지만 필자는 동작성 명사 그 자체에 자동성과 타동성의 의미가 있기에 '하다'나 '되다'가 모두 붙을 수 있는 가능성이 있는 것으로 본다. 2가 동작성 명사 중 자동사로 쓰이는 경우도 이와 유사하다. 2가 자동사성 동작성 명사들을 유형별로 보면 다음과 같다.

(44) 2가 자동사성 동작성 명사
　　 가. '에' : 가입, 개입, 근거, 기여, 기초, 달성, 대답, 대비, 대응, 대
　　　　　　처, 대항, 도달, 참석, 출석, 가담, 입회, 입학, 입대, 참가,
　　　　　　편입, 종사, 헌신, 주력, 부심, 정착, 잠복, 투숙, 도달, 도착,
　　　　　　서명, 경례, 인사, 사례, 항거, 청혼, 응전, 항거 …
　　 나. '에서' : 분리, 탈퇴, 격리, 탈적, 발원, 탈회 …
　　 다. '로' : 귀숙, 환원, 승급, 발령 …
　　 라. '와' : 결합, 결혼, 공유, 관련, 교환, 이별, 이혼, 격전, 결투, 밀
　　　　　　담, 한담, 동숙, 병존, 상견, 절련, 결렬 …
　　 마. '에'/'로' : 돌입, 망명, 유입, 이주, 이사, 출장, 진학 …
　　 바. '에'/'에서' : 기숙, 노숙, 하숙 …

(44)는 주어 이외의 필수 부사어를 요구하는 서술성 명사 중 2가 서술성 명사를 나열한 것이다. 이 경우 역시 '하다, 되다' 형이 붙어서 논항 실현 양상이 달라지는 것이 있고, '하다, 되다'가 붙어도 논항 실현 양상이 달라지지 않는 것이 있다.

(45) 가. 자타동사의 교체에 따라 논항실현이 달라지는 명사

간직, 기록, 등록, 간수, 전달, 부과, 위임, 양도, 일임, 주입,
소개, 압수, 압살, 호출, 소멸, 발각, 유린, 우롱, 학살, 섬멸,
유배, 파견, 추방, 전성, 전환, 진화, 전의, 전속, 변장, 전락,
대체, 교체, 추대, 임명, 선거, 선출, 선정, 피선, 피임, 편의
승급, 선별, 역임, 재임, 간주, 공인, 평정, 판정, 단정, 논단,
겨론, 진단, 추측, 추량, 짐작, 착각, 구분, 식별, 연결, 연접,
접촉, 합수, 합류, 합성, 합설, 병합, 융합 …

나. 교체가 보이지 않는 명사 : 유래, 유발, 발로, 기인, 일탈, 상반,
배치…

(45가)는 '하다'가 붙으면 타동성을 가져서 3가 서술어로 실현되는 경
우이고 '되다'가 붙으면 필수 부사어를 가지고 2가로 실현되는 경우이다.
(45나)는 대체로 '하다'보다는 '되다'와의 결합이 더 자연스러운 경우로,
타동사로 쓰이는 경우가 없다.

(46) 3가 동작성 명사

가. '에/에게' : 제출, 고백, 선사, 발급, 기별, 고발, 신소, 수여, 증
여, 제공, 위탁, 부탁, 위임, 탐문, 반문, 자문, 질
문, 요청, 요구, 애원, 청구, 신청, 등록 기재, 간직,
투입, 도입, 적용, 응용, 허비, 소비, 경주, 기억, 파
견, 특파, 추방, 유배, 수출 …

나. '로' : 선거, 선출, 추대, 중용, 추천, 선발, 고용, 분장, 결정, 판
결, 선발, 선택, 규정, 치환 개편, 번역, 대치, 교체, 갱신
간주, 착각, 인정, 오판, 공인 …

다. '와' : 약속, 토의, 기약, 언약, 맹약, 밀모, 상론, 공론, 합의, 협
의, 협상, 교량, 쟁탈, 상환, 교환, 교역, 호송, 교류, 합
저, 공역, 합작, 공저, 병설, 연합, 합동, 혼합, 겸직, 연
결, 연계, 대조, 비교, 대비 …

라. '에서' : 탈환, 접수, 이탈, 인수, 전수, 구입, 차입, 징수, 수탈,
약탈, 절취, 탈취, 제명, 구출, 구축, 발취, 전재, 발췌,

초집, 선택, 채택, 인용 ⋯
마. '라고' : 자칭, 총칭, 존칭, 변칭, 가칭, 병칭, 혼칭, 통칭 ⋯

(47) 4가 동작성 명사
가. N이 N에 N와 N를 V : 병설, 겸용 병용 ⋯
나. N이 N와 N에 대해 N를 V : 교환, 교류, 상환 호류

이상 동작성 명사들을 결합가에 따라서 분류하고 그 목록을 간단하게
제시했다. 이러한 결합가 정보에 따라 동작성 명사를 유형별로 분석하고
목록을 제시하면 실제 구문 분석 과정에서 이러한 동작성 명사의 부류
정부가 적절하게 이용될 수 있을 것이다.

제3장

한자어 동작성 명사의 품사 소속 및 구조 유형

1. 한자어 동작성 명사의 계보적 갈래 및 그 품사적 특성

한국어빈도수사전의 총 39,849개 명사 가운데서 '하다'와 결합하여 동사가 되는 한자어 2음절 동작성 명사는 모두 3,049개로서 총 명사수의 7.6%를 차지한다. 그것이 '하다'와 결합하여 동사가 될 때 총 동사의 27.9%를 차지한다. '되다'와 결합하여 된 동사는 모두 1,246개인데 전체 동사의 11.4%를 차지한다. 이러한 사실에 미루어 볼 때 2음절 명사에 '하다'나 '되다'가 붙어서 동사로 되는 단어들은 명사에서 상당한 부분을 차지하는 바, 이것을 하나의 범주로 다루는 것은 무리가 아니라고 생각된다.

본 연구에서는 앞의 연구 범위에서도 밝혔던 바와 같이 '하다'와 결합하여 동사가 되는 모든 단어들을 대상으로 하는 것이 아니라 빈도수가 높은(10 이상) 동작성 명사만을(모두 975개) 대상으로 고찰하고자 한다.

1.1 한자어의 유입 및 계보적 갈래

한자어는 한자를 차용하는 가운데 한국어 어휘 체계에 들어온 한 유형이다. 중국 문화와 한국 문화 간에는 옛날부터 밀접한 연계를 가지고 있었다. 이는 한반도의 지리 조건과 역사 환경에 의해서 결정된 것이다. 한자와 한문의 차용은 이러한 관계의 발전을 가속화시켰다. 한국어 어휘체계 속의 한자어가 세세대대로 내려올 수 있는 원인도 바로 이에 있다.

이렇게 한자가 중국에서 한국과 일본으로 유입된 문자이기는 하지만 오늘 날 우리가 쓰고 있는 한자어 중에는 중국에서 유입된 한자어뿐만 아니라 일본에서 유입된 한자어, 한국 국내에서 만들어진 한자어도 있다.

1) 중국에서 유입된 한자어[1]

(1) 가. 충(忠) 효(孝) 제(悌) 예(禮), 효제(孝悌), 군자(君子), 소인(小人),
성현(聖賢), 괄목(刮目), 상대(相對), 불혹(不惑), 천명(天命)

나. 보신(補身), 보약(補藥), 상자(箱子), 서출(庶出)

다. 가람(伽藍), 고행(苦行), 공덕(功德), 공양(供養), 귀의(歸依),
기도(祈禱), 망상(妄想), 방생(放生), 번뇌(煩惱)

이러한 한자어는 고전 한문 문헌에서 차용된 것이 있는가 하면 불교에서 차용된 것도 있으며 백화문에서 들어온 것도 있다. 여기에서 '괄목(刮目)', '상대(相對)', '보신(補身)', '기도(祈禱)', '망상(妄想)' 등은 동작성 명사에 속하는 단어들이다.

---

1) 이강로(1987) '한국 한자어의 기원적 계보'와 박영섭(朴英燮, 1995) ≪韓國漢字語彙論≫에 의거.

2) 일본어에서 유입된 한자어

20세기에 들어 한국이 일본의 식민지가 됨에 따라 일본한자어가 밀물처럼 한국어에 흘러들어 그대로 한국어에 사용되었다.

(2) 강매(强賣), 개화(開化), 과학(科學), 구배(句配), 귀납(歸納),
    조화(造化), 취급(取扱)[2]

일본한자어는 훈독한자어도 있고 음독한자어도 있다. 두 한자가 단어를 이루는 경우 '조화(造化)', '귀납(歸納)'과 같은 단어는 두 글자 모두 음독하는데 '견습(見習)', '조합(組合)', '취소(取消)' 등과 같은 단어는 두 글자 모두 훈독한다. 이러한 'みなう', 'くりあう', 'とりけす' 등의 훈독 일본한자어는 한국어에 들어와서 한국 독음에 따라 '견습, 조합, 취소' 등으로 되었다.

3) 한국 자체로 만든 한자어

우리는 한국 독음으로 읽는 한자어 단어를 보통 한자어라 부른다. 이러한 단어는 한자를 기초로 하며 한자음의 규범을 따르는 동시에 한국어 어휘계통에 속하는 단어들이다. 그중의 많은 부분은 중국어나 일본어의 단어에서 차용된 것이다. 그 외에 한국에서 자체로 만든 단어들도 있다. 즉 이러한 단어는 중국이나 일본에서 차용하여 쓰는 단어들이 아니라 한국에서 자체로 만들어진 단어들이다.

이러한 단어는 극소수 외에 모두 중국 한자로 조성되었으며 한국한자음으로 읽으면서 한국어 어휘 체계 속에 굳건히 자리 잡고 있는 단어들

---

2) 이강로(1987) '한국 한자어의 기원적 계보'와 박영섭(朴英燮, 1995) 《韓國漢字語彙論》에 의거.

이다. 단지 그 내원이 중국어가 아니라 한국어라는 것이 다를 뿐이다.

    (3) 권솔(眷率), 식구(食具), 방송(放送), 양반(兩班), 육담(肉談)… 3)

    (3)의 예들은 한국 자체에서 만들어진 한자어이다. 여기에서 '방송'은 바로 한국 자체로 만든 동작성 명사이다.

    이처럼 한자어의 계보적인 갈래를 보면 위의 세 가지로 나누어진다고 볼 수 있지만 그 과정은 그렇게 단순하지 않다. 일본어에서 차용된 한자어라도 그것이 고대에는 중국어 어휘였을 수도 있다. 즉 고대에는 중국어 어휘였던 것이 후에 서양현대기술의 의역어로 일본어에 차용되었다가 중국어에서 또다시 그것을 차용하여 고대 중국어의 의미와 다르게 된 한자 어휘들이 있다.

    예를 들면 '組織' 원래 '紡織'이란 뜻이었는데 현대에는 '組織機構'나 '政治組織'에서처럼 뜻이 변화되어 쓰이는 바 이러한 단어는 일본어에서 다시 중국어에 차용된 것이다.4)

    이처럼 일본 한자어들은 일본에서 직접 한국어에 차용되었을 수도 있고 중국을 거쳐 다시 한국어에 차용되었을 수도 있다. 하지만 한국어에서 어떠한 단어들이 중국을 거쳐 들어왔는지 아니면 일본에서 직접 들어왔는지 하는 것은 고증하기가 쉽지 않으며, 그 유입 원류를 따지기란 너무 막연한 일인 바 여기에서는 위와 같이 가능성만 간략하게 서술한다.

---

3) 李得春, 中韓語言文字關係史研究 2006.9, p.13.
4) 王立達, 現代漢語中從日語借來的語彙, 中國語文, 1957. 6期.

1.2 한 · 중 · 일 한자어의 한자 형태5)

한 · 중 · 일 삼국은 같은 한자권에 속해 있으므로 한자 어휘의 형태나 의미 면에서 서로 같은 점이 많다. 그러나 서로 다른 특성도 보이고 있다. 즉 어떤 동작성 명사들은 한 · 중 · 일 세 나라에서 형태가 같지만 뜻이 다르게 쓰이는 것이 있는가 하면(동형이의어) 어떤 단어들은 뜻은 같지만 형태가 다르게 쓰이고 있는 것이 있고(이형동의어) 또 어떤 단어들은 형태와 뜻이 모두 같게 쓰이는 것들도 있다(동형동의어). 하지만 본 연구에서는 단어들의 의미에 대한 것은 다루지 않기로 한다. 다만 동형어가 형태상에서 어떻게 나타나고 있는가를 통계를 통하여 고찰하고자 한다.

1) 한국어, 중국어, 일본어에서 형태가 모두 같은 것

우선 한국한자어가 중국어나 일본어 단어와 형태가 같은 것을 추출해 보았는데 대부분이 세 나라에서 같은 형태로 사용되고 있다.6)

(4) 한국한자어 : 변호(辯護), 중국어 : 辯護, 일본한자 : 弁護

(4)에서처럼 세 나라에서 같은 형태로 쓰이는 한자 형태는 도합 716개 인바 전체 조사 대상의 73.4%라는 비교적 높은 빈도수를 보인다. 그 목

---

5) 중국어 사전은 '현대한어사전'(2005)년판을 기준으로 했고 일본한자는 ≪广辞苑≫와 ≪新明解國語辞典≫을 기준으로 한다.

6) 현대 중국어에서 단어의 형태를 보면 옛 고대 중국어에서 쓰던 번체자를 버리고 현재 간체자를 쓰고 있다. 여기서는 한국어 한자어가 옛 중국 한자를 받아들여서 쓰기 때문에 기술상의 편리를 위해서 번체자의 형태를 비교한다. 또한 일본에서 쓰는 한자는 當用漢字라고 하는데 이러한 한자들로 구성된 한자 형태는 번체자와 같은 것도 있고 다소 다른 것도 있지만 모두 같은 형태의 분류에 넣었다. 예를 들면 한국어 학습(學習)은 중국어에서는 '學習', 일본어에서는 '學習'로 세 나라의 한자형태가 다소 차이가 있지만 같은 형태로 본다.

록은 부록 ②를 보기로 한다(부록 ②의 한자 형태가 같은 한국한자어, 중국어, 일본한자어에서 일부 일본 한자는 간체자로 쓰이는 부분이 있는데 이는 부록 ③로 별도로 제시한다).

부록 ③에서 나타나는 형태는 모두 179개인데 이는 일본에서 쓰이는 한자어로서 옛 중국어에 쓰이던 번체자와는 다른 현대 중국어와 같거나 혹은 일본에서 자체로 만든 한자어들이다(일본에서 쓰는 한자를 일본어에서는 當用漢字라고 함).

예를 들면 한국어와 중국어의 '適應'(중국 간체자는 '适應')을 일본당용한자는 '適応'으로, 한국어와 중국어의 '竝行'(중국 간체자는 '幷行')을 일본당용한자는 '並行'으로 쓴다.

2) 한국어와 중국어에서 형태가 같은 것

중국어와 한국한자어의 형태가 같은 단어를 추출해 보았는데 이는 모두 23개로서 총 단어의 2.3%를 차지한다. 이러한 형태들은 중국어에서 한국어에 유입되었을 가능성이 많은 단어들이다. 이런 단어들에는 의미상 같은 것도 있고 다른 것도 있다. 이는 한자어가 중국에서 넘어온 당시에는 원래 의미대로 쓰였으나 그것이 시간의 흐름에 따라 각기 단어의 의미가 변화되었을 가능성이 있음을 시사한다(그 목록은 부록 ④를 참조할 것).

  (5) 한국어 : 순종(順從), 중국어 : 順從(順従)
      한국어 : 숭상(崇尙), 중국어 : 崇尙

3) 한국어와 일본어가 형태가 같은 것

한국 한자어와 일본 한자어의 한자 형태가 같은 것은 총 조사대상 단어 중에서 190개이다. 이는 전체 단어의 19.4%를 차지한다. 앞의 논의에

서 설명했지만 중국어 번체자와 형태가 다른 일본당용한자로 쓰는 일본
한자어도 같은 형태로 취급했다. 그리고 일본어에서 쓰는 일본식 한자어
는 따로 그 옆에다 형태를 밝혔다(그 목록은 부록 ⑤를 참고할 것).

   (6) 한국어 : 보강(補强) 일본어 : 補強
      한국어 : 철수(撤收) 일본어 : 撤收

즉 (6)에서 보이는 것처럼 '보강(補强)'의 '강(强)'이 일본 한자가 중국과
한국의 한자와 다르지만 이들을 같은 형태로 취급했다. 그리하여 부록
⑤에서 앞 40개는 일본한자어에서 형태가 중국어나 한국어와 다른 것이
며 뒤의 150개는 한자 형태가 한국어와 일본어가 같은 것이다.

4) 중국과 일본에는 없는 한국어에만 있는 형태

조사 대상인 한자어 동작성 명사에는 중국어와 일본어 한자 형태와는
다른 한국어에만 고유한 한자 형태들이 있다.

   (7) 단속(團束)
       장담(壯談)
        분간(分揀)
         대신(代身)[7]

이러한 단어들은 모두 한자로 구성된 단어들이지만 일본어나 중국어
에는 이런 단어와 같은 한자 형태가 존재하지 않는다. 이는 한국어에서
조어된 단어로서 한자 개개 뜻으로 그 의미를 추측하거나 알아내기가 어

---

7) 이러한 단어가 상용어가 아니므로 ≪현대한어사전≫(2005)에 올림말로 오르지 않았거나
   혹은 고대 중국어에 있었을 가능성도 없지 않다. 그러나 본 연구에서는 선택된 975개 단
   어의 범위에서 대조한 것임을 특히 적어둔다.

려운 단어들이다.

예를 들면 '단속(團束)'은 한국어로는 '① 주의를 기울여 다잡거나 보살핌, ② 규칙이나 법령, 명령 따위를 지키도록 통제함' 등의 뜻으로 쓰인다. 하지만 현대 중국어에는 '團束'이란 단어가 존재하지 않는다. 중국어에 같은 형태가 존재한다 하더라도 이는 한 개 단어의 자격이 아니라 구구성인 것이다.

이상의 간단한 통계를 통하여 볼 수 있듯이 한국, 중국, 일본에서 같은 형태로 쓰이는 단어들이 73.4%로서 가장 많이 나타난다. 이는 중국, 한국, 일본 세 나라 언어에서 같은 한자 형태로 쓰이는 단어들이 많음을 보여준다.

1.3 중국어 차용 동작성 명사의 원(原)품사 소속

현대 한국어에서 외래어휘로부터 동사나 형용사를 받아들일 때에는 그것이 품사 상 동사나 형용사이지만 한국어에서는 명사로 되며 여기에다 다시 '하다'나 '되다' 등을 붙여서 동사나 형용사를 만든다. 예를 들면 '키스', '러브', '로맨틱', '서브' 등은 영어에서는 각각 동사나, 형용사이다. 이러한 것이 한국어에 들어올 때는 '달콤한 키스'에서처럼 명사로 되나 '영희와 철수가 키스하다'에서 보듯 '하다'와 결합하여 동사로 전환된다. 이는 현대에서뿐만 아니라 옛날에 중국어 어휘를 수입했을 때에도 그러했을 것이다.

한자어 동작성 명사도 마찬가지로 중국어에서는 동사, 혹은 기타의 품사인데 한국어에 들어와서는 우선 품사로는 명사로 자리 잡고 그다음 이 명사들에 '되다'나 '하다' 등이 붙어서 동사가 된다. 그러나 중국어에서의 모든 동사들이 한국어에 들어와서 '하다', '되다'가 붙어 그대로 동사로 되는 것은 아니다. 예를 들면 중국어의 '영향'이나 '손해'는 '하다', '되다'를 붙일 수 없으며 따라서 동사가 될 수 없다. 이러한 단어들은 특정한 동사와만 결합하여 동사구로 쓰인다. 예를 들면 '영향을 주다(받다)', '손해를 보다' 등이 그것이다. '고함'도 역시 동작성 명사지만 '하다'가 결합되지 않고 '고함을 지르다'라는 동사구나 '고함치다'라는 동사로 사용된다.

이외에도 '感銘', '感想', '感染'도 '하다'가 붙지 않으며 '감명 받다', '감상을 말하다', '감염되다' 등으로 쓰인다. 그러면 본 연구에서 논의할 동작성 명사가 중국어에서는 어떠한 품사에 속하며 어떠한 품사들이 한국어에 들어와서 '하다', '되다'가 붙어서 동사로 되는가를 살펴보기로 하자.

필자는 총 975개의 '하다'가 붙어서 동사가 되는 '동작성 명사'를 대상으로 조사하였다.

1) 중국어 동사가 한국어에서 명사가 되고 '하다' 붙여 동사가 되는 단어

이 부류의 단어들은 545개로서 총 동작성 명사의 55.8%를 차지한다. 이는 975개의 동작성 명사에서 절반 이상의 동작성 명사가 중국어에서는 동사인 것이 대부분이지만 한국어에서는 명사의 지위를 갖고 '하다', '되다'를 붙여 동사가 됨을 알 수 있다.[8] 여기에서 통계를 낸 숫자는 중국어에서의 동사와 한국어 '동작성 명사+하다' 동사가 일대일로 대응되는 것이다. 예를 들면 '가입(加入), 감사(感謝), 감상(鑑賞)' 등 단어들인데 이러한 명사들이 '하다'와 결합되어 '가입하다, 감사하다, 감상하다' 등 동사가 된다. 하지만 중국어에서 '加入, 感謝, 鑑賞'는 동사이다. 그 구체적인 목록은 부록 ①에 제시한다.

---

8) 목록은 부록 ①를 참고.

2) 중국어에서 동사에 속하는 동시에 다른 품사에 속하는 단어

사전의 기술 방법에 따라 품사를 먼저 동사로 기술하고 다음에 명사로 표기한 단어로 이러한 유형의 단어는 54개로서 총 단어 가운데 5.5%를 차지한다. 그 목록을 보면 아래와 같다.

한국어	품사	중국어	품사
결정하다	동	決定	동명
계획하다	동	計劃	동명
구성하다	동	構成	동명
규정하다	동	規定	동명
기록하다	동	記錄	동명
기억하다	동	記憶	동명
대비하다	동	對備	동명
도모하다	동	圖謀	동명
보고하다	동	報告	동명
보관하다	동	保管	동명
보도하다	동	報道	동명
보장하다	동	保障	동명
부담하다	동	負擔	동명
상징하다	동	象徵	동명
실천하다	동	實踐	동명
연습하다	동	練習	동명
예상하다	동	豫想	동명
요구하다	동	要求	동명
인식하다	동	認識	동명
존재하다	동	存在	동명
평가하다	동	評價	동명
확신하다	동	確信	동명
활동하다	동	活動	동명

한국어	품사	중국어	품사
가정하다	동	假定	동명
각오하다	동	覺悟	동명
감독하다	동	監督	동명
감수하다	동	甘受	동명
건의하다	동	建議	동명
공헌하다	동	貢獻	동명
기념하다	동	記念	동명
기도하다	동	企圖	동명
기재하다	동	記載	동명
녹음하다	동	錄音	동명
단언하다	동	斷言	동명
발명하다	동	發明	동명
번역하다	동	飜譯	동명
선도하다	동	先導	동명
설계하다	동	設計	동명
수확하다	동	收穫	동명
실험하다	동	實驗	동명
예고하다	동	豫告	동명
오해하다	동	誤解	동명
위장하다	동	僞裝	동명
장식하다	동	裝飾	동명
저축하다	동	貯蓄	동명
제의하다	동	提議	동명
조직하다	동	組織	동명
주관하다	동	主管	동명
주재하다	동	主宰	동명
지휘하다	동	指揮	동명
청구하다	동	請求	동명
통보하다	동	通報	동명
투입하다	동	投入	동명
희망하다	동	希望	동명

위의 표에서 볼 수 있듯이 한자어 동작성 명사가 중국어에서는 동사적 쓰임이 먼저 있고, 다음 명사적 쓰임이 있는 것으로 이는 품사의 통용성이라 할 수 있다. 또한 이는 한 단어가 여러 품사적 속성을 가지면서 서로 다른 의미로 쓰이는 것으로 한 단어의 다의적인 쓰임으로 해석할 수도 있다. 이런 부류의 단어는 한국어에서 그대로 명사로 쓰이고 '하다' 류의 동사를 붙여 동사로도 쓰이고 있다.

3) 중국어에서 동사, 형용사를 겸한 것이 한국어 '동작성 명사+하다' 동사와 대응되는 단어

여기에 속하는 것은 모두 15개로 총 단어의 1.5%를 차지한다. 이것은 중국어에서 동사적 쓰임이 우선이고 형용사적 쓰임도 있는 단어 부류들이다. 목록을 보면 아래와 같다.

한국어	품사	중국어	품사
개방하다	동	開放	동형
고집하다	동	固執	동형
구속하다	동	拘束	동형
구입하다	동	購入	동형
노력하다	동	努力	동형
대응하다	동	對應	동형
발달하다	동	發達	동형
부정하다	동	否定	동형
성공하다	동	成功	동형
성숙하다	동	成熟	동형
실망하다	동	失望	동형
존경하다	동	尊敬	동형
통일하다	동	統一	동형
역임하다	동	歷任	동형
자각하다	동	自覺	동형

4) '현대한어사전'에 동사의 의미가 기술되고 나중에 명사, 형용사, 동사 등
   두 개 이상의 품사로 기술되어 있는 단어

동사적 쓰임이 먼저 있고 그다음 명사나, 형용사, 동사, 부사 등 여러 품
사로서 쓰이는 단어들은 모두 11개로 총 단어의 1.1%를 차지한다. 여기서
'作用', '傳達'은 동사적 용법 하나에 명사적 용법이 두 개다. '所有', '講究'
는 각각 동사, 명사, 형용사 세 품사 유형에 속하는 단어들이고 '肯定'은 동
사, 형용사, 부사 등 서로 다른 세 품사, '比較'는 동사, 계사, 부사 등 세 품
사에 속하는 단어들이다.

그리고 '表示', '警告'는 동사, 동사, 명사에 '尊重'은 동사, 명사, 형용사
에 속하는 단어이며 '反應'은 동사적 용법이 두 개, 명사적 용법이 두 개인
단어이다.

한국어	품사	중국어	품사
작용하다	동	作用	동명명
전달하다	동	傳達	동명명
소유하다	동	所有	동명형
강구하다	동	講究	동명형
긍정하다	동	肯定	동형부
부패하다	동	腐敗	동형형
비교하다	동	比較	동계부
표시하다	동	表示	동동명
경고하다	동	警告	동동명
존중하다	동	尊重	동동형
반응하다	동	反應	동명동명
불구하다	동	不拘	동연

위 표에서 '不拘'라는 동작성 명사는 중국어에서는 '동사'가 그 기본 품
사이고 '連詞'로 쓰일 때도 있다.

5) 중국어에서 명사가 한국어에서는 동작성 명사가 되고 거기에 '하다'가
   붙어 동사가 되는 단어

이런 동작성 명사는 중국어에서도 역시 명사로 쓰임으로써 직접 명사
가 명사로 되었음을 알 수 있다. 여기에 속하는 단어들은 모두 27개로서
총 단어의 2.7%를 차지한다.

한국어	품사	중국어	품사
근무하다	동	勤務	명
기초하다	동	基礎	명
동반하다	동	同伴	명
외면하다	동	外面	명
원망하다	동	怨望	명
위치하다	동	位置	명
의미하다	동	意味	명
인사하다	동	人事	명
전화하다	동	電話	명
지향하다	동	志向	명
착각하다	동	錯覺	명
강의하다	동	講義	명
고심하다	동	苦心	명
규제하다	동	規制	명
비례하다	동	比例	명
성취하다	동	成就	명
수술하다	동	手術	명
시청하다	동	視聽	명
연기하다	동	演技	명
전제하다	동	前提	명
전후하다	동	前後	명
좌우하다	동	左右	명
증언하다	동	證言	명
지원하다	동	志願	명

한국어	품사	중국어	품사
혼인하다	동	婚姻	명
효도하다	동	孝道	명
희생하다	동	犧牲	명

6) 중국어에서 명사, 동사로 쓰이는 단어가 한국어에서는 '하다'가 붙어
   동사가 되는 단어

이러한 단어들은 모두 13개로서 총 단어의 1.3%를 차지한다.

한국어	품사	중국어	품사
경험하다	동	經驗	명동
대표하다	동	代表	명동
상상하다	동	想像	명동
선언하다	동	宣言	명동
의식하다	동	意識	명동
의심하다	동	疑心	명동
고백하다	동	告白	명동
대화하다	동	對話	명동
명령하다	동	命令	명동
비유하다	동	比喩	명동
작업하다	동	作業	명동
정의하다	동	定義	명동
하락하다	동	下落	명동

7) 중국어에서 세 가지 이상의 품사로 쓰이는 단어가 한자어 동작성 명사와
   대응되는 단어

그 쓰임이 다름에 따라 서로 다르게 나타난다. 즉 모두 명사적 쓰임이
먼저 되어 있는데 명사적 쓰임이 하나에 동사적 쓰임이 두 개, 명사적
쓰임이 두 개에 동사적 쓰임이 하나, 혹은 명사적 쓰임이 세 개에 동사

적 쓰임이 하나 등 다양한 품사적 쓰임을 보여주고 있다. 이는 모두 6개로 총 단어의 0.6%를 차지한다.

한국어	품사	중국어	품사
판단하다	동	判斷	명동동
교육하다	동	敎育	명동동
무장하다	동	武裝	명동명
노동하다	동	勞動	명명동
관계하다	동	關係	명명명동
생활하다	동	生活	명동명명

8) 중국어에서는 형용사에 속하는 것이 한국어에서는 동작성 명사로
   쓰이는 단어

이는 형용사 대 동작성 명사인 것이다. 이러한 단어는 모두 23개로 총 단어의 2.3%를 차지한다.

한국어	품사	중국어	품사
고민하다	동	苦悶	형
고수하다	동	固守	형
긴장하다	동	緊張	형
생동하다	동	生動	형
적용하다	동	適用	형
집착하다	동	執着	형
합의하다	동	合意	형
공경하다	동	恭敬	형
과장하다	동	誇張	형
내재하다	동	內在	형
분노하다	동	憤怒	형
상반되다	동	相反	형

한국어	품사	중국어	품사
실행하다	동	實行	형
안심하다	동	安心	형
완화하다	동	緩和	형
우승하다	동	優勝	형
일관하다	동	一貫	형
자부하다	동	自負	형
조작하다	동	造作	형
주저하다	동	躊躇	형
충성하다	동	忠誠	형
팽배하다	동	澎湃	형
합격하다	동	合格	형

9) 중국어에서는 형용사, 동사로 쓰이는 단어들이 한국어에서는
   동작성 명사가 된 단어

이러한 단어는 모두 7개로 총 단어의 0.7%를 차지한다. 이 유형은 3)
과 거의 비슷하지만 9)에서는 형용사적 쓰임이 먼저 있는 것이다.

한국어	품사	중국어	품사
확정하다	동	確定	형동
감동하다	동	感動	형동
감지하다	동	感知	형동
침묵하다	동	沈默	형동
활약하다	동	活躍	형동
주도하다	동	主導	형명
일치하다	동	一致	형부

10) 동사, 형용사, 명사 외에 다른 품사에 속하는 단어

'强行', '當面'은 중국어에서 부사이고, '反復'은 중국어에서 부사, 동

사, 명사 세 품사로 쓰인다. '云云'은 중국어에서는 조사이며 '依據'는 계
사와 명사 두 품사에 속하는 단어이다. 이런 단어는 극히 적다.

한국어	품사	중국어	품사
강행하다	동	强行	부
당면하다	동	當面	부
반복하다	동	反復	부동명
운운하다	동	云云	조
의거하다	동	依據	계명

11) 중국어에서는 단어가 아니고 구성에 속하는 것이 한국어에서는
    동작성 명사로 '하다'가 붙어서 동사가 되는 단어

이러한 중국어 단어는 모두 15개로서 총 단어의 1.5%를 차지한다. 이
런 단어들은 중국어에서 구 구성이나 단어화되는 과정에 있다고 볼 수
있다. 중국어에서 구 구성이 한국어에서는 단어화되어 한 단어인 명사로
고정되어 쓰이고 있다.

한국어	품사	중국어	단어구성
간과하다	동	看過	구 구성
대기하다	동	待機	구 구성
발간하다	동	發刊	구 구성
방출하다	동	放出	구 구성
변모하다	동	變貌	구 구성
변신하다	동	變身	구 구성
부재하다	동	不在	구 구성
분출하다	동	噴出	구 구성
사과하다	동	謝過	구 구성
상기하다	동	想起	구 구성

한국어	품사	중국어	단어구성
선출하다	동	選出	구 구성
선호되다	동	選好	구 구성
승선하다	동	乘船	구 구성
신설하다	동	新設	구 구성
주입하다	동	注入	구 구성

12) 대응되는 중국어 단어가 없는 동작성 명사

이에 속하는 단어는 235개로서 총 단어의 23.5%를 차지한다. 이것은 중국어에서 상용되지 않기에 ≪現代漢語辭典≫에서 올림말로 올리지 않았을 수도 있다. 그렇지 않으면 한국에서 만들어졌거나 일본을 통해서 들어온 것일 수 있다. 이러한 부류에 대한 구조적 분석은 다음 절에서 보기로 한다.

2. 한자어 동작성 명사의 구조 및 유형

한자어가 한국어에서 차지하는 비중이 매우 크다는 것은 주지의 사실이지만 한자어에 대한 연구 특히 형태론 분야에 대한 연구는 기대한 만큼 활발하게 논의되지는 않았다. 극소수를 제외하고는 주로 고유어를 언급하는 가운데서 부분적으로 한자어를 제시하거나 심지어는 아예 한자어를 제외하는 경우도 있었다(김규철 1997). 특히 한국어 단어 형성을 논할 때 대부분 고유어의 단어형성에만 주력하고 한자어의 형태분석이나 단어형성에 대해서는 고유어만큼 주의를 기울이지 않고 있음을 발견할 수 있다.

이 절에서는 현재까지 이루어진 한자어 형태소 분석의 연구를 바탕으로 한자어 동작성 명사의 구조와 유형을 분류하고 이들이 어떤 구조적, 유형적 특성을 보이는가를 살펴보고자 한다.

2.1 개념 정립

한자어의 구조를 논할 때 우선 그 개념이나 술어를 명확히 하고 논해야 논의의 정확성을 기할 수 있다. 한자어 구조를 논하기에 앞서 명확히 해야 할 것은 한자어란 도대체 무엇인가 하는 것이다. 그것은 한자어가 한국어에서 어떠한 것인가 하는 명확한 정의가 있어야 이러한 한자어에 대한 구조를 분석하거나 유형을 분류할 수 있기 때문이다.

1) 한자어의 정의

한자어를 정확히 정의하기란 쉬운 일이 아니다. 많은 사람들은 한자어에 대해서 보다 정확한 정의를 하려고 애써 왔지만 현재까지도 한자어에 대한 명확한 정의는 없다.

그리하여 보통 한자어를 '한자로 적을 수 있거나 혹은 한자에서 유래한 말' 정도로 인식하고 있다.

> "기본적으로 한국어 가운데 한자로 적을 수 있는 모든 낱말"
>
> – 심재기(1987 : 26 : 27)

> "한자어는 어원에 관계없이 한자로 표기될 수 있는 단어"
>
> – 최규일(1990 : 393)

> "한자어는 기원이 중국이든, 한국이든, 일본이든지에 관계없이 국어 어휘에 해당 되는 것으로서 한자로 표기될 수 있으며 한국 한자음으로 읽히는 것"
>
> – 노명희(1990 : 12)

"어휘항을 구성하는 개별 음절이 어떤 한자의 국어 독음과 일치하는 어휘"

－ 송기중(1992)

위의 한자어에 대한 정의를 볼 때 심재기, 최규일, 노명희(1990)가 정의한 한자어들은 분명한 중국어 단어일지라도 한국 한자음으로 읽히면 한국 한자어가 된다는 뜻으로서 모순을 불러일으키고 있다. 중국어 단어는 대부분 한국 한자음으로 읽을 수 있다. 하지만 이러한 단어들은 한국어의 언중들의 인식 속에 들어 있지 않으며 한국어 어휘 체계 속에 자리 잡고 있지 않은 단어들이므로 한국어 단어라고 할 수 없으며 더욱이 한국 한자어라고 할 수 없다. 예를 들면 '電腦', '賣單' 등이 [전뇌], [매단]으로 읽힌다고 해서 한국 한자어라고 말하기는 어려울 것이다.

위에서 송기중(1992)의 한자어에 대한 정의가 그래도 비교적 정확하다고 느껴진다. 그는 '한자어'가 되기 위하여서는 언중이 인식하는 개별 음절이 어떤 특정 한자의 한국어의 독음과 일치되는 것이라고 하면서 '언중이 인식하는 개별 음절'은 반드시 현실음만은 아니라고 했다. 물론 송기중(1992)의 한자어에 대한 정의는 다른 여타의 것보다는 정확성을 기하고 있지만 일부한자의 한국어 독음의 선택이 쉽지 않다는 문제를 낳는다.

어떠한 정의나 개념이 완벽함을 기할 수 없듯이 한자어의 정의 역시 그러하다. 때문에 본 연구에서는 한자어의 특성을 가장 잘 반영하고 정확성에 가장 많이 접근한 송기중(1992)의 한자어의 정의를 받아들이기로 한다. 이러한 한자어의 정의를 바탕으로 해서 한자어 동작성 명사의 구조 및 유형에 대해 알아보자.

2) 한자어의 특성

한자어는 한자와 깊은 연관을 갖고 있다. 이러한 한자는 소리, 형태,

의미가 한 글자에 결합된 뜻글자로서 한자어는 이러한 문자로서의 한자와 깊은 연관을 갖고 있다. 때문에 한자와 깊은 연관을 갖고 있는 한자어의 특성은 한자어의 조어(단어형성)에 큰 영향을 미치며 또한 고유어의 조어와 차이를 나타내는 원인이 되기도 하다.

한자어는 그 기원을 볼 때 중국어와 밀접한 관계를 갖고 있지만 기나긴 역사 속에서 한국어에 뿌리박고 자체의 독자적인 하나의 체계를 형성하였다. 따라서 한자어는 중국어와도 다르고 한국어와도 다른 자체의 특성을 가지고 있다.

① 한자는 뜻글자로서 '음, 형, 의'(音, 形, 意)가 유기적으로 결합된 것이다. 한자어 역시 이러한 한자의 특성을 갖고 있다. 즉 고유어에서는 합성이나 파생어가 형성될 때 음운변화가 나타나지만 한자어에서는 극히 소수를 제외하고는 음운변화가 일어나지 않는다. 이는 한자어의 중국어적 특성에서 기인한 것으로 볼 수 있다.
② 한자어는 고립어적인 성격을 나타낸다. 이 역시 중국어가 고립어라는 데서 그 특징을 찾아볼 수 있다. 즉 형태론적으로 한자어는 고립어성을 많이 띰으로써 고유어와 많은 차이를 보여주고 있다. 예를 들어 한자어가 교착어인 고유어의 특성과는 전혀 달리 굴절접사가 직접 연결되는 일이 없다는 점이다. 또 한자는 대부분 일 음절 일 형태소의 성격을 강하게 지니고 있기에 다음절 단일어가 많은 고유어와는 차이를 보인다.
③ 한자어는 양면성을 지니고 있다. 이 양면성에는 한자어가 고유어에 녹아들어 동화된 것이 있는가 하면 반대로 아직도 중국어의 속성도 보유하고 있는 것이 있음을 말한다. 이는 어순에서 잘 나타나고 있다. 한자어 구조를 분석해보면 그 내부구조가 고유어의 어순처럼 '목적어+서술어'가 있는가 하면 중국어 어순인 '서술어+목적어'도 있다.

위의 이러한 한자어의 여러 특성으로부터 한자어 형성에서의 특성을 알아볼 수 있다. 우선 한자어는 뜻글자이며 고립어적인 성격이 있는 중국어의 특성을 갖고 있다. 뜻글자이자 글자 하나하나가 독립된 뜻을 가진 형태소로서 형태소간에 자유로운 결합의 특성을 나타낸다. 이러한 특성으로부터 한자어가 뛰어난 조어력을 갖는다는 것도 알 수 있다. 또한 신어 가운데서 한자어 신어가 부단히 나타나는 것도 이러한 원인에서 기인한다.

위와 같은 한자어의 특성으로 인해 학계에서는 한자어의 형성을 연구할 때 고유어와 같은 부류로 보고 동일한 선상에서 다루는가 하면 한자어를 고유어와 완전히 분리시켜 별도의 체계로 다루기도 한다.

따라서 본 절에서는 2음절 한자어의 동작성 명사의 단어형성에 해당하는 단어들의 형태·구조적 특성을 밝히기 위하여 첫째, 한자어를 한국어의 일원으로 같은 선상에 놓고 동일한 체계 안에서 다루려고 한다. 그까닭은 한자어가 중국어의 특성을 갖고 있기는 하지만 한국어 속에 들어와서 오랜 세월동안 고유어와 함께 한국어에서 어휘적 역할을 해 왔기 때문이다. 그래서 한자어 구조분석에서의 형태소인 어근, 어간 분석 요소을 고유어의 것과 같은 맥락에서 정의하고자 한다. 둘째, 한자어는 비록 오랜 세월 동안 사용되어 왔지만 중국어적인 특성이 아직도 많이 남아 있다. 즉 위에서 말한 양면성을 갖기 때문에 한자어의 조어법이나 유형을 분류할 때는 중국어의 문법적 특성이나 통사적 특성을 무시할 수가 없다. 그렇기에 이러한 단어의 구조를 분석할 때에는 중국어적 속성에 따라 분석 분류하고자 한다.

이처럼 한자어의 한국어적 속성과 중국어적 속성이라는 양면성을 모두 고려하여 두 차원에서 분석을 진행하기로 한다. 언어 현상을 설명하는데 있어서 이러한 두 차원에서의9) 다각적인 측면으로의 접근방법이

---

9) 기존의 한자어의 단어형성에 대한 연구에서 한자어를 다룰 때 고유어와 동일한 체계에서 다룬 것과 다른 체계에서 다룬 것이 있는가 하면 두 가지 체계를 동시에 고려하여 다룬 것들이 있다. 이익섭(1968, 1969, 1975), 정원수(1991)는 고유어와 동일한 체계에서 다루었고 고영근(1974), 김규철(1980), 정민영(1994)에서는 고유어와 다른 체계에서 다루었으며 김정은(1997)에서는 이 두 체계를 모두 적용하여 다루었다. 필자도 한자어의 양

설명의 정확성을 기하는 옳은 방법이라고 생각하기 때문이다.

3) 한자어의 구조와 조어법

한자어의 조어법이 고유어와 다르다는 인식은 김규철(1980)에서부터 계속 제기되어 왔다. 심재기(1987)는 한자어가 가진 기능의 다양성이나 의미의 융통성 그리고 의미의 대표성으로 하여 고유어에 비해 새 단어의 형성이 간편함을 지적하였다. 노명희(1990)는 형태론적인 면에서 한자어를 분석하였고 아울러 한자어가 한국어 어휘 체계 내에서 구체적으로 쓰이는 기능단위인 기능소를 설정하였다. 송기중(1992)은 한자어를 대상으로 해서 형태소의 개념, 한자어 형태소의 음절 형식 및 기능, 의미를 논의하였는바 한자어의 형태구조를 다각도로 분석하였다.

본 연구의 대상인 동작성 명사의 구조와 그 조어법을 알려면 우선 한자어가 어떠한 구조와 단어조성법을 갖고 있는가를 살펴봐야 한다. 한자어도 단어인 만큼 기존에는 단어에 대한 분류를 어떻게 하고 있는가를 살펴봄으로써 이러한 분류를 바탕으로 한자어의 분류를 재시도해보려고 한다.

  1) 단어 :

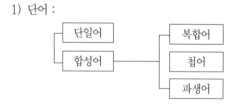

(이희승 1955)

면성을 고려하여 한자어와 고유어의 두 체계를 모두 고려하여 동작성 명사의 조어법을 살피는 것이 바람직하다고 생각한다.

2) 단어 :

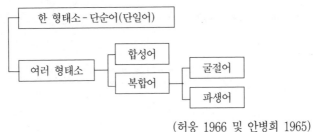

(허웅 1966 및 안병희 1965)

3) 단어 :

(이익섭 1968)

4) 단어 :

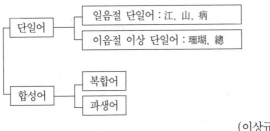

(이상규 1997)

위의 1), 2), 3), 4)는 한국어 단어를 분류한 것이다. 여기에서 우리는 허웅, 안병희의 단어의 분류가 기타의 단어 분류와 다르다는 것을 알 수 있다. 1), 3), 4)에서 분류는 복합어가 합성어에 포함되어 있는데 2)에서는 합성어에 복합어가 포함되는 것이 아니라 이들이 동일한 자격으로 같은 선상에서 분류되어 있다.

과거에는 합성어와 복합어를 서로 바꾸어 부르는 일이 있었다. 그 후 합성어와 복합어와의 개념이 명확하게 정리되면서 2)의 제기법이 점차 없어지고 합성어로써는 복합어와 파생어를 묶는 이름으로 쓰이고 있다. 필자도 이러한 맥락에서 동작성 명사의 조어법 및 그 유형을 분석하고자 한다.

신창순(1969)은 한자어를 구성하고 있는 한자 수에 따라 한자어를 분류하고 있다.

> 5) 한자어 : 1자 한자어 (단순어로서의 한자어)
> 2자 한자어 (복합어로서의 한자어)
> 3자 한자어 (파생어로서의 한자어)
> 4자 이상의 한자어 (구로서의 한자어)

이렇게 1자 한자어, 2자 한자어, 3자 한자어, 4자 이상의 한자어로 나누어서 한자어 구조를 분석하였는데 이러한 단어 분류는 역시 단순어, 복합어, 파생어 등의 분류에 해당된다.

그리고 2자 한자어의 구성방식을 다룰 때는 1)병렬의 방식에 의한 것, 2)통사적인 관계의 두 요소가 숙어로 굳어진 것, 3)파생의 방식에 의한 것으로 분류하였다.

정원수(1991)는 한자어에 대한 분류를 아래와 같이 하고 있다.

> 6) 한자어 :

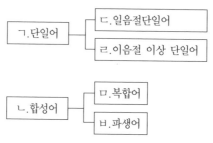

이러한 한자어의 분류에 따라 우선 동작성 명사의 구조를 분석 할 때는 단일어에 대한 분석은 제외한다. 동작성 명사에 1음절 동작성 명사가 없다고 볼 수 있기 때문이다. 즉 한국어에서 '勸'이나 '傷' 등 1음절 형태소는 '하다'와 결합하여 동사로 되지만 그 자체로는 단어의 자격을 갖지 못하므로 이는 어근의 차원에 머문다고 할 수 있다. 때문에 이러한 1음절 한자어는 동작성 명사라고 운운할 여지가 없다. 한국어에서 1음절인 동작성 명사를 굳이 찾는다면 '著'나 '祝' 같은 것들이 있는데 이는 과연 명사로서 단어의 자격을 갖는가 하는 것도 의문의 여지가 있다. 한자어 동작성 명사는 대부분 2음절로서 이에 대한 구조를 분석하는 데는 합성어를 단어의 형성차원에서 논의할 여지가 많다. 파생어는 그 한자어 접사의 추출이 그리 쉬운 것이 아니기 때문에 주로 한자어 동작성 명사의 구조는 복합어라고 할 수 있다. 그리하여 본 연구에서 한자어 동작성 명사의 구조를 아래와 같이 나누려고 한다.

7) 한자어 동작성 명사의 구조 :

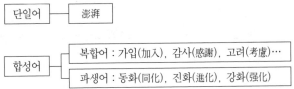

2음절 동작성 명사는 모두가 합성어적인 구조인 것이 아니라 어떤 것은 단일어 구조이다. 한자에서 단일어라고 해서 꼭 1음절이라는 것은 아니다. 두 형태소가 아무런 의미적, 통사적인 관계없이 결합되어 하나의 의미를 나타낼 때 이들을 단일어라고 할 수 있다. 파생어에서는 주로 한자어 접미사 '화'가 붙은 단어들인데 조사 가운데 모두 위에서 제시한 3개가 나타나고 있다. 이는 접미파생어에 속한다.

2.2 구조분석을 위한 여러 개념의 정립

위의 2음절 동작성 명사의 구조에서 볼 수 있듯이 이들은 대부분 복합어에 속하는 것이므로 이들의 구조는 복합어의 구조라고 할 수 있다. 이러한 동작성 명사들의 구조를 파악하기 위해서는 우선 복합어란 무엇인가에 대해 정리해야 한다. 2음절 동작성 명사의 구성을 보면 이는 복합구조로서의 성격을 가진다. 때문에 복합어에 대한 개념정립이 필요하다. 복합어에 대한 개념을 정립하려면 또한 복합어를 구성하는 각 요소들에 대한 정의도 필요하다.

한자어의 구조를 논할 때 주의해야 할 것은 한자가 가지는 어휘적 의미의 독립성을 어떤 차원에서 파악해야 할 것인가 하는 것이다. 중국어에서는 개별 한자가 대체로 자립적인 통사적 특성을 바탕으로 문장의 성분이되지만 한국어에서는 단어의 자격을 가지기보다는 대체로 어근의 차원에 머물기 때문이다.

이제까지의 연구를 살펴보면 이익섭(1968)은 구조주의적 관점에서 어기, 어간, 어근의 개념을 정의하면서 구조를 밝히고 있다. 또한 김종택(1972)은 한자어의 어소 결합관계 즉 의미 기능에 따라 형태론적 구성의 완전복합어와 통사론적 구성에 의한 의사(擬似)복합어로 대별하고 이를 다시 세분하였다. 최규일은(1989) 직접구성성분 분석에 따라 한자어의 구조를 분석하였다. 그리고 정원수(1991)는 한자어의 복합어 구조를 분석하면서 그 분석단위로서 어근이라는 개념을 사용하였고 정민영(1994)는 한자어 어근, 어간, 어기에 대한 개념을 한국어에서 나타나는 특징을 파악하여 어근, 단어, 어기와 같이 새롭게 정의하고 있다.

한국어 한자 어근의 특성은 첫째로는 대개가 자립할 수 없는 의존 어근이라는 점이다. 이상규(1997)는 한국어 한자어 형태소에서 소수(약 100개)만이 완전한 자립 형식들이라고 했다. 송기중(1992)에서는 대개 고유어를 비롯한 전래의 비한자어에 자립하는 형식이 부재하는 의미를 가진 한자음 음절 형식은 자립이고 비한자어에 자립형식에 존재하는 의미를 가진 한자음 음절 형식은 의존형태소들이라고 했다. 그 말인즉 자립 형태를 완전하게 가지는 한자어는 대체로 이에 대응하는 고유어가 있다. '冊, 江, 床' 등의 완전 자립어에는 고유어가 없지만 '天, 水, 土'는 '하늘, 물, 땅'이라는 대응되는 고유어가 있다. 이런 자립형태소들의 문법적 기능은 고유어와 크게 차이가 없고 의미도 크게 다르지 않지만 의존형태들은 그 차이가 있다.

한자어는 한국어와 달리 굴절어미가 잘 붙지 못한다. 굴절어미가 붙지 못하는 반면에 어순으로 문법적 기능을 대신하고 있다. 이런 특성이 한국어에 영향을 미쳐 이 두 의존형태들이 합쳐서 단어로 될 때는 글자 하나하나가 형태적 변화를 수반하지 않고서도 그 통사적 기능을 수행하고 있다. 이에 한자 어근은 합성어를 형성할 때 수행하는 통사적 기능에 따라 다시 하위분류할 필요가 있다. 또한 한자어 합성어는 대부분 명사이다. 즉 한자어 합성어가 한국어 문장에서 서술어와 같은 기능을 전혀 하지 못하는 특성도 한자어 어근을 분류하는 데 필요한 것이다. 그리고 한자어 어근은 품사라는 용어를 사용할 수 있다. 이것은 이들이 어근의 자격어로 합성어 형성에 참여하는 것이기 때문이다. 이들 품사용어들은 한자가 중국어나 중국어문법에서 사용될 때만 가능한 것이다. 이런 특성을 감안하여 또한 한자어 어근의 하위분류가 필요하다. 본 연구에서는 논의의 명확성을 기하기 위해 이익섭(1968)의 복합어에 대한 여러 개념을 받아들이기로 한다.

> 어기 : 단어에서 접사를 제외한 단어의 핵심부를 어기라 하는데 이는 어간
> 과 어근으로 구분된다.
> 어간 : 굴절접사가 연결될 수 있는 형태소나 단어 및 그 단독으로 단어가
> 될 수 있는 형식 전부

어근10) : 굴절접사와 결합될 수 없고 또 자립형식도 아닌 것.
복합어 : 그 어간의 IC가 모두 어간 내지 어근인 단어.

이익섭은 이렇게 한자어를 고유어와 동일 체계에서 다루기 위해 어간, 어근 복합어의 의미를 새롭게 정의하고 있다. 이러한 정의는 한자어를 한국어 체계 속에 넣고 분석하려는 장점이 있다. 하지만 그가 단지 이러한 복합어의 여러 정의를 가지고 합성어의 구조를 분석한 것은 타당성이 없다고 생각된다.11) 그것은 한자어는 그 특성상 양면성을 갖고 있기에 한자어 어근과 어간의 통사적 관계를 무시한 채 복합어를 분석하다 보면 한자어의 특성인 무한한 조어력과 경제성을 반감시키는 결과를 가져올 수 있기 때문이다.

한자가 중국 문법적 성격을 띠고 다양한 통사적 기능을 수행하고 있기 때문에 어근으로서의 자격을 가지고 있는 한자의 의미적, 통사적 정보를 바탕으로 한 자질의 명세화가 요구된다. 이를테면 어근을 다시 하위분류하여 명사적 어근, 동사적 어근, 형용사적 어근으로 분류하고 이들에 각각 [+N], [+V], [+A], [+AD]12)의 자질을 부여한다. 이렇게 어

---

10) 어떤 학자들은 한자어의 구성성분을 과연 어근으로 정의할 수 있느냐는 의문을 제기하면서 이러한 대상에 대하여 준관형사, 관형명사, 잠재명사 등으로 보거나 형성소 등의 용어로 정의하려는 논의가 있었다. 김영옥(1994), 김창섭(1999), 이선웅(2000) 등을 참조 할 것.

11) 이러한 어근의 분류에 대하여 어떤 사람들은 이의를 제기할 수 있다. 즉 한자어를 고유어와의 동일한 체계로만 다루어도 그 구조를 파악할 수 있는데 굳이 한자도 아닌 한문 문법을 적용 시킬 필요가 있는가 하는 것이다. 그러나 이는 필요하다고 생각된다. 즉 새롭게 조어되는 신어 가운데서 한자어가 고유어보다 훨씬 더 많기 때문이다. 이러한 한자어의 구조를 파악하기 위해 우선 그들의 통사적 결합원리를 파악하면 그 신어에 대한 이해도 훨씬 쉬울 것이라고 생각된다. 예를 들면 우리가 '抗日'이라는 단어의 의미는 '일본에 대항한다'는 뜻으로서 그 구조는 목적어 서술어 구조이다. 물론 이는 한국어의 어순과는 다른 것이다. 여기서 우리는 이들의 '항'의 의미를 파악하고 '일'의 의미를 파악 한 후 이들의 통사적 결합이 주술이라는 것을 알면 '抗美'라는 새로운 단어를 만들 수 있다. 이는 '항일'의 통사적 의미적 측면을 고려해서 얻어진 결과인 것이다.

근에 품사적인 자질을 부여하면 그들이 어떠한 통사적, 의미적 원리에 따라 결합되고 있는가를 더 잘 파악할 수 있으며 한자어의 의미파악이나 문장에서 그 기능을 파악하는 데도 유리하다.[13]

> 명사적 어근(NR) : [+N] 자질을 가지며 단어 내에서 마치 주어 목적어 부사
> 어 관형어 기능을 수행
> 동사적 어근(VR) : [+V]의 자질을 가지며 서술어 기능을 수행하되 타동사적
> 어근 (V2R)과는 달리 자동사적 어근 (V1R)은 관형어 기능
> 수행
> 형용사적 어근(AR) : [+A]의 자질을 가지며 서술어, 관형어 기능 수행
> 부사적 어근(ADR) : [+AD] 자질을 가지며 부사어 기능 수행

한국어의 한자어 형태론에서 한자어를 고유어 문법으로 다루는 것이 마땅하다는 견해와 한자어만을 위한 별도 체계를 세워 다루어야 한다는 견해가 있다.[14] 이익섭(1968)나 김종택(1972)는 별도 체계론에 의한 연구라고 할 수 있다. 필자는 고유어 문법 체계와 한문 문법 체계의 '두 체계에 의한 계층적' 연구라는 성격을 갖는다고 생각한다.

따라서 필자는 한자어와 고유어의 체계를 함께 고려하면서도 한자의 어휘적 특성과 중국어적 문법 성격을 동시에 고려하여 복합어의 개념은 이익섭의 개념을 바탕으로 하면서 한걸음 더 나아가 중국어 문법적 특성도 고려하여 아래에 논의할 동작성 명사의 구조와 유형을 분류하려고 한다.

---

12) 이러한 어근에 대한 분류도 여러 가지가 있다. 노명희(1990)
13) 이익섭(1968)은 복합어를 어근복합어 : 어근+어근(老人, 眼鏡, 父母), 어간·어근복합
  어 : 어간+어근(어근+어간)(友情, 賞狀, 車費), 어간복합어 : 어간+어간(冊床, 窓門,
  病菌)
14) 김규철(1980, 1997)에서는 '동일체계론', '별도 체계론'으로 논한바 있다.

2.3 의미-통사적 특성에 의한 구조 및 유형

2음절 이상의 한자어를 복합어로 보는 것은 한문의 언어체계 안에서의 사실이다. 한자어 복합어에 대한 연구는 주로 중국어 문법에 의존해서 내부 구조를 분석하거나(병렬구성, 주술구성, 수식구성 등), 의미론적 기준에 의하여 형태론적, 또는 통사론적 구성으로 구분한(심재기 1987, 김종택 1972) 것들이 있다. 한자어 복합어에 대한 이러한 분류는 한자어의 내부 구조가 한국어 한자어의 지위에 영향을 미치므로 아주 필요한 작업이라고 생각한다. 이 절에서는 그 양면성을 고려하여 한자어도 중국어의 체계로 살피려 한다. 이에 앞서 한자어 복합어의 구성방식에 대해서 학자들은 어떻게 분류하고 있는지 알아보자.

신창순(1969)은 이음절 한자어를 二字한자어로 부르면서 그 구성방식을 다음과 같은 세 가지로 나누고 있다.

> 가. 병렬 방식에 의한 것
>   (가) 뜻이 같거나 비슷한 말을 결합한 것
>   (나) 뜻이 대립되거나 또는 뜻이 다른 두 자를 결합한 것
>   (다) 같은 글자를 거듭한 것.
> 나. 통사적인 관계의 두 요소가 숙어로 굳어진 것
>   (가) 수식의 관계
>   (나) 보족(補足)의 관계
>   (다) 주·술의 관계
> 다. 파생어의 방식에 의한 것
>   (가) 접두사가 붙은 것
>   (나) 접미사가 붙은 것

김창섭(2001)에서는 한자어에서의 고유어 문법제약을 논하였는데 2자어는 고유어의 문법제약이 없다고 하면서 2자어는 한문에서의 구성방식

이 그대로 적용됨을 보여주고 있다.

　　한문에서의 구성법
　　가. 병렬구성
　　나. 수식구성
　　다. 술목구성
　　라. 술보구성
　　마. 주술 구성

　이러한 한자어 2자어는 모든 구성법이 모두 한문에서의 구성법이 가능하다고 했다.

　　김종택(1972)
　　가. 주어＋술어
　　나. 술어＋부사어
　　다. 부사어＋술어
　　라. 술어＋목적어

　김종택(1972)은 이렇게 통사론적인 복합어를 논하면서 관형적 구성의 복합어와 같은 형태론적 복합어와 구분하여 서술하였다. 이렇듯 한자어의 구조를 세밀하게 두 가지로 분류하여 논의한 것은 한자어의 정체를 좀 더 정밀히 파악하는 데 도움이 된다.

　　심재기(1987)는 한자어의 구조를 크게 10가지로 분류하고 있다.
　　가. 주술구성
　　　天動, 地動, 家貧, 日沒, 月出, 國立, 人造…
　　나. 수식구성
　　　動詞, 過程, 完璧, 長期, 特徵, 人品, 漢字…
　　다. 병렬구성

家屋, 人民, 方法, 左右, 日月, 行爲, 錯誤, 操作, 關係…

라. 한정구성

密接, 冷凍, 指示, 特定, 豫測, 脫出, 竝列, 聯合, 必然…

마. 보충구성

社會, 意味, 性質, 說明, 移動, 買入, 賣出…

바. 접미구성

硝子, 人間, 空間

사. 피동구성

見奪, 所定, 被侵

아. 목적구성

避難, 殺生, 防火, 停會, 觀光…

자. 부정구성

勿論, 不利, 非理, 無罪, 否決…

차. 생략구성

懷中(=懷於身中), 傷寒(=傷以寒), 意外(=意之外), 亡命(=逃亡以救命),
大入(=大學에 入學한다)

정원수(1988)는 개개의 글자가 한자어 형성에 참여할 때 뜻글자로서의 특성으로 말미암아 집요하게 그 어근성을 유지한다고 보면서 한자어 형성에 있어서 순전히 형태론적인 고찰만으로는 그 구조를 온전히 파악할 수 없다고 했다. 그래서 그는 어근을 명사적 어근(NR), 동사적 어근(VR), 형용사적 어근(AR), 부사적 어근(AdR)로 분류하고 한자어 복합어를 아래와 같이 크게 세 가지로 분류하고 있다.

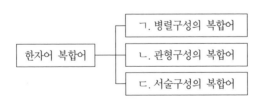

정원수(1988 : 76)

정민영(1994)은 정원수(1988)와 거의 동일하게 합성어의 유형을 나누고 있는데 다만 다른 것은 어근이라는 개념을 사용하지 않고 명사(N), 동사(V), 형용사(A), 부사(Ad) 등 일반적인 품사 분류를 그대로 사용하고 있다는 점이다.

    가. 병렬구성 : 대등한 두 요소간의 결합
        N+N(반의 : 上下, 유의 : 土地, 대등 : 花鳥)
        V+V(반의 : 授受, 유의 : 達成, 대등 : 殺傷)
        A+A(반의 : 貴賤, 유의 : 正直, 대등 : 正大)
        Ad+Ad : 相互, 何必
    나. 종속구성 : 한 요소가 다른 한 요소를 수식해 주는 구성
        N+N : 國會, 人情 N+V : 所定, 所行, N+A : 血清
        V+N : 動詞, 過客 V+V : 交戰, 合唱 A+N : 新春, 美人
        A+V : 重視, 小賣 Ad+N : 唯一, 卽席 Ad+v : 復活, 卽殺
        Ad+A : 必然, 相異, 自重
    다. 서술구성 : 두 요소 중의 어느 하나가 서술 기능을 하는 구성
        N+V1 : 天動, 國立 N+V2 : 光復, 席卷 N+A : 夜深, 家貧
        V1+N : 行船, 開花 V2+N : 避難, 求職 V3+N : 登山, 下敎
        A+N : 有名, 多情

이상규(1997 : 214)는 한국어의 한자 어근을 복합어에 참여하는 통사적 기능에 따라 다음과 같이 세 가지로 나누었다.

    가. 명사성 어근(NR)
    나. 서술명사성 어근(vNR)
    다. 수식사성 어근(MR)

이렇게 어근을 분류한 뒤 한자 복합어의 유형을 NR, vNR, MR의 기능에 따라 아래와 같이 분류하고 있다.

가. 병렬구성

　ㄱ. NR+NR : 男女, 父母, 天池, 生死, 貴賤 …

　ㄴ. vNR+vNR : 加入, 開拓, 記憶, 創造 …

　ㄷ. MR+MR : 相互, 恒常, 何必, 惟獨 …

나. 종속 구성

　ㄱ. NR+NR : 人情, 海上, 陸上, 窓門 …

　ㄴ. NR+MR : 所定, 所願, 所行, 所見 …

　ㄷ. MR+NR : 美人, 大臣, 好事, 靑山 …

다. 서술구성

　ㄱ. MR+vNR : 合唱, 再考, 相觀, 獨立 …

　ㄴ. NR+vNR : 地震, 日沒, 人工, 國立 …

　ㄷ. G1R+NR : 開花, 發病, 有名, 多情 …

　ㄹ. G2R+NR : 讀書, 斷念, 登山, 告別 …

　(G1은 자동사성, G2는 타동사성)

김정은(1997)은 한자어 구조를 단일어, 합성어, 파생어로 구분하였고 이들에 의해 형성되는 한자어 조어법(단어형성법)을 제시했다.

한자어의 단어형성법(합성어의 형성법만 제시한다).

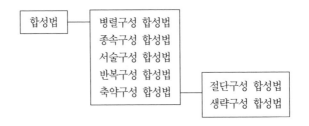

위에서의 이러한 한자어 합성법이나 단어형성법에 대한 분석을 보면 어떤 학자는 단순히 한국어 고유어의 단어형성법에 근거하여 한자어를 분류하고 있고 어떤 학자는 오직 중국어 문법에만 의거하여 분석하고 있으며 어떤 학자들은 이들의 양면성을 고려하여 두 체계를 동시에 고

려하여 분석한 흔적을 볼 수 있다. 이러한 기존의 합성법이나 단어형성법에 대한 논의를 바탕으로 해서 2음절 동작성 명사의 구조 유형을 살피기로 한다.

2.3.1 의미 결합 관계에 의한 구조 유형

2음절 동작성 명사는 직접구성성분이 모두 어근으로서 이들은 '어근+어근'으로 구성된 복합어라고 볼 수 있다. 한자어에서 어근은 '자립성'의 유-무에 따라 단어와 구별되는 형태소로서 한자 복합어를 이루는 가장 기본적인 단위이다. 한자어는 형태변화가 없고 문법적 기능을 나타내는 형태소가 발달되지 못했지만 복합의 결합방식이 매우 생산적이다.

한국어의 2음절 동작성 명사는 그 의미 자질로 보면 [+동작성]을 갖고 있는 부류의 한자어로서 의미의 중심이 '동작'에 있다. 한국어 한자어의 구성 요소는 대부분이 글자 하나하나가 갖는 통사적 기능이 다양하여 다른 글자와 매우 활발히 결합함은 물론 놓이는 위치에 따라 다양한 기능을 수행한다.

동작성 명사에서 두 어근이 결합하는 성격에 따라서 구조를 나눌 수 있다. 어근의 성격에 대해서 많은 앞서 언급했던 많은 논의에서 자질을 부여했다. 본 서에서도 어근이 중국어적인 특성을 고려하여 명사적 어근, 동사적 어근, 형용사적 어근, 부사적 어근들이 서로 결합하는 양상에 따라 일차적으로 그 구조를 분류하고자 한다. 우선 위에서 여러 학자들의 한자어 복합어의 결합방식을 소개했는데 이를 바탕으로 하여 필자는 동작성 명사의 결합방식을 형태적으로 1)병렬구성 2)종속구성 3)서술구성 등에 따라 분류하려고 한다.

1) 병렬구성 : 대등한 두 요소간의 결합관계

2음절 동작성 명사에는 각 어근이 명사로 되었지만 그것들이 결합해서 동사적 의미를 갖고 있는 단어들을 찾아볼 수 있다.

NR+NR : 左右, 工夫, 基礎, 位置, 意味, 人事, 前後, 孝道

이러한 단어들은 모두 병렬관계로 되었는데 어떤 것은 반의로 어떤 것은 동의로 어떤 것은 대등적 의미로 되어 있다. '左右', '前後'는 반의로, '基礎', '位置' 등은 동의로 되어 있다. 이러한 단어는 총 조사대상에서 불과 8개에 지나지 않는다.

위에 설명한 한자어의 구성성분에서는 동사적 자질을 띤 어근을 찾아볼 수 없다. 그러나 이들이 결합되어 이루어진 단어들에는 [+동작성]이 내포되어 있기에 '하다'나 '되다'가 결합되면 모두 동사로 된다.[15]

VR+VR : 加入, 學習, 記憶, 打擊, 開放, 開發, 攻擊, 建設, 供給, 關聯,
記憶, 論議, 擔當, 發見, 管理, 記錄, 計算, 檢討, 報告, 保護,
敍述, 棲息, 選擇, 設立, 豫防, 議論, 移動, 刺戟, 整理, 除去,
製作, 尊敬, 進出, 創造, 追求, 出發, 治療, 稱讚, 誕生, 抛棄,
行動, 呼訴, 獲得, 監督, 競爭, 告白, 告訴, 恭敬, 觀覽, 交替,
祈禱, 記載, 納付, 朗讀, 答辯, 到來, 代替, 命令, 模倣, 沐浴,
沒入, 撫摩, 防禦, 放出, 放置, 排斥, 徘徊, 飜譯, 變更, 憤怒,
死亡, 上昇, 省略, 消滅, 收集, 收穫, 順從, 循環, 崇拜, 呻吟,
演出, 念慮, 依賴, 姙娠, 獎勵, 咀呪, 貯藏, 占領, 接受, 停止,

---

15) 필자는 이러한 동작성 명사를 의미상에서 약화되었거나 의미 자질상 [동작성]이 약한 동작성 명사라고 명명하고자 한다. 즉 그 어근들의 결합을 볼 때 모두 명사성 어근의 결합이지만 '공부'나 '인사' 같은 한자어는 그 어근의 명사성이 약화되고 단어의 '동작성'이 강화되어 한국어 어휘체계에서는 이들이 동작성을 띠고 있는 동작성 명사로 자연스레 인식되고 있는 단어들이다. 이는 '가게', '밥'에 '하다'가 붙어 동사로 될 수 있는 실체성 명사와는 구별된다.

操縱, 慫慂, 躊躇, 鎭壓, 質問, 創作, 招請, 追加, 蓄積, 侵略,
誕生, 探求, 派遣, 澎湃, 膨脹, 編纂, 捕捉, 解放, 協助, 婚姻,
活躍, 毁損, 犧牲, 攻擊, 觀察, 拘束, 對比, 到達, 描寫, 排除,
繁殖, 報告, 負擔, 分析, 比較, 喪失, 生活, 宣言, 設立, 消化,
樹立, 輸入, 硏究, 人事, 綜合, 進出, 治療, 販賣, 表示, 獲得,
興奮, 講義, 開拓, 敎育, 納得, 納付 …

이러한 구성을 보면 동사성을 띤 두 한자어 어근이 나란히 결합된 것으로서 두 어근의 의미 결합관계는 병렬관계를 나타낸다. 두 어근이 동사적 성격을 띠었기에 그 전체 단어도 동사성을 띠고 있다. 이는 전형적인 동작성 명사라고 볼 수 있다.

이러한 병렬관계는 그 의미에 따라 반의적 병렬관계와 동의적 병렬관계로 나눌 수 있다.

동의적 병렬관계 : 監督, 生活, 開拓, 記憶, 打擊, 告白
반의적 병렬관계 : 來往, 去來, 出入, 賣買, 呼吸, 授受

동의적 결합은 의미가 같거나 비슷한 한자어 어근들의 결합을 가리킨다. 반의적 결합은 의미가 대립되거나 상반되는 어근들의 결합을 가리킨다. 여기서 반의적 병렬관계는 고유어의 복합동사로 그 의미를 표시할 수 있는 것들이 있다.

來往 : 오고 가다. 매매 : 사고 팔다. 授受 : 가르치고 배우다.

문장에서 같은 뜻으로 사용될 때에는 고유어 복합동사를 쓰는 것보다 한자어 동작성 명사에 '하다'를 붙여서 사용하는 것이 의미파악에도 훨씬 쉽고 경제적이다. 그러므로 이러한 한자어 조어법은 강한 생성 능력을 보이고 있다.

2) 종속구성 : 한 요소가 다른 한 요소를 수식해 주는 결합관계

종속구성은 복합어를 이루고 있는 구성 요소인 두 한자어 형태소의 관계가 수식과 피수식의 관계 혹은 한정과 비한정의 관계를 나타내는 유형을 말한다.

종속구성은 형성 가능한 결합형태 중 뒤의 형태소가 중심 의미를 나타내는 요소로서 '명사'거나 '동사'일 때 아주 활발하게 형성된다. 따라서 대부분이 이심구조보다는 동심구조를 이룬다.

(ㄱ) NR+VR : 所定, 所願, 所行, 期待, 待機, 所有, 言及, 意識, 理解,
            掌握, 中斷, 志向, 診斷, 體驗, 表現, 形成, 覺悟, 感激,
            感動, 感知, 感歎, 君臨, 內在, 內包
(ㄴ) VR+NR : 進步, 決心, 結婚, 歸國, 代身, 動員, 登場, 發表, 分類,
            分布, 想像, 生産, 成功, 試圖, 讓步, 留意, 疑心, 認識,
            任命, 立脚, 入學, 提案, 操心, 調節, 從事, 注力, 主文,
            注意, 着手, 參席, 追跡, 出勤, 出演, 出勤, 投資, 評價,
            合意, 許諾, 加勢, 加熱, 見學, 決意, 考案, 管掌, 刮目,
            規制, 寄稿, 祈願, 錄音, 斷言, 擡頭
(ㄷ) VR+VR : 交戰, 脫出, 扶養, 合唱, 鑑賞, 介入, 開催, 決定, 區別,
            區分, 購入, 構築, 對答, 對應, 對處, 對抗, 圖謀, 導入,
            挑戰, 到着, 發見, 發展, 發生, 發揮, 訪問, 保管, 保有,
            報道, 附與, 付託, 分離, 生動, 選定, 設定, 攝取, 成立,
            成長, 受容, 施行, 始作, 抑制, 連結, 練習, 要求, 運動,
            運營, 云云, 怨望, 誘導, 誘發, 維持, 流行, 依存, 移動,
            認定, 立證, 作成, 栽培, 抵抗, 傳達, 展望, 轉換, 點檢,
            接觸, 提供, 提起, 提示, 提出, 造成, 調査, 支給, 支配,
            指示, 指摘, 指定, 進行, 創出, 採擇, 處理, 招待, 招來,
            超越, 促求, 追咎, 推進, 出發, 取扱, 取消, 測定, 通過,

統治, 判斷, 解釋, 解消, 活用, 稼動, 看做, 開設, 改造,
學論, 擧行, 檢證, 檢出, 激烈, 牽制, 結成, 結託, 警告,
經營, 傾聽, 啓發, 告發, 考察, 雇用, 誇張, 交叉, 交替,
救濟, 屈服, 歸依, 記念, 起訴, 起用, 寄贈, 企劃, 拉致,
勞動, 斷定, 斷行, 答辯, 代辯, 待接, 貸出, 對話, 導出,
凍結, 登錄, 忘却

(ㄹ) AR+VR : 密接, 激動, 廣告, 公布, 輕視, 感謝, 强要, 强調, 共有,
無視, 否認, 否定, 完成, 憂慮, 適用, 展開, 主導, 重視,
淸掃, 確立, 確保, 確信, 確認, 確定, 强制, 强行, 改編,
堅持, 急騰, 亂舞, 浪費, 滿喫

(ㅁ) Adr+VR : 復活, 卽決, 獨立, 相談, 相對, 自轉, 公開, 交換, 不拘,
實現, 豫防, 豫想, 豫測, 專攻, 假定, 敢行, 繼承, 恭敬,
共存, 公表, 具現, 羅列, 團束, 當到, 獨立, 獨占, 突入,
同參, 同行, 莫論, 冷凍

위에 (ㄱ)은 좀 특이한 형태이다. 즉 형태소 배열상으로 보면 한국어 배열 순서와 반대를 이루고 있는 구조이다. 이러한 것은 '所'자의 특수한 기능 때문이다.[16)]

3) 서술구성 : 두 요소 중의 어느 하나가 서술성 기능을 하는 구성

서술구성은 동작성 명사 가운데 대표적 유형이다. 서술구성은 두 형태소 가운데 하나는 주어, 목적어, 보어적 기능을 하는 것이고 다른 한 형태소는 동사로 구성되어서 서술어적 기능을 하는 것이다. 때문에 이런 구성은 '하다'와 결합해서 동사를 형성하게 된다. 이런 한 단어 내부에서의 주

---

16) 정민영(1994)에서는 '所'를 한문 문장에서와 같이 피동의 조동사로 보고 이를 피동 구성으로 보는 견해도 있기는 하지만 중세한국어 이래 한국어에서는 '所'자가 명사 로서의 기능을 수행하여 왔으며 현대한국어에서도 의존명사의 기능을 수행하고 있 다고 하면서 '所'가 기능이나 품사면에서 모호성을 갖기 때문에 이런 특수성을 갖고 있다고 보고 있다.

술관계의 구성의 복합구조는 한문(漢文) 문장의 특징과 성격을 강하게 유지하고 있다.

(ㄱ) NR+V1R : 日出, 天動, 木刻, 毒殺, 秋收, 瓦解, 家出, 步行
(ㄴ) NR+V2R : 利用, 食貪
(ㄷ) V1R+NR : 行船, 開花, 發病
(ㄹ) V2R+NR : 避難, 讀書, 求職, 開會, 觀光, 告別, 負傷, 結婚, 出
            判, 出家, 放學, 革命, 厭世, 行政, 失望, 犯罪, 放心

이러한 서술 구성은 보통 한국어 문법 특성에 맞게 쉽게 풀어쓸 수 있는 구성이다. 예를 들면 (ㄱ)에서 日出은 '해가 뜨다', 毒殺은 '독으로 살해하다' ; (ㄴ)에서 食貪은 '음식을 탐하다' ; (ㄷ)에서 開花는 '꽃이 피다', 發病은 '병이 나다', (ㄹ)에서 讀書는 '책을 읽다' 등이다. 하지만 경제성의 원칙에 의하면 문장에서 이렇게 풀어서 표기하기 보다는 한문 문장의 특성에 맞게 조어되어 같은 뜻으로 쓰는 것이 훨씬 경제적이다. 신조어에서 한자어가 많은 것도 여기에 그 원인이 있다.

2.3.2 통사적 특성에 의한 구조 유형

이상의 구조들은 어근의 가지는 자질들의 결합관계에 의해서 나눈 것으로서 이를 통사적인 기능에서 다시 분류할 수 있다.

김종택(1972)은 형태적 구성과 통사적 구성으로 그 상위개념을 유형화할 필요성을 지적하면서 형태적 구성과 통사적 구성의 두 유형으로 복합어를 분석하고 있다. 단어 내부에서 어근들이 형태 변화 없이 통사적 구성을 이루면서 복합어를 이루는 것은 중국어 문장과 중국어 문법의 영향이다.

이익섭(1968 : 10)은 중국어 문법의 영향을 배제하면서 '愛國'을 'V-N'

의 구조로 보지 않고 단지 '어근+어근'으로 기술하고 있다. 이는 형태적 구성의 설명 방법이며 고유어와 같은 체계에서 중국어 복합어를 기술하려는 경향에서 기인한 것이다. 정민영(1994)은 이렇듯 한자어 어기들의 통사론적 관계를 무시한 채 한자 복합어를 분석한다면 한자어 특성인 무한한 조어력과 경제성을 반감시키는 결과를 가져올 수도 있다고 지적했다. 한자어의 복합구조를 밝히는 일은 언어가 하나의 규칙으로 무한한 수의 문장을 만들어 낼 수 있다는 원리에도 부합된다. 한자의 개개의 단어가 의미를 갖기에 문장에 참여할 때 통사적 기능을 할 수 있는 것처럼 두 개 어소가 결합되어 한 개 단어를 만드는 단어형성에서도 통사적 규칙이 적용된다.

그러면 동작성 명사의 내부 구조를 통사적인 특성에서 분류해 보기로 한다. 통사적 기능을 따질 때 우선 한자어에서는 두 구성 형식이 어근의 성격을 띠지만 이를 중국어 문법의 영향에서 본다면 한자어 개개가 의미를 갖고 품사적 성격을 갖기 때문에 본 연구에서는 문장에서의 통사적 방식 그대로 단어형성에 적용하려 한다.

1) 주어 + 술어

이는 주어와 서술어의 관계로 결합된 어휘이며 위에서 분류한 서술구성에서의 하위분류가 될 수 있다. 이런 구성은 보통 '무엇이 어찌하다, 무엇은 무엇이다'라는 의미구조를 가진다.

NR + VR : 天動, 波動, 日沒, 日出

주술관계로 만든 한자어는 한국어에서 비중을 적게 차지한다. 이런 구

성은 보통 구나 절로 표현하고 있기 때문이다. 이런 주술 구성은 어순이
한국어에서와 같다.

2) 술어 + 부사어 : 下山, 下車, 登山
3) 부사어 + 술어 : 北送, 西向, 南行
4) 술어 + 목적어 : 求職, 決心, 建國, 讀書

'술어+목적어' 구성은 한국어와 달리 해석되는 어휘들로서 어순이 반
대된다. 이는 중국어 문법의 중요한 특성의 하나가 어순에서 '주어+술어
+목적어'의 구성을 이루는 데 기인한다. 이 유형은 서술구성 합성어에서
생산성이 가장 높은 구조이다. 이런 구성들이 한국어에서는 명사로 되었
지만 중국어에서는 동사나 동사구에 해당된다. 이는 한국어에서 한자어를
받아들일 때 일반적으로 명사화해서 받아들이는 경향에 기인한 것으로
보인다. 품사적으로 보면 중국어에서 동사나 동사구에 해당되는 것이 많
으며 파생을 통해서 명사로 된 것들이 한국어에서는 명사로 되어 있다.
이런 동작성 명사에 '하다'를 붙여서 동사를 생성하고 있는 바, 이러한 동
사의 형성은 한국어 어휘체계를 풍부히 하는 중요한 조어법이기도 하다.
또한 '술어+목적어' 구성의 한자어는 어순이 바뀌어 다른 구조의 한자
어가 될 수 있다. 이때 바뀐 후의 구조를 보면 어떤 단어들은 같은 의미
로 쓰이고 어떤 단어들은 의미가 변화된 것을 볼 수 있다. 예컨대 '出
家 : 家出', '約婚 : 婚約', '上陸 : 陸上' 등을 볼 때 '家出, 約婚'은 두 어순
을 바꾸어도 한국어 뜻은 거의 같다. 그런데 上陸은 '하다'가 붙어 동사
로 쓰일 수 있는 동작성 명사이지만 陸上은 '땅위'라는 지시성을 띤 명사
이다. 이처럼 중국어의 어순을 그대로 따른 구조가 대부분이지만 일부는
어순을 바꿔 한국어 어순으로 됨으로써 의미상 같게 쓰이는 것도 있고

다르게 쓰이는 것도 있다.

5) 수식관계
ㄱ. 交戰 合唱 脫出 加入, 扶養

이는 동사적 성격을 가진 어근이 다른 동사적 성격을 가진 어근과의 결합으로 형성된 구조인데 앞의 의미가 뒤의 의미를 한정 수식해주는 관계에 놓여있는 것이다. 표면상 이는 동사적 어근이 다른 동사적 어근을 수식하는 관계에 있는 것처럼 보이지만 사실상 이 두 동사적 어근의 의미중심의 관계가 다르다. 즉 그 의미중심이 뒤에 와서 뒷부분이 핵이 되어서 앞부분을 수식하는 관계에 있다고 볼 수 있다. 이러한 구조는 중국어에서는 偏正구조라 하는데 이는 즉 수식어와 핵심어의 관계를 나타내는 용어이다.

ㄴ. 重視, 廣告, 速讀
ㄷ. 獨立, 普及, 相逢, 商談

위에서 ㄴ은 형용사적 어근이 뒤의 동사적 어근을 수식하는 관계의 구조이다. ㄷ은 부사적 어근이 동사적 어근을 수식, 한정하는 관계에 놓여있는 수식관계적 구성이다.

6) 보충구성

이는 앞에 서술어가 오고 뒤에 그를 보충하는 보충어가 오는 관계로 결합된 구조이다. 그 유형을 보면 아래와 같다.

ㄱ. 除外, 照明, 統一

ㄴ. 說明, 革新, 改良
ㄷ. 賣出, 移動, 買入

ㄱ은 뒤의 명사적 어근이 앞의 동사성 어근을 보충하는 구조로 되어 있고, ㄴ은 뒤의 형용사성 어근이 앞의 동사성 어근에 대해서 보충 설명 하는 구조로 되어 있으며, ㄷ은 뒤의 동사성 어근이 앞의 동사성 어근을 보충 설명하는 구조로 되어 있다.

이상에서 우리는 한국어의 2음절 동작성 명사인 복합어들을 두 어근 간의 의미결합관계에 의해 분류하였다. 또한 동작성 명사는 통사적 차원 에서 비록 문장은 아니나 그들의 단어형성에서 통사적 규칙의 지배를 받 고 있다고 여겨 그들의 통사적 결합관계에 의한 구조 유형도 밝혀 보았 다. 통사적구성은 한국어가 한문(漢文)및 중국어 문법의 영향을 전제로 해 서 나눈 분류로 이들이 완전히 중국어와 일치하지 않지만 중국어의 통사 적 방식과 유사하다는 것을 알 수 있다. 이렇듯 한자어는 중국어적 특성 으로 인해 중국어의 구조적 특성을 많이 지니고 있다. 그러면 중국어에 는 단어의 구조가 어떻게 되어 있으며 유형이 어떻게 분류되는가를 간단 히 살펴보자.

구법학적 조어법이란 詞(단어)를 재료로 문장을 만드는 방법에 의해 새 단어를 만드는 것이다. 이런 방법으로 만든 단어는 보통 '합성어'나 '복합 어'라고 한다. 대부분 중국어 단어의 내부구조는 구의 구조와 거의 일치 하다. 그것은 중국어는 표의문자로서 한 형태가 모두 자기의 뜻을 갖고 문장구성이나 단어구성에 참여하기 때문이다. 그리하여 합성어를 형성하 는 규칙이 문장을 형성하는 통사규칙과 거의 일치하다. 이러한 중국어의 특성이 한국어에서 한자어로 정착되면서 한국어에서도 통사적 구성의 구조를 갖고 있다고 볼 수 있다. 중국어의 구법학적 조어법을 최기호

(2004)에서는 6개 부분으로 나누고 있다.

1) 주위(主謂)식

주위식 조어법은 진술(陳述)식이라고도 하는데 주어와 술어의 구조 관계를 이용해서 새 단어를 만드는 것이다. 이는 중국어의 구법학 조어법 중에 가장 전형적인 조어방식이다. 이 조어방식은 한국어의 주술구성과 비슷하다.

이런 구성은 명사, 형용사, 동사, 부사에 걸쳐 모두 나타난다. 본 연구에서는 동작성 명사에 초점을 맞추기에 명사에서 그 구조 유형이 나타나지만 중국어에서는 동사에서 그 유형이 나타난다.

동사 : 日出, 天動, 地震

한국어에서 명사나 형용사에는 이러한 구조가 많이 나타나지만 동사에서는 상대적으로 이런 구조가 적게 나타난다. 이런 구조로 만들어진 단어는 그 구성 성분 간에 중심요소가 존재하지 않는 관계로 결코 내심적 구조가 나타날 수 없는 것이 특징이다.

2) 위빈(謂賓)식

어근과 어근은 술어와 목적어의 관계를 갖고 있는데 앞 어근은 행위나 동작을 나타내고 뒤 어근은 동작 혹은 행위의 지배를 받는 대상을 나타낸다. 이런 구조는 중국어에서는 동빈(動賓)식이라고도 한다. 이는 한국어에서 술어·목적어 구성과 거의 비슷하다.

동사 : 動員, 請願, 革命, 避難, 觀光, 出版

이런 단어들의 앞 성분은 동작을 나타내며 뒷 성분은 일반적으로 앞에 있는 성분에 지배되어 그 영향을 받고 있는 사물을 나타낸다. 따라서 동사가 핵이 되어 빈어(목적어)에 대해 지배적 역할을 한다. 이런 위빈식 조어법은 다양하고 풍부한 단어를 구성할 수 있으며 句法학 조어법에서 상당히 중요한 자리를 차지하고 있다. 이에 대응하는 한국어 단어들도 상당히 많은데 중국어에서 동사인 이런 단어가 한국어에서는 명사이며 여기에 '하다'를 다시 붙여 동사로 된다. 예를 들면 한국어에서 동일한 형태인 '동원, 청원, 혁명' 등은 일차적으로 명사이며 여기에 '하다'를 붙여 '동원하다. 청원하다, 혁명하다'의 동사를 만든다. 때문에 '동원, 청원 혁명' 등은 전형적인 동작성 명사라고 할 수 있다.

3) 보충(補充)식

보충식은 어근 사이에 보충설명을 나타내는 관계가 있는 것을 말한다. 일반적으로 뒤 어근이 앞 어근을 보충 설명하며 전체 의미의 구성에서 첫 번째 성분이 근간이 된다. 보충식으로 만든 단어들은 대부분이 동사이다. 여기서도 역시 한국어 동작성 명사에 해당되는 것을 뽑아 제시하기로 한다.

> 동사 : 說明, 聲明, 表現, 改正, 改善, 變動, 縮小, 發動, 突破, 推進

보충식 구성에서 앞 성분은 동작을 나타내고 뒤 성분이 동작의 결과나 방향을 나타낸다. 보충식 구성을 動補(동보)식이라고도 한다. 이는 동사와 보충어의 관계라는 뜻이다.

4) 주종(主從)식

주종식으로 조어된 단어는 어근 사이에 수식관계가 있다. 보통 앞의 어근은 수식, 한정의 역할을 하고 뒷부분은 단어의 핵심성분으로 의미의 중심이나 통사적 중심이 된다. 주종식은 말 그대로 하면 주된 것과 종속적인 것의 관계를 말한다. 중국어에서는 흔히 편정(偏正)식이라도 한다. 한국어 동작성 명사와 이에 대응하는 중국어 단어를 보면 다음과 같다.

> 동사 : 回顧, 回憶, 輕視, 公演, 誤解

5) 병렬식

뜻이 같거나 비슷한 두 어근이 병렬적으로 결합하여 새 단어를 구성하는 방식이다.

> (1) 동의어근의 어소(語素)17) 병렬
> 이는 뜻이 같거나 비슷한 두 어근이 병렬적으로 결합하여 새 단어를 구성하는 것이다.
> 동사 : 生産, 解放, 接收, 離別, 攻擊, 鬪爭

이런 단어들이 한국어에서는 명사로 쓰이며 '하다'와 결합하면 동사로 되는 것이 일반적이다.

> (2) 반어 어소병렬
> 이는 뜻이 완전히 반대되는 두 어소가 병렬적으로 이루어진 단어이다.
> 동사 : 呼吸, 得失, 成敗, 存亡
> (3) 관련되는 어소들의 병렬
> 이는 서로 연관성이 있는 어근이 병렬적으로 된 것이다.

---

17) 어소라는 것은 중국어에서 최소의 문법적 단위이며 어음 의미의 최소 결합체이다.

동사 : 交代, 教唆, 描寫, 招待, 負擔

여기서 交와 代는 동의어소도 아니고 반의어소도 아니지만 의미상 관련되는 어소로서 그들 사이에는 병렬적 결합관계가 있다.

(4) 원의(遠義) 어소의 병렬
이는 연관성이 거의 없는 어소들이 결합해 새 단어를 구성하는 것이다.
동사 : 保養, 保管, 建築, 愛撫

이상에서 우리는 한국어에서 합성어의 구조 유형을 바탕으로 2음절 한자어 동작성 명사의 구조 유형에 대해서 알아보았고 중국어의 구법학적 조어법에서의 대응되는 부분을 살펴보았다. 한자어의 특성에서 양면성에 대하여 말한 바 있다. 때문에 이러한 구조적 분석을 할 때 고유어 단어의 형태, 구조적 분석방법을 따르는 외에 중국어의 통사적, 의미적 특성에 근거하여 분석하였다. 다음으로 한국어와 중국어에서의 단어의 분류 및 동작성 명사의 구조적 특성을 간단히 대조해 살피기로 하겠다. 한국어에서는 정원수(1988)의 단어에 대한 분류를 제시하기로 한다.

한자어 :

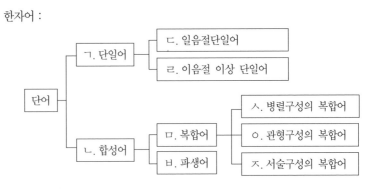

중국어 :

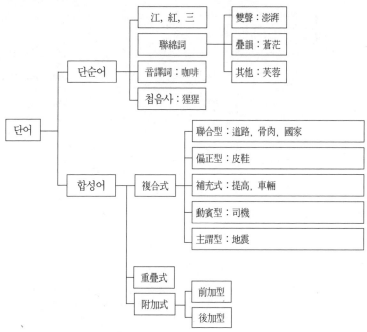

이런 동작성 명사와 대응되는 중국어 단어들의 구조 유형 분류를 도
표로 간단히 살펴보려고 한다.

한국어 한자어 동작성 명사			대응하는 중국어 단어		
분류		예	분류		예
병렬방식	동의	監督, 加入, 開拓	병렬방식	동의 관계	生産, 解放, 接收
				반의 관계	呼吸, 得失, 成敗
	대립	來往, 去來, 出入		관련 관계	交代, 敎唆, 描寫
				원의 관계	保養, 保管, 建築

한국어 한자어 동작성 명사			대응하는 중국어 단어	
통사적 방식	주어+술어	天動, 波動, 日沒	主謂	眼紅, 目擊, 天動
	술어+목적어	求職, 決心, 建國	謂賓	動員, 請願, 革命
	술어+부사어	下山, 下車, 登山		
	부사어+술어	北宋, 西向, 南行	主從	回顧, 回憶, 輕視
	수식	交戰, 合唱, 脫出	補充	說明, 聲明, 表現
	보충	除外, 說明, 賣出		

도표에서 보는 바와 같이 한국어와 중국어를 대조해보면 한국어 한자어 동작성 명사는 통사적 구성과 병렬구성을 각각 다른 두 유형으로 나누어 분류하지만 중국어에서는 통사적인 것과 비통사적인 것을 구별하지 않고 병렬, 주위, 위빈, 주종, 보충으로 네 가지로 나누어 설명한다. 이로부터 알 수 있듯이 두 언어에서의 분류는 각기 자기의 언어 체계에 맞추어 분석하기 위해서 나눈 분류 유형이라고 볼 수 있다. 이들은 구조 상에서 본질적인 차이는 없는 것으로 보인다.

위 표에서 보이는 한중 대조로부터 우리는 두 구조 유형을 분석할 때 각기 자국어 언어체계에 맞추어 구조 유형을 분석하다 보니 술어나 개념의 범위가 약간 다를 뿐 본질적인 구조는 비슷하다는 것을 알 수 있다. 그러나 양 언어에서 각 구조 유형에 포함되는 단어 유형이 달라질 수 있고 같은 유형이라도 양 언어에서 품사소속이나 의미가 달리 나타날 수 있다.

제4장

한자어 동작성 명사의 구문적 특성

1. '동작성 명사+하다' 구문

1.1 '하다'의 성격에 대하여

현대 한국어 동사 '하다'는 그 다양한 쓰임으로 하여 예전부터 많은 학자들의 관심의 대상이 되어왔는 바 다양한 논의들이 많이 쏟아져 나왔다. 이런 다양한 논의를 통해서 '하다'의 성격과 기능을 점차 폭넓게 이해할 수 있게 되었으나 아직도 밝혀지지 않은 측면들이 있어 동사 '하다'를 체계적으로 완벽하게 설명하는 데에는 이르지 못한 것으로 보인다.

필자는 기존의 연구를 바탕으로 새로운 주장을 세우기보다는 기존의 논의에서 주장된 바 있는 견해들을 살피는 데 주안점을 둘 것이다. 따라서 문법 설명을 가장 적절하게 할 수 있거나 한국어 문법에 가장 잘 부합하도록 '하다'의 성격을 밝히고자 한다.

먼저 '연구, 공부' 등과 결합되어 명사를 동사가 되게 하는 '하다'의 성격을 알아보기로 하자.

종래로 명사 뒤에 붙는 '하다'를 둘러싸고 논쟁이 많았다. '하다'는 파생접사로(학교문법 남기심, 고영근), 기능동사로(강범모(2001), 정희정(2000), 홍재성(1996)), 본동사로(김광희(1998), 김영희(1984)), 경동사로(안희돈(1997), 채희락(1996)) 아주 다양하게 논의되었다.

현대조선어학(2003 : 33)에서는 동사조성에서 '명사+하다'를 다루고 있으며 합침법이라 한다. 여기서 '하다'를 동사로 보고 '혁명하다, 건설하다…' 등 유형의 단어들을 합침법에 의한 동사로 보는데 이는 '하다'를 본동사로 보는 견해이다.

한국어에서의 '하다'는 사전에서 보면 동사로 그 표제어를 달고 있다. 따라서 이는 본동사적으로 하나의 어사로 된다는 뜻이다. '하다'를 본동사로 보는 사람들은 동작성 명사 뒤에 붙는 것도 역시 통사적으로 논항을 실현시켜주는 역할을 하는 본동사라고 하였다.

'하다'는 홀로 문장에서 쓰일 수 있으며 목적어와 보충어를 요구한다. 이는 '하다'가 동사적 성격을 갖고 있음을 보여준다. 또 '하다'는 명사, 동사, 부사, 형용사 등 다양한 품사에 붙어서 명사구, 동사구, 부사구, 형용사구 등을 이룬다.

    (1) 철수가 <u>밥을</u> 한다.
    (2) 우정을 <u>깊이</u> 한다.

여기서 밑줄 친 부분의 뒤에 오는 '하다'는 본동사적 기능을 하면서 그 앞에 목적어나, 부사어 등 다양한 성분을 갖는다. 의미적으로는 '하다'의 구체적 의미가 쉽게 나타나지 않지만 모두 대상이나 상태로 어떤 행동을 한다는 의미를 내포하고 있다. 또한 문장의 서술어 자리에서 목적

어를 가지고 부사의 수식을 받는 동사적 기능에 완전히 부합되기에 본동
사로 볼 수 있다.

(3) *철수가 공부를 많은 한다.
(4) 철수가 많이 공부한다.
(5) 철수가 공부를 많이 한다.

부사는 동사를 수식하지만 명사를 수식하지 못하며 또한 관형사의 수
식을 받지 못한다. (3)에서 보듯이 '하다'가 관형사 '많은'의 한정을 받지
못하는바 비문이 되며 응당 (4)나 (5)처럼 되어야 한다.

또한 부정부사(안, 못)를 넣어서 검정해 볼 수 있다

(6) 연구를 안 하다, 연구 안 하다.
(7) 연구를 못하다, 연구 못 하다.
(8) *안 연구를 하다, 안 연구하다.
(9) *못 연구를 하다, 못 연구하다.

이처럼 부정부사 '안', '못'은 '하다' 앞에서 부정을 하는 것이지 '연구'
앞에 붙어서 '연구'를 부정하는 것이 아니다.

그럼 '연구하다, 공부하다' 등에 붙은 '하다'는 무엇인가? 이들도 역시
위의 동사와 같은 것으로 보아야 하는가? 같은 성격으로 결정짓는다면
'동작성 명사+하다'의 그것과 일관성을 유지할 수 있는가?

(10) 공부하다, 밥하다. 삽질하다, 건강하다, 착하다 …
(11) *사진하다, *책상하다, *삽하다, *웃음하다 …

위의 (10)에서 '하다'는 선행어와 자연스럽게 연결되나 (11)에서는 선행

어와 연관성을 갖고 있음에도 불구하고 선행어와 연결이 안 된다. 이처럼 '하다'가 모든 선행어와 두루 쓰이지 못하는 것은 '하다'가 선행어의 의미를 제한적으로 선택하기 때문이다. 즉 '하다'는 의미적으로 비어있는 허형태가 아니라 선행어의 의미를 선택적으로 제약하는 일정한 의미를 지니고 있음을 보여준다. 또한 '하다'구문에서 'V하다', 'V를 하다', 'V 하다'에 선행하는 'X'자리에 놓일 수 있는 범주에 대한 제약도 다른 동사와 크게 다르지 않다. 이는 '하다'가 단순히 접미사가 아니라는 것을 뜻한다.

(12) 공부(를) 하다. (명사 선행구문)
(13) 공부를 잘 하다. (부사 선행구문)

(13)을 보면 부사를 선행어로 취하고 있지만 '하다'구문의 필수 성분인 목적어를 더 요구하는 것을 볼 수 있다. 여기에서 목적어 '공부'는 '잘'이 부여한 논항이 아니라 '하다'가 요구하는 논항이다. 그러므로 '하다'는 일반적인 동사의 예처럼 동사로서 논항을 부여하는 동시에 부사어의 수식도 받는다.

(14) 가. 노래를 부르다.
     나. 노래를 잘 부르다.
     다. 노래를 잘 불러주다.

예 (14)는 동사가 목적어와 부사어를 가지면서 논항을 부여하는 예로서 '하다'의 그것도 이와 마찬가지로 실질적인 동사라는 것을 말해준다.
또한 동사가 명사형 어미와 결합하여 동사로 된 후에 다시 동사로 되는 예에서도 '하다'가 실질적인 뜻을 갖고 있다는 것을 알 수 있다.

(15) 공부, 노래, 연구.

(16) 공부함, 노래함, 연구함.

(17) 놀음하다, 놀이하다, 달리기하다.

(15)와 (16)은 모두 명사적 기능을 갖고 있는데 (15)는 그 자체가 '명사'이고 (16)은 '명사→동사→명사형'의 과정을 거쳐 명사형으로 되어 명사 상당어로 쓰인다. 이 경우 '하다'를 아무런 의미가 없이 기능이나 접미사 또는 동사화소로 이해한다면 '하-'는 불필요한 구성 요소밖에 되지 않는다. 그러나 현대 한국어에서 이는 매우 자연스러운 구성 방식이면서도 생산적인 방식이다.

(17)에서 '놀음하다'를 동사로 본다면 '놀다'라는 동사에 '-음'을 붙여 명사형으로 만든 후 이에 다시 '하다'를 결합시켜 동사로 되게 한다. 그러나 이러한 불필요한 과정을 더하는 것은 단순히 기능 전환이라고 하기에는 무리라 본다. 이는 '하다'의 의미를 나타나기 위해서임을 알 수 있다.

(18) 가. 새 도시가 건설되다.

　　　가'. 새 도시의 건설

　　　나. 새 도시를 건설하다.

　　　나'. 새 도시의 건설

'하다'가 실질동사라는 것을 증명할 때 명사구의 변형으로도 증명할 수 있다. 즉 우리가 '새 도시의 건설'이라는 명사구를 어떤 기저 문장에서 만들어내는가는 바로 '새 도시를 건설하다', '새 도시가 건설되다'라는 두 형식 가운데 어느 것인지 판정이 되어야 한다. 만약 그것이 판정이 되지 않으면 중의성이 나타난다. 이러한 중의성을 해소하려면 '하다'나 '되다'가 나타나야 한다. 이로부터 '하다'나 '되다'는 구체적인 뜻이 있는 실질 동사라는 것을 알 수 있다.

'하다'를 접미사로 보는 견해를 보면 우선 어기와 접사를 확정하는 면에서 접사 설정의 기준이 필요하며 접사가 무엇인가를 정할 필요가 있다. '접사는 비자립적이어서 어기와 분리될 수 없으며, 둘째, 똑같은 형식으로 문장 내에서 단독으로 출현하고 있는 단어가 있을 경우 그와는 다른 의미를 가진다(이선영 2004 : 12 재인용)', 이러한 기준에 따라 '하다'는 홀로 쓰일 뿐만 아니라 독립된 기본의미도 지니고 있다. 형태 의미상 의존성을 보이는 것은 [+동작성]을 띤 명사들이 비분리성 또는 비자립적이어서 '하다'가 붙어야만 온전한 통사·의미기능을 수행하는 양상을 보이기 때문이다. 그러므로 '하다'는 홀로 쓰일 수 있을 뿐만 아니라 독립된 의미를 지니는 어기로서 복합어를 형성하는 실질동사이다.

'하다'와 관련해서는 동사, 접미사로 보는 견해 외에 대동사, 기능동사 등으로 보는 견해도 있다. 이러한 견해들은 모두 '하다'를 용언으로는 보되 형식으로서의 성격만 가질 뿐이라고 하면서 그것의 인정 정도에 따라 용어상 다른 입장을 보인 것이다.

'하다'를 기능 동사로 설정하는 견해는 '하다'에 선행하는 어휘가 '하다'와 결합하기 이전에 이미 동작성을 갖고 있다는 전제 하에 이루어진다. 이때 비로소 '하다'는 단지 동사로서의 기능만을 수행하는 기능동사로 될 수 있기 때문이다. 그러나 이런 이중적 해석을 가하는 것은 이것이 아닌 경우에는 다시 본동사로 상정을 해야 하기에 문법 기술상의 복잡함 그리고 기능동사라는 새로운 문법적 범주를 설정해야 하는 번거로움이 있다.

'하다'를 대동사로 보는 견해는 'X하다'가 복합어가 아닌 '하다'가 홀로 쓰일 때의 기능에 초점을 둔 것이다. 그러나 '하다'가 마치 대명사처럼 대용의 의미를 담고 있다고 이해하는 것은 바람직하지 못하다.

따라서 본 연구에서는 '동작성 명사+하다'는 복합동사로서의 지위를 가지면서 문장에서 동사적 기능을 하면서 논항을 실현시킨다고 본다.

1.2 '하다'의 생략문제에 대하여

'연구, 추고, 제출' 등을 서술성 명사라고 일컫는 사람들은 이들이 다른 명사와 가장 크게 구별되는 것은 바로 이들이 아무런 형태 변화 없이 서술어의 자리에서 서술어로 된다는 데 초점을 맞춘 논의라고 할 수 있다.

    (19) 10살 난 어린이가 강가에서 큰 꾸러미를 발견, 바로 경찰에 신고
    (20) 199개 대학 정시 모집 원서 접수, 일부 학교선 마감 전 경쟁률 공개

위의 예문들은 신문 보도에서 많이 볼 수 있는 문장이다. 형식상으로 보면 동작성 명사가 그대로 서술어의 자리에서 서술어로 된 것 같이 보인다. 그래서 명사가 서술어로 될 수 있다고 여러 논의에서 주장한 바 있다.[1] 그러나 필자는 신문에서의 이러한 표현방식은 한국어에 있어서 타당한 것이 못 되며 표준적이지 않은 것이라 생각된다.

이는 신문기사나 보도의 특성에 의해서 이들을 생략시킴으로서 제목의 간결성, 경제성과 함께 정보의 신속성을 기하기 위한 것이지 보편성을 가진 표현이라고는 말하기 어렵다. 또한 기사의 제목이나 표제어 같은 것은 보통 명사구로 표시하는 것이 일반적이다.[2] 이런 제목이나 표제어도 사실상 동사의 명사형이지만 '하다'가 없어도 동작성 명사의 의미 특성상 동작성을 띠기에 '하다'가 잉여적이 되어서 생략하였을 뿐이다.

---

1) 정희정(1997)는 '하다'가 생략된 예를 들면서 이들은 동작성 명사가 직접 서술어로 된다고 본다.
2) 영어에서도 표제나 문장의 제목 같은 것은 모두 동사의 명사형으로 쓴다.

(21) 10살 난 어린애가 강가에서 큰 꾸러미를 발견, 바로 경찰에 신고(함)

(22) 199개 대학 정시 모집 원서 접수, 일부 학교선 마감 전 경쟁률 공개(함)

(21), (22)에서 볼 수 있듯이 이러한 '신고', '공개'에 하다가 다시 붙고 이 동사 전체에 명사형 어미 'ㅁ'을 붙여서 명사화되어 표시할 필요가 없기에 '하다'가 잉여적이 되어서 직접 동작성 명사로 표시한 것이지 결코 이것이 서술어로 된 것이 아니다. 필자는 이러한 동작성 명사가 서술어 자리에 직접 쓰인 것은 명사가 서술어로 된 것이 아니라 그 명사 뒤에 '하다'나 기타 동사적 성격을 띤 단위들이 생략된 것으로 본다.

또한 동작성 명사의 이중성에서도 찾아볼 수 있다. 즉 명사지만 그 의미상에서는 동작성이 내포되어 일정한 사건구조를 갖고 있기에 사건구조에 대한 기술을 할 수 있다. 그래서 직접 명사의 형태로 그 서술어 자리에 놓여도 의미상에서는 아무런 지장이 없어서 마치 이런 명사가 서술어적 기능을 하는 것처럼 보이지만 사실은 '하다'가 생략된 것이다.

이는 우선 중국어의 영향에서 그 원인을 찾을 수 있다.

중국어는 고립어로서 형태변화가 없고 단어들의 결합으로 직접 뜻을 전달한다. 때문에 신문기사뿐만 아니라 기타 문장에서도 특별히 생략할 필요 없이 언어가 간략하고 명료하게 된다.

(23) 亞運會在多河榮重開幕

(24) 아시안게임이 도하에서 성대히 개막

위의 두 예의 비교에서 알 수 있듯이 중국어는 형태변화 없이 직접 '開幕'가 서술어 자리에서 서술어로 된다. 이러한 영향이 한국 한자어에도 미쳐 '동작성'을 띤 단어들의 뒤에서 '하다, 되다' 등의 '하다'에 해당하는 요소들이 생략되어서 신문기사의 간결성을 기하고 있다. 신문기사는 보통 시제나 상 등 범주를 표제어에서 밝히지 않지만 사람들은 이들이 이미 발생한 사실이라는 것을 알기에 생략해도 그 뜻을 이해하는 데는 큰 어려움이 없다. 또한 명사는 보통 관형사의 수식을 받지만 부사의 수식은 받지 못한다. 중국어에서 '榮重'은 부사로서 뒤의 동사 '開幕'을 수식한 것이다. 그렇다고 기타 언어에서의 범(泛)언어적 현상을 한국어에서만 부사가 명사를 수식해준다고 하는 것은 보편문법에 어긋난다고 할 수 있다. (24)에서 의미상 '개막'이 동작성을 띠기에 앞에 '성대히'가 와도 얼마든지 결합이 가능하다. 그러나 이는 단지 명사에 대한 의미적 수식이다. 문법적으로 수식이 불가능하지만 '개막'이란 단어가 '동사성'이라는 것을 염두에 두어 그 앞에 수식어를 가진 것이다. 여기에 생략요소를 보충하려면 '되다'를 보충할 수 있다. 그것은 이 개막이 의미논항에서 주체만 가지기에 자동사적 성격을 띠며 자동사 '되다'를 붙일 수 있다. 이렇게 하면 의미가 완전해질 수 있다.

이는 또한 의미의 잉여성으로도 설명이 가능하다. '하다'는 동작성 명사들에 붙어서 동작의 의미를 나타내기에 의미상 잉여적인 성분으로 보인다. 신문기사나 보도에서 정보전달의 신속성 그리고 유효성을 기하기 위해서는 이러한 잉여적 성분이 실현이 안 되어도 의미파악이 되기에 '하다' 등 일정한 성분을 생략하고 쓴다.3) 이런 경우는 선행성분이 동작성 명사 뿐만 아니라 다른 동작성을 띤 부사에서도 나타난다.

(25) 나비는 훨훨, 벌은 윙윙
(26) 하늘에는 별이 반짝반짝, 땅에는 네온싸인이 번쩍번쩍
(27) 철수는 코를 드르릉 드르릉, 깊은 잠에 빠졌다.

---

3) 특정한 문체 예를 들면 신문기사, 보도, 시 같은 데서는 그 문체의 특성 때문에 이러한 형식을 많이 쓰지만 필자는 이러한 후행요소를 생략하여 쓰는 것은 별로 바람직하다고는 생각하지 않는다.

위의 세 예문은 모두 부사가 서술어의 자리에 쓰인 것이다. 이는 부사가 그대로 서술어로 된 것이 아니라 시가(詩歌)에서나 기타 비슷한 형식에서 그 행동과 관계되는 일정한 요소들이 생략된 것임을 알 수 있다. 이러한 형식은 시에서 많이 나타나는데 시의 간결성 그리고 음절을 맞추기 위한 시적 장치이다. 따라서 (25)는 '나비는 훨훨 날고, 벌은 윙윙 소리를 낸다'에서처럼 '날다'와 '소리를 낸다'를 보충할 수 있고, (26)는 '하늘에는 별이 반짝반짝 거리고 땅에는 네온사인이 번쩍번쩍 거린다'로 '거리다'라는 보조용언을 보충할 수 있다. 이로부터 알 수 있듯이 부사가 직접 서술어적 자격을 갖는 것이 아니라 그 뒤에 일정한 동사적 요소를 염두에 두면서 서술어의 자리에 쓰인 것뿐이다. 때문에 동작성 명사가 아무런 형태 없이 그 자체로 서술어 자리에 쓰인 것은 명사가 서술어로 된 것이 아니라 '하다'나 '되다' 혹은 기타의 요소가 생략된 것이다.

동작성 명사의 후행요소 '하다' 따위의 동사적 요소들이 생략된 것이라고 하는 또 다른 한 가지 근거는 중의성을 막을 수 있다는 것이다. 예컨대 동작성 명사를 그대로 썼을 때 중의성이 나타나는 것들이 있는데 이때는 의미를 명확히 하기 위해서 그 후행요소를 생략해서는 안 된다. 이는 동작성 명사와 '중'과의 결합에서 찾아볼 수 있다.

(28) 영수가 미국에 출장 중이다.

만약 (28)처럼 표현을 한다면 영수가 지금 미국에 있는지 아니면 지금 미국으로 가는 길인지 구체적인 문맥을 떠나서는 파악이 안 된다. 이런 중의성을 해소하기 위해서는 '하다'나 '가다'를 넣어서 중의성을 막아야 한다.

(29) 영수가 미국에 출장 하는(가는) 중이다.
(30) 영수가 미국에 출장 한(간) 중이다.

이러한 중의성은 동작성 명사들이 명사이기에 직접 '중'과 결합할 수 있는 기능적 측면에서 기인한 것으로서 그 구체적 의미를 파악하려면 반드시 후행하는 요소가 어떤 것인지, 어떤 형태를 하고 있는지 밝혀야 한다.

1.3 '동작성 명사+하다' 구성의 논항구조 성격

문장구조상 동사 형용사 그리고 서술격조사 '이다'를 붙인 명사는 서술어의 자리에 있으면서 서술어가 되며 그 의미역에 따라 논항을 요구하게 된다.

(31) 나는 영희에게 연필을 선물로 주었다.

여기에서 동사 '주다'는 4가 동사로서 앞에 4개의 논항을 가진다. 이는 동사의 고유한 의미에서 기인한 것인 바 그 논항은 동사 '주다'의 하위범주화에 잠재적으로 내재되어 있으며 그것이 문장에 쓰일 때는 그 논항들이 문장 구조 속에 표출되어 나온다. 그러나 항상 그 논항들이 모두 나타나는 것은 아니다. 어떤 논항들은 필수적이지만 어떤 논항은 필수적이 아니어서 나타나지 않을 수도 있다.

(32) 나는 영희에게 선물을 주었다. (선물의 내용물이 빠질 수 있다.)
(33) 나는 영희에게 연필을 주었다. (연필이 무엇의 내용물인가가 빠질 수 있다.)

(34)와 (35)를 대비해 보자.

   (34) <u>철수는</u> 어제 선생님께 <u>레포트를</u> 제출을 했다
   (35) 철수는 어제 선생님께 <u>레포트를</u> 제출했다.

(34)는 동작성 명사 '제출'이 대격을 가지면서 문장에서 목적어로 되어 있고 (35)는 '하다'가 붙어서 동사로 되어 서술어로 되어 있다. (34)에서 목적어로 된 '제출' 앞에 나타나는 '철수', '선생님께', '레포트' 등은 의미상으로 보아 '제출'이 요구한 것이지 '하다'가 요구한 것이 아니다. '하다'가 요구할 수 있는 것이라면 행동의 주체인 '철수'와 그 행동의 대상인 '레포트'이다. 그러나 이것이 만약 '하다'가 요구한 것이라면 문장 (34)의 의미가 나타나지 않는다. 이로부터 알 수 있듯이 앞의 논항은 '제출'의 의미성격에 의해 나타난다. 그럼 명사가 과연 이런 논항을 실현시킬 수 있는가?

이 문제를 밝히기 위해서는 우선 논항이 무엇인가를 알아보아야 한다. 논항이란 동사가 하위범주화하는 문법범주로서 동사로부터 의미역을 부여받는 명사구(NP)라 정의한다.[4] 논항은 1차적으로 술어의 의미적 구현에 개념적으로 꼭 필요한 의미적 요소이고 2차적으로는 술어의 통사적 구현에 꼭 필요한 통사적 요소이다(이선웅 2005).

이 정의에 따라 의미적 구현에 개념적으로 꼭 필요한 의미적 요소는 통사적으로는 반드시 실현될 필요는 없다. 다시 말해 그 의미적 요소의 의미를 문맥에 의해 적절히 해석할 수만 있다면 그것이 통사적으로 실현되지 않을 수도 있다는 것이다. 이와 반면 통사적 구현에 꼭 필요한 통사적 요소는 서술어가 통사적으로 실현될 경우 반드시 함께 통사적으로

---

4) 언어학 사전, 이정민, 배여남 공저, 박영사, 1987.

실현되어야만 한다(이선웅 2005).

(35)에서 '제출하다'는 품사로는 동사로서 서술어의 자리에서 3개의 논항을 가지는 문장구조를 드러내고 있다. 이 세 논항은 '제출하다'라는 동사의 어휘의미구조이거니와 또한 서술어의 논항구조이기도 하다. 이는 어휘적 측면과 통사적 측면이 결합된 것이다. 여기서 '제출하다'가 동사이기 때문에 문장에서 드러난 논항은 논쟁의 여지가 없다.

그러나 (34)는 다르다. (34)에서 '제출' 앞에 나타난 세 논항은 도대체 어느 것에 의해서 실현된 논항인지 확연히 드러나지 않는다.

기존의 논의에서는 앞의 세 논항은 서술성 명사 '제출'이 가지는 논항이며 서술성 명사가 논항을 가지면서 문장 구조 속에 나타난다고 기술하고 있다. 이는 대부분 학자들의 주장이라고 할 수 있다. 그래서 명사도 논항을 가진다고 하면서 명사의 논항을 논의할 때 흔히 서술성을 띤 명사를 주요 대상으로 논의했다.

그러나 위에서 논항이란 개념을 살펴봤을 때 이는 우선 동사에 적용된 것이며 동사가 서술어로 될 때 서술어 자리에서 논항을 구조적으로 드러낼 수 있는 것이다. 명사가 서술어로 되려면 서술격조사 '이다'와 결합하여 문장에서 서술어로 된다.

그런데 (34)에서 '제출'은 동사가 아니라 명사로서 격조사 '-를'을 가지고 문장 속에 쓰였다. 그러면 이런 '서술어'도 아닌 '명사'가 논항을 가질 수 있는가? 앞의 '철수', '선생님', '레포트'는 분명 '제출'과 관계를 맺고 있는 것이지 '하다'와 관계를 맺는다고는 보기 어렵다. 그럼 이것을 어떻게 해석하겠는가?

아래 몇 가지 예를 더 보기로 하자.

(36) 회사측은 하는 수 없이 <u>노조간부들과</u> 협상을 했다.

(37) 일 학년 전원이 학기가 시작되기 전에 <u>기숙사에 입사</u>를 해야 한다.
(38) 야당은 결국 <u>그 회의에 참석하겠다고</u> 결정을 했다.
(39) 화살이 <u>과녁</u>에 명중을 했다.

서술어로 쓰인 동사의 어휘의미에 따라 문장에 실현되는 명사구가 결정된다고 할 수 있다. 그러나 예문에서 볼 수 있듯이 형식상 서술어로 쓰인 '하다'는 문장에 함께 나타나는 성분이 달라짐에도 불구하고 의미의 변화를 보이지 않는다.

각 예문에서 서술어의 기능을 하는 것은 '하다'이다. 그러나 의미적인 차이를 나타낸 것은 그 앞에 쓰인 '를' 명사구이다. 밑줄 친 부분의 성분은 '하다'와 의미적으로 관계를 맺는 것이 아니라 각각 그 뒤의 '를' 명사구와 관계를 맺고 있는 것이다.

지금까지 형식적으로 서술어로 쓰인 '하다'와 관계없이 문장성분을 요구하는 명사는 서술성 명사 또는 서술 명사로 논의되어 왔다. 따라서 기존의 이러한 서술방식에는 문제가 있다고 생각된다.

첫째, 보통 우리가 말하는 명사가 서술성을 가진다는 것은 의미상에서 어떤 행동이나 행위, 사건을 나타내는 사건구조를 가지고 있기 때문이지 그것이 통사적으로 실현되는 것은 결코 명사에 의한 것이 아니며 그 뒤에 붙은 '하다'에 의해서 동사가 되어서 실제 문장에서 실현되는 것이다.

한자어 동작성 명사들이 서술성을 가진다고 하는 것은 그것이 문장에서 서술어로 된다는 것이 아니라 의미상 어떤 동작이나 행동, 행위를 갖고 있으면서 사건 구조를 지니고 '하다'와 결합하여 복합동사가 되면 그 사건구조가 문장에서 통사적으로 실현된다는 것을 말한다.

때문에 '서술성'이라는 술어를 분명히 해야 하지 그 의미와 기능을 뒤섞어서 기술해서는 안 된다.

둘째, 한자어로서 중국어의 영향에서도 그 원인을 찾을 수 있다.

중국어에서는 이러한 부류의 단어들이 모두 동사이기 때문에 그 논항이 자연적으로 실현이 되며 서술어의 자리에서도 그 기능은 동사이기에 자연히 서술적 기능을 가진다. 그러나 이런 동사적 성격이 한국어에 들어와서 명사로 자리 잡으면서 한국어와 같은 비정상적인 즉 명사가 서술어의 기능을 하는 것 같은 현상이 나타난다.

이것은 중국어의 특성이 한국어 한자어에 영향을 주어 그 품사 성격은 변했지만 의미상에서는 의연히 동작이나 행위 등 동사적 의미를 갖고 있어서 그것이 중국어에서 의미역을 할당 받듯이 한국어의 명사로 정착되어서도 중국어에서 동사로서 가졌던 의미역과 논항들을 잠재하고 있기 때문이다.

이러한 잠재적인 것이 명사로는 표출할 수 없지만 일단 거기에 '하다'가 붙어서 동사나 동사구가 되면 의미적으로나 통사적으로 논항을 가질 수 있다.

(40) 哲洙硏究化學
(41) 철수는 화학을 연구한다.
(42) 철수는 화학을 연구를 한다.

위의 문장은 중국어 문장과 한국어 문장을 대비한 것인데 여기서 중국어의 '연구'와 한국어의 연구는 같은 뜻으로 쓰인 단어이다. 중국어에서는 '硏究'가 동사로서 그 논항으로 행동의 주체인 '哲洙'와 대상인 '化學'을 가진다. 그러나 한국어는 교착어로서 조사와 어미를 붙여야만 문장을 구성할 수 있다.

중국어의 (40)에 (41), (42) 두 문장이 모두 대응될 수 있다. (41)은 '연구'에 직접 '하다'가 붙어 동사가 된 것으로서 의미상 (40)과 같다. 여기서 중국어의 동사 '硏究'와 한국어의 동사 '연구하다'가 대응된다. 따라서 동사 대 동사가 맞아 떨어진다. 그러나 (42)는 격조사 '를'이 하나 더 붙었다.

그럼 (42)와 같은 문장을 어떻게 봐야 하는가?

직관적으로 보기에 구조상에서는 (41)과 (42)가 다르게 나타난다. 의미는 개개 단어와 조사가 합해서 나타나기에 단어의 의미가 변하지 않은 이상 전체 문장의 의미가 크게 달라지지는 않는다. 다만 격조사 '를'이 하나 더 많을 따름이다. '를'은 자체의 문법적 기능을 함으로써 그에 따른 문법적 의미가 더 추가될 뿐이다.

이 동작성 명사는 '를'을 가지면서 어떤 기능을 하는가?

이것은 기능상에서는 목적격을 가지고 목적어로 기능을 하며 전체 문장을 보면 이중목적어문이라고 할 수 있다.

위의 구조는 우선 '연구를'은 동사 '하다'가 요구하는 논항으로서 목적어의 기능을 하는바 전체 문장에서 동사구를 이루고, 그 동사구가 '화학을'이란 논항을 다시 가지면서 '화학을'은 문장에서 목적어가 되는 것이다.

2. 동작성 명사와 피·사동을 나타내는 여타 형태의 결합

피동과 사동 표현은 거의 모든 언어에 있는 범주이다. 특히 한국어에서는 피동과 사동 표현이 많이 쓰인다. 한국어에서의 피동과 사동 표현법은 문법적 수법에 의한 표현 방법과 어휘적 수법에 의한 표현방법이 있다. 중국어는 고립어로서 형태변화가 없고 굴절이나 교착현상이 없다. 따라서 중국어가 지닌 이러한 특성으로 인해 중국에서 들어온 한자어는 한국어에서는 명사이지만 능동이나 피동, 사동을 나타내는 이러한 명사들이 동사로 쓰일 때에는 그 동작성 명사의 의미 자질에 따라 '되다. 받다. 당하다. 시키다' 등 동사들과 결합하여 피동이나 사동표현으로 나타난다.

특히 한국어의 피동법에 관해서는 논쟁이 적지 않다. 대개는 한국어의 진정한 피동법은 '-이, -히' 등 피동접미사에 의한 피동이라고 보고 있다. 본 연구에서는 이러한 한자어 동작성 명사에 붙은 '되다. 받다. 당하다. 시키다' 등 요소들이 한국어에서 어떤 분포를 보이며 이들을 피동법에 귀속시킬 수 있는가 하는 것을 검토해 보려 한다. 이는 동작성 명사에 대한 연구에서뿐만 아니라 피·사동 연구와도 관련된 문제이다.

2.1 '되다, 받다, 당하다'와의 결합(피동표현)

피동성 문장을 이루는 방법은 크게 3가지로 나뉘어 왔다. (1)'-이, -히' 등 피동 접미사에 의한 방법, (2)'되다, 받다, 당하다'에 의한 방법, (3)'-어/아지다'에 의한 방법 등이 그것이다.

(1)은 예전부터 많은 논자들에 의해 논의되어 이를 한국어에서 전형적인 피동법이라고 일컫고 있다. (3)에 대하여서도 이미 논의된 바가 많다. 그러나 (2)의 피동성 문제에 대해서는 최현배(1978 : 422~433)에서 '두째 입음법'이라 한 것으로 그동안 별로 논의되지 않다가 우인혜(1993)가 다시 논의의 과제에 올려놓았다. 이러한 (3)에 대한 연구의 소루함은 한국어연구에서 한자어에 대한 연구가 소홀하였다는 사실과도 관련이 있다. 한자어는 한국어에서 절반 이상을 차지하는 어휘체계로서 한자어의 여러 특징과 문법현상을 설명하는 것도 한국어 연구에서 꼭 필요하다.

'되다, 받다, 당하다'와 결합하여 피동표현을 만드는 경우 '되다'에 대해서 김동식(1984), 서정수(1991), 이기동(1991), 이정택(1992) 등에서 상당히 심도 있는 논의가 이루어진 바 있다. 그러나 이는 우선 '되다'에 초점을 맞춘 논의로서 그 선행어기에 대해서는 특별히 다루지 않았다.

또한 '되다' 외에 '받다, 당하다'를 포함한 용언의 피동 표현 전체에 대한 본격적인 논의는 최현배(1937/61)에서 논의된 후로는 거의 논의되지 않았다. 그러다가 우인혜(1993)에서는 많은 예들을 분석하여 '하다'의 피동표현 양상을 분석하고 피동성 문제를 논의하였는데 '하다' 따위 동사의 피동표현이 어떤 방식으로 이루어지는지 분석하고 구문론적, 의미론적 제약에 대해 관찰하였다. 또한 '하다'동사 구문의 피동 표현에 쓰이는 '되다, 당하다, 받다'의 분포 양상과 그 제약 조건을 비교적 세밀하게 밝혔다.

필자는 위의 우인혜의 연구를 바탕으로 '되다, 받다, 당하다'에 붙는 동작성 명사의 의미 자질 및 그 분포양상을 살피면서 이들이 피동구문형성에 참여하는지, 이들을 한국어 피동법의 한 가지로 볼 수 있는지 등에 대해 검토하고자 한다.

최현배(1978 : 422-433)에 따르면 이른바 '하다' 따위 용언을 피동으로 만들기 위해서는 그 '하다'를 '되다', '받다' '당하다'로 바꾸어 넣으면 된다고 하였다.

> (43) 가. 아군은 적군의 움직임을 철저하게 감시했다.
>   나. 적군의 움직임이 아군에게 철저히 a.감시되었다.
>   b.감시받았다.
>   c.감시당했다.

(43)에서 보는 바와 같이 '감시하다'의 '하다'를 각기 '되다', '받다', '당하다'로 바꾸고 어순을 변화시키면 그것이 3가지 피동표현 문장이 된다. 하지만 '하다'가 붙은 동작성 명사에 모두 '되다, 받다, 당하다'가 붙

을 수 있는 것은 아니라 그중 일부에만 붙을 수 있다. 위에서처럼 '되다, 받다, 당하다'가 모두 붙을 수 있는 동작성 명사는 그렇게 많지 않다.

그러면 이러한 '되다, 받다, 당하다'가 결합할 수 있는 동작성 명사는 어떠한 제약이 있는지, 의미 자질상 어떤 특성이 있는지를 알아보기로 하자.

1) '하다, 되다, 받다, 당하다'가 모두 결합될 수 있는 동작성 명사

우선 동작성 명사 가운데 '하다, 되다, 받다, 당하다' 모두 붙을 수 있는 동사들을 보면 아래 도표와 같다.

동작성 명사	하다	되다	받다	당하다
강요	○	○	○	○
구속	○	○	○	○
방해	○	○	○	○
억압	○	○	○	○
처벌	○	○	○	○
취급	○	○	○	○
침해	○	○	○	○

3,124개의 '하다'가 붙은 동작성 명사를 통계한 결과 '되다, 받다, 당하다'가 모두 붙을 수 있는 것들은 위에 제시한 7개인 바 그것이 차지하는 빈도수는 매우 적어서 극소수에 불과할 뿐이다. 따라서 모든 '동작성 명사+하다' 동사가 이 세 가지와 결합해서 피동을 나타내는 것은 아니라는 지적이 가능하다. 우인혜(1993 : 163)의 조사에 따르면 이 세 단어와 모두 결합할 수 있는 한자어들은 1,094개의 조사 대상에서 10분의 1도 안 된다고 한다. 하지만 필자가 조사한 바로는 10분의 1보다도 훨씬 더 적다. 물론 우인혜가 조사한 자료에서 다소 어색한 것도 있다고 지적한 바

있으므로 그 숫자의 의미를 알 수 있을 것이다.

2) '되다'와 '당하다'와 만이 결합하여 쓰일수 있는 동작성 명사

일부 동작성 명사는 '되다'와 '당하다'만이 결합되어 피동표현의 문장을 이룰 수 있다.

    (44) 가. 사병들의 외출과 외박을 금지하였다.
           나. 사병들의 외출과 외박이 a.금지되었다.
                             b.금지당했다.
                             c.?금지받았다.

    (45) 당국은 비리 공무원의 재산을 박탈하였다.
                            a.박탈되었다.
                            b.박탈당했다.
                            c.?박탈받았다.

동작성 명사가 각각 (44), (45)과 같이 '되다', '당하다'와 결합하면 피동성 표현을 나타내지만 (c)처럼 '받다'와 결합하면 비문이 된다. 이 부류이 동작성 명사는 모두 29개로서 전체 3,124개 조사 대상인 동작성 명사 가운데서 약 0.92%를 차지한다. 그 목록을 도표로 보이면 아래와 같다.

동작성 명사	하다	되다	받다	당하다
금지	○	○	×	○
기술	○	○	×	○
무시	○	○	×	○
묵살	○	○	×	○
박탈	○	○	×	○

동작성 명사	하다	되다	받다	당하다
부상	○	○	×	○
비교	○	○	×	○
살해	○	○	×	○
속박	○	○	×	○
수용	○	○	×	○
유린	○	○	×	○
이용	○	○	×	○
절단	○	○	×	○
점검	○	○	×	○
제거	○	○	×	○
제외	○	○	×	○
집행	○	○	×	○
차단	○	○	×	○
처형	○	○	×	○
철거	○	○	×	○
추방	○	○	×	○
파괴	○	○	×	○
포박	○	○	×	○
포위	○	○	×	○
해고	○	○	×	○
해임	○	○	×	○
현혹	○	○	×	○
훼손	○	○	×	○
희생	○	○	×	○

3) '되다'와 '받다'와만 결합할 수 있는 동작성 명사

또 어떤 동작성 명사는 '되다, 받다'와만 결합되고 '당하다'와는 결합
되지 않는다. 이 부류에 포함되는 동작성 명사는 모두 80개로서 전체 조
사대상의 2.5%를 차지한다.

(46) 마을 사람들은 시장의 연설에 감동하여 기부금 모금에 적극 동참하였다.
　　　　　　　　a.감동되어
　　　　　　　　b.?감동당하여
　　　　　　　　c.감동받아

(47) 인간의 영혼을 죄에서 구원하다.
　　　　　　　　a.구원되다.
　　　　　　　　b.?구원당하다.
　　　　　　　　c.구원받다.

위의 예에서 볼 수 있듯이 '감동', '구원' 등은 '되다', '받다'와만 결합하여 피동성 표현구문을 형성하고 '당하다'와 결합하면 비문이 되거나 어색한 표현이 된다. 아래에 이러한 부류의 동작성 명사들을 도표로 목록화해서 제시한다.

동작성 명사+하다	하다	되다	받다	당하다
감동	○	○	○	×
검증	○	○	○	×
공격	○	○	○	×
공급	○	○	○	×
교육	○	○	○	×
구애	○	○	○	×
구원	○	○	○	×
구제	○	○	○	×
구형	○	○	○	×
규제	○	○	○	×
대여	○	○	○	×
대출	○	○	○	×
면제	○	○	○	×
반환	○	○	○	×

동작성 명사+하다	하다	되다	받다	당하다
발급	○	○	○	×
발령	○	○	○	×
배급	○	○	○	×
배정	○	○	○	×
보고	○	○	○	×
보상	○	○	○	×
보장	○	○	○	×
보호	○	○	○	×
부과	○	○	○	×
부여	○	○	○	×
분급	○	○	○	×
분배	○	○	○	×
분양	○	○	○	×
분할	○	○	○	×
비판	○	○	○	×
선고	○	○	○	×
선택	○	○	○	×
세뇌	○	○	○	×
소개	○	○	○	×
손상	○	○	○	×
송금	○	○	○	×
세뇌	○	○	○	×
소개	○	○	○	×
손상	○	○	○	×
송금	○	○	○	×
안내	○	○	○	×
약속	○	○	○	×
양도	○	○	○	×
연장	○	○	○	×
예우	○	○	○	×
오해	○	○	○	×

동작성 명사+하다	하다	되다	받다	당하다
요구	○	○	○	×
용납	○	○	○	×
용서	○	○	○	×
위임	○	○	○	×
유혹	○	○	○	×
의뢰	○	○	○	×
의심	○	○	○	×
이전	○	○	○	×
인가	○	○	○	×
인계	○	○	○	×
인정	○	○	○	×
적용	○	○	○	×
전달	○	○	○	×
전화	○	○	○	×
제공	○	○	○	×
제시	○	○	○	×
제약	○	○	○	×
제출	○	○	○	×
제한	○	○	○	×
조명	○	○	○	×
조사	○	○	○	×
조정	○	○	○	×
존중	○	○	○	×
주목	○	○	○	×
주입	○	○	○	×
지급	○	○	○	×
지명	○	○	○	×
지배	○	○	○	×
지불	○	○	○	×
지시	○	○	○	×
지원	○	○	○	×

동작성 명사+하다	하다	되다	받다	당하다
진단	○	○	○	×
차별	○	○	○	×
초대	○	○	○	×
초청	○	○	○	×
추앙	○	○	○	×
추정	○	○	○	×
축복	○	○	○	×
치료	○	○	○	×
칭송	○	○	○	×
통보	○	○	○	×
통제	○	○	○	×
파견	○	○	○	×
판단	○	○	○	×
평가	○	○	○	×
할당	○	○	○	×
허가	○	○	○	×
허락	○	○	○	×
확인	○	○	○	×
환수	○	○	○	×
훈련	○	○	○	×

4) '받다'와 '당하다'만 결합하는 동작성 명사

동작성 명사들 중에는 '되다'와는 결합될 수 없고 '받다'나 '당하다'와 결합될 수 있는 것들이 있다. 이러한 부류는 그 수가 비교적 적으며 조사대상 가운데서 1개가 이런 동작성 명사인데 총 조사대상 가운데서 이 두 가지와 동시에 결합하는 것은 거의 없다고 해도 무난할 정도이다. 이는 동작성 명사에서 피동을 나타낼 때 대부분이 '되다'와 결합되어 이루어지고 있는 실제를 보여주고 있다.

(48) 진현이 결국 사진촬영을 a. ?거부되었다.
　　　　　　　　　　　　　b. 거부당했다.
　　　　　　　　　　　　　c. 거부받았다.

우인혜(1993 : 175)는 이 부류의 동작성 명사로 아래의 예들을 더 들고 있다.

　　논박하다. 면박하다. 협박하다. 냉대하다. 모욕하다. 박해하다.

이러한 단어들도 역시 '받다', '당하다'와는 모두 자연스럽게 결합되지만 '되다'와 결합하면 어색하게 된다.

5) '당하다'와만 결합하는 동작성 명사

일부 동작성 명사는 그 피동표현을 나타낼 때 '당하다'와만 결합되어 쓰이고 '되다'나 '받다'와는 결합되지 않는다.

(49) 가. 조폭배가 소녀를 강간하였다.
　　　나. 소녀가 조폭배들에게 a. ?강간되었다.
　　　　　　　　　　　　　　　b. 강간당했다.
　　　　　　　　　　　　　　　c. *강간받았다.

위의 예처럼 동작성 명사가 '되다'나 '받다'와 결합되지 않고 '당하다'와만 결합되어 피동문을 이루는 경우가 상당히 많다. 이러한 단어들은 32개로 모두 총 조사대상의 0.1%를 차지한다. 그 목록을 도표로 보이면 다음과 같다.

동작성 명사	하다	되다	받다	당하다
강간	○	*	×	○
고문	○	*	×	○
공제	○	*	×	○
굴복	○	*	×	○
기습	○	*	×	○
도해	○	*	×	○
망신	○	*	×	○
매도	○	*	×	○
멸망	○	*	×	○
모욕	○	*	×	○
배신	○	*	×	○
배척	○	*	×	○
수탈	○	*	×	○
숙청	○	*	×	○
습격	○	*	×	○
약탈	○	*	×	○
외면	○	*	×	○
우롱	○	*	×	○
정복	○	*	×	○
착취	○	*	×	○
침략	○	*	×	○
탈취	○	*	×	○
토로	○	*	×	○
퇴장	○	*	×	○
퇴진	○	*	×	○
패배	○	*	×	○
폭파	○	*	×	○
폭행	○	*	×	○
표류	○	*	×	○
해산	○	*	×	○
형문	○	*	×	○
혹사	○	*	×	○

6) '받다'와만 결합하여 쓰이는 동작성 명사

어떤 동작성 명사들은 '받다'와만 결합하여 피동표현을 이룬다.

(50) 제품의 품질을 검사하였다.
　　　a. *검사되었다.
　　　b.　검사받았다.
　　　c. *검사당했다.

이처럼 이러한 단어들은 모두 67개로 총 조사대상의 2.1%를 차지한다.

동작성 명사	하다	되다	받다	당하다
검사	○	×	○	×
격려	○	×	○	×
교환	○	×	○	×
구박	○	×	○	×
대우	○	×	○	×
도전	○	×	○	×
동의	○	×	○	×
멸시	○	×	○	×
모함	○	×	○	×
발부	○	×	○	×
보조	○	×	○	×
부탁	○	×	○	×
비난	○	×	○	×
비호	○	×	○	×
사과	○	×	○	×
사찰	○	×	○	×
상납	○	×	○	×
선물	○	×	○	×
선불	○	×	○	×
선사	○	×	○	×

동작성 명사	하다	되다	받다	당하다
섭외	○	×	○	×
송치	○	×	○	×
신뢰	○	×	○	×
심문	○	×	○	×
심판	○	×	○	×
양보	○	×	○	×
연기	○	×	○	×
연락	○	×	○	×
원망	○	×	○	×
원조	○	×	○	×
위로	○	×	○	×
융자	○	×	○	×
인수	○	×	○	×
자금	○	×	○	×
자백	○	×	○	×
제보	○	×	○	×
존경	○	×	○	×
종용	○	×	○	×
주문	○	×	○	×
지도	○	×	○	×
지탄	○	×	○	×
징계	○	×	○	×
찬미	○	×	○	×
찬양	○	×	○	×
처방	○	×	○	×
천대	○	×	○	×
추인	○	×	○	×
추천	○	×	○	×
축하	○	×	○	×
충전	○	×	○	×
칭찬	○	×	○	×

동작성 명사	하다	되다	받다	당하다
타박	○	×	○	×
탄압	○	×	○	×
통고	○	×	○	×
표창	○	×	○	×
하사	○	×	○	×
학대	○	×	○	×
협조	○	×	○	×
환영	○	×	○	×
효도	○	×	○	×
경고	○	×	○	×
찬미	○	×	○	×
찬양	○	×	○	×
처방	○	×	○	×
천대	○	×	○	×
추인	○	×	○	×
추천	○	×	○	×
축하	○	×	○	×
충전	○	×	○	×
칭찬	○	×	○	×
타박	○	×	○	×
탄압	○	×	○	×
통고	○	×	○	×
표창	○	×	○	×
하사	○	×	○	×
학대	○	×	○	×
협조	○	×	○	×
환영	○	×	○	×
효도	○	×	○	×
경고	○	×	○	×

7) '되다'와만 결합하여 피동표현을 이루는 동작성 명사

상당수의 동작성 명사는 '되다'만 붙어 '하다'가 붙은 동작성 명사의 피동성을 나타낸다. 3,124개 조사대상 가운데서 '되다'만으로 피동표현 문장을 이루는 것이 948개로서 총 단어의 30.3%를 차지한다. 때문에 '하다'가 붙은 타동사는 대부분은 '되다'와 결합하여 피동성 문장을 이룬다고 볼 수 있다.

(51) 가. 그가 소설을 출판했다.
　　　나. 그에 의해 소설이 a. 출판되었다.
　　　　　　　　　　　　 b. *출판받았다.
　　　　　　　　　　　　 c. *출판당했다.

위에서 타동성 동작성 명사 '출판' 따위는 '되다'와만 결합하여 피동성 문장을 나타낼 뿐 '당하다'나 '받다'와는 결합되지 않는다. '되다'와 결합할 수 있는 것이 948개로서 그 수가 너무 많기 때문에 하나하나 목록으로 제시하지 않고 일부 예를 보이기로 한다.

동작성 명사	하다	되다	받다	당하다
변색	○	○	×	×
부패	○	○	×	×
운영	○	○	×	×
착안	○	○	×	×
첨가	○	○	×	×
가공	○	○	×	×
가상	○	○	×	×
가속	○	○	×	×
가열	○	○	×	×
가입	○	○	×	×

동작성 명사	하다	되다	받다	당하다
가정	○	○	×	×
각색	○	○	×	×
각성	○	○	×	×
간과	○	○	×	×
간취	○	○	×	×
간행	○	○	×	×
감금	○	○	×	×
감상	○	○	×	×
감소	○	○	×	×
감지	○	○	×	×
감축	○	○	×	×
감형	○	○	×	×
감화	○	○	×	×
개간	○	○	×	×
개관	○	○	×	×
개국	○	○	×	×
개량	○	○	×	×
개발	○	○	×	×
개방	○	○	×	×
개봉	○	○	×	×
개선	○	○	×	×
개설	○	○	×	×
개시	○	○	×	×
개원	○	○	×	×
개입	○	○	×	×
개장	○	○	×	×
개재	○	○	×	×
개정	○	○	×	×
개조	○	○	×	×
개진	○	○	×	×
개창	○	○	×	×
개척	○	○	×	×

여기서 '되다'와 결합할 수 있는 동작성 명사는 타동성 동작성 명사도 있고 자동성 동작성 명사도 있다. 이들이 '되다'와 결합할 때는 일정한 의미 차이를 보이고 있다. 타동성 동작성 명사가 '되다'와 결합할 때는 피동성의 의미가 강하게 나타나지만 자동성 동작성 명사가 '되다'와 결합할 때는 피동성이 약하거나 없어져 '하다'와 대치되었을 때 별 의미차이가 없게 된다.

8) '되다, 받다, 당하다' 등 표현과 결합하지 않는 동작성 명사

조사대상인 3,124개의 동작성 명사에서 1,942개 동작성 명사는 '하다'와 결합하나 '되다, 받다, 당하다'와는 결합하지 않는다. 총 대상 동작성 명사의 50% 이상은 '되다, 받다, 당하다' 중 어느 것과도 결합되지 않는 것으로 집계된다. 즉 대응되는 피동표현이 없는 것들이다. 하지만 '하다'가 붙은 동작성 명사가 '되다, 받다, 당하다'와 결합되어 피동표현을 이루는 동작성 명사는 그래도 상당한 수자를 차지한다고 볼 수 있다. 우선 한국어에서 '되다, 받다, 당하다'가 붙어 한국어의 피동법을 이룰 수 있는가 여부는 학계에서 계속 논쟁되어 왔다.

필자는 이런 단어들에 의한 피동법도 한국어에서 역시 피동법을 만드는 한 범주로 간주하고 한국어의 피동법으로 보려고 한다. 기존의 연구자들은 한국어에서 '이, 히, 리, 기' 등 피동접미사에 의한 것들만 피동범주에 넣고 기타의 것은 피동범주에 넣지 않고 있다. 하지만 '이, 히, 리, 기' 등은 제한된 단어에만 쓰이며 특히 고유어에만 국한되어 피동을 이룬다. 그러므로 이를 한국어 고유의 피동법이라고 할 수 있다. 하지만 한국어에서 한자를 빌려 쓴 역사도 짧지 않거니와 한자어가 이미 한국어 속에 깊이 뿌리를 내리고 쓰이는 이상 한자어 피동의 지위 또한 무시할 수 없다.

따라서 고유어 동사의 피동은 '이, 히, 리, 기' 등을 사용한 접미피동법에 따른다면 한자어 동작성 명사의 피동은 '되다, 받다, 당하다' 등 단어에 의한 어휘적 피동법을 사용한다는 식으로 피동법 범주를 나누어 보는 것이 바람직하다고 여겨진다. 고유어와 한자어의 두 체계로 나누어 설명할 때 피동법도 두 체계로 나누어서 설명하면 서술상, 또한 체계상에서도 평형을 이룬다.

구조주의 언어학에서 언어의 평형성 원리에 비추어 보면 어휘적 피동법은 평형성 원리라는 일반 언어 이론에도 부합된다고 할 수 있다. 처음 고유어만 썼을 때는 고유어만의 피동법이 있고 피동표현이 있었을 것이다. 하지만 한자어가 정착되면서 한자어 동작성 명사에 피동의 뜻을 나타내는 의미 자질이 포함된 단어들도 피동을 나타내면서 피동성을 가지고 문장에 쓰이게 되기 마련이다. 이러한 부류의 단어들이 피동표현으로 되기 위해서는 피동의 뜻을 갖고 있는 '되다', '받다', '당하다'와 결합하여야 한다.

언어는 평형성과 계통성을 가진 전일체로서 어느 자리에 공백이 생기면 그 공백을 채우기 위해서 자리밀기와 같은 일정한 언어 수단에 의해서 그 공백을 메워 새로운 평형을 이루게 된다. 이처럼 피동범주도 고유어와 한자어에 적용되는 두 범주로 서로 제약하고 평형을 이루면서 발전해 나가고 있다고 볼 수 있다. 또한 현대 한국어에 서양어에서 새로운 외래어가 밀려들면서 '어필, 리드…' 등 단어들도 역시 한자어처럼 '되다. 받다, 당하다' 등과 결합하여 피동구문을 만들고 있다.

그리고 고유어, 한자어, 외래어라는 큰 어휘체계의 맥락에서 보더라도 '되다, 받다, 당하다' 등은 한국어에서 한자어나 외래어 혹은 이들과 비슷한 형태적 특성을 갖고 있는 고유어(예를 들면 동사의 명사형) 등에 붙어서 피동표현을 만들고 피동구문을 만들기 위해서 사용되는 피동표현 어휘라는 것을 알 수 있다.

기존의 연구에서는 주로 '되다, 받다. 당하다'의 의미기능에만 치우쳐 이들이 피동의 의미를 띠기에 '하다' 따위의 동사에서 '하다' 대신 '되다, 받다, 당하다'를 붙이면 피동으로 바뀐다고 서술하는 것이 보통이었다. 하지만 이는 재고되어야 한다. '되다, 받다, 당하다' 등이 피동의 의미가 있는 외에 그 앞에 붙는 선행어의 의미 역시 매우 중요하다. '되다, 받다, 당하다' 등은 모든 동사와 결합되는 것이 아니기 때문에 선행어에 대한 선택 제약이 있다. 즉 선행어의 의미 자질에도 관계되는 것이다.

9) '되다'와 결합되지만 '하다'와 결합되지 않는 동작성 명사

동작성 명사 중에는 '하다'와는 결합하지 않거나 어색하지만 '되다'와는 결합할 수 있는 것들이 있다. 이는 모두 299개로서 '되다'가 붙을 수 있는 전체 1,395개에서 21.4%를 차지한다. 이로부터 모든 동작성 명사는 모두 '하다'와 결합할 수 있는 것이 아니라는 것을 알 수 있다. 또한 '하다'가 붙은 모든 동사가 '하다' 대신에 '되다'가 붙어서 피동표현을 이루는 것은 아니라는 것도 알 수 있다.

(52) 가. 그는 어려서부터 부모한테 영향 받아 그림을 아주 잘 그린다.
　　　나. 그는 총통선거에서 낙선되었다.

위의 선행어를 보더라도 '영향, 낙선'은 '*영향하다, *낙선하다'로 쓰일 수 없고 처음부터 '영향, 낙선'과 같은 명사나 '영향-받다, 낙선-되다'로 존재했던 어휘들이다. 때문에 피동구문 연구에서 기존의 '하다'와의 결합이 선행어를 결정짓는 조건이 될 수 없고 '되다, 받다, 당하다'류 동사가 피동을 나타낼 때는 '하다'류 용언과 결합한다는 주장은 타동사 피동 구문의 선행어 연구에서 수정되어야 할 것이다.

기존의 논의에서는 '받다' 유의 동사가 선행어와 결합해서 피동사가 되는 과정은 '하다'와 결합한 용언에서 '하다' 대신 '당하다'류 동사를 대치함으로써 파생되는 것으로 보았다.

2.2 '되다, 받다, 당하다'와 결합되는 동작성 명사의 의미적 특성

최현배(1937/1978 : 430)는 타동사 피동구문의 의미에 대해 자세히 설명한 바 있다.

> "이 세가지 입음 도움줄기'되(다), 당하(다), 받(다)'의 실제적 뜻을 다름을 생각하여 보건대 'OO되다'는 '할 수 있는 입음'과 '절로 되는 입음'의 뜻을 보이고 'OO당하다'와 'OO받다'는 모두 '이해 입음'의 뜻을 보이는데 그 중에도 'OO당하다'는 움직임을 입는 사람의 제 뜻에 위반되는 입음을 뜻하고 'OO받다'는 입는 이의 제 뜻에 어그러져서 됨을 특히 보이지 아니하는 것(제 뜻에 맞는 경우가 가장 많으되 비록 제가 뜻한 바는 아니지마는, 특히 그것이 제 뜻에 위반됨을 나태내지 아니하는 것도 있음)을 보이는 것이니라"

그러나 인용에서처럼 이렇게 간단하고 피상적인 의미 특성만으로는 '되다, 받다, 당하다'의 피동구문을 이해하기 어려운 바, 그것들과 결합하는 선행어기 즉 동작성 명사들의 구체적인 의미적 특성을 살펴보아야 할 것이다. 의미적 특성이란 '되다, 받다, 당하다' 등의 동사가 가지고 있는 고유한 피동성 의미를 지칭하기도 하지만 선행어의 의미적 특성 또한 중요한 부분이라는 점을 간과해서는 안 된다.

이러한 동사들이 피동구문을 형성하기 위해서는 그 자체로는 피동구문을 완성할 수 없고 피동구문을 이룰 수 있는 선행어가 결합되어야만 비로소 피동구문이 형성된다고 본다. 때문에 보통 학계에서는 '하다, 되다, 당하다'가 선행어의 보조를 받아서 피동기능을 보이는 것이 아니라 '하다, 되다, 당하다' 자체가 일종의 보조적 기능을 보여 동작성 선행어로 하여금 피동의 기능을 가지게 한다고 설명하고 있다. 하지만 필자는 앞의 동작성 명사의 의미적인 뒷받침이 없이는 피동을 이룰 수 없다고 생각한다. 이런 점에서 '되다, 받다, 당하다'와 결합되는 동작성 명사의 의미적 특성은 피동구문의 의미적 특성을 이해하는 데 첫 번째 조건이 되므로 이를 살펴보기로 한다.

2.2.1 '되다'와 결합되는 동작성 명사의 의미적 특성

동작성 명사의 피동성 표현에서 '되다'가 가장 많이 쓰이는 경향이 있다. 앞에서도 논의했지만 '되다'는 그 자체로만 쓰이는 경우가 가장 많고 '당하다, 받다'와 두루 쓰이는 경우도 있다.

(53) 가. 사람들은 그의 행동에 감동되었다.
　　 나. 그 잡지가 작년에 창간되었다.

인용에서 '되다'는 피동성을 갖고 있지만 주로 자연적 상황에 따른 피동은 피동적인 스스로의 변화를 나타낼 뿐 이해관계가 개입된 피동행위에는 잘 쓰이지 않는다. 따라서 의미상 중성적인 동작성 명사가 '되다'와 결합이 잘 된다.

(54) 가. 이 건물이 작년에 여기에 건축되었다.
　　 나. 그가 그 학교에 초빙되었다.

이렇게 특별한 이해관계나 손해관계가 없이 그 행위가 이루어짐을 나타낼 경우에는 '되다'와 결합하여 쓰인다. 그러나 중성적인 의미가 아니라 강제 부정적인 의미를 갖고 있는 동작성 명사는 '되다'와 잘 결합하지 않는 경향이 있다.

> (55) 가. 그는 조폭에게 a. *모욕되었다.
> b. 모욕당했다.
> c. *모욕받았다.
> 나. 그가 강탈자에게 a. *위협되었다.
> b. 위협당했다.
> c. 위협받았다.

동작성 명사 가운데서 피동표현인 '되다'와 결합하는 것은 의미상 중성을 띤 단어들이라는 것을 알 수 있다. 이것은 '되다'가 강제적 피동이나 원치 않은 피동을 나타내지 않고 중립적인 피동을 나타내기 때문에 그 앞에 오는 동작성 명사와의 결합에서 이러한 제약을 나타낸다고 볼 수 있다. 그러므로 그 의미 자질이 [0피해성], [0피동성](0은 중성이라는 뜻)을 가진 동작성 명사들과 결합한다.

2.2.2 '받다'와 결합되는 동작성 명사의 의미적 특성

'받다'는 역시 [피해성] 의미 자질을 가지지만 선행어는 피동주가 실제로 해가 되는 것이 아니라 이익이 되는 것을 의미하는데 이러한 동작성 명사는 주로 긍정적인 뜻이 있다. 때문에 [-피해성]을 가지는 동작성 명사는 '받다'와는 잘 결합하지 않는다. 이익이나 피동자가 원하는 행동을 나타내는 의미를 가진 긍적적인 의미가 들어있는 동작성 명사들은 '받다'와 잘 결합한다. 이러한 동작성 명사들은 주로 아래와 같은 것들이 있다.

(56) 칭찬, 보상, 구원, 존경, 위안, 찬양, 공급, 교육, 대여, 대출, 면제, 보호,
　　 보장…

따라서 '받다'와 결합하는 동작성 명사의 의미 자질은 주로 이익이나
피동주가 원하는 행동을 나타내는 긍정적 의미가 들어 있는 단어들로서
의미 자질을 [-피해성]으로 나타낼 수 있다.

2.2.3 '하다'와 결합되는 동작성 명사의 의미적 특성

'당하다'와 결합되는 피동표현들을 살펴보면 [+피해성]의 의미 자질을
가진 선행어가 대부분이다. 최현배(1937)에서는 이것을 '이해입음'으로 표
시하기도 했다. [+피해성]이란 피동주에게 해가 되는 과정이나, 동작, 상
태, 상황을 말하는데 '감금, 금지, 무시, 묵살, 살해, 속박, 위협, 파괴, 포
위' 등의 선행어를 보면 모두 [+피해성] 의미 자질을 가진 단어들이다.

따라서 피해를 입는 피동주어가 이러한 행동이나 동작, 상황의 피해를
강하게 입음을 표현할 때는 '당하다'가 쓰인다. 그리고 피동주의 의사와
는 무관하게 피동주어에 대해서 피해를 가하거나 불리한 행위가 되는 경
우에는 '당하다'가 쓰이는 것이 상례이다.

한편 '당하다'에 붙는 동작성 명사의 의미특성을 보면 우선 강한 [+피
해성]이 있으며 의미 색체상에서는 부정적인 의미색체가 강한 동작성 명
사들-'강간, 금지, 강박, 위협' 등과 많이 결합된다. 또한 피동주어의 의
사와는 관계없이 행위자의 일방적인 행위에 의해서 피해를 입기 때문에
강한 [+강박성]의 의미 자질을 갖고 있는 동작성 명사들과 결합하는 것
이 보통이다. 예를 들면 '강간, 강탈, 강요, 강박, 차단' 등 동작성 명사들
과 잘 결합한다.

[+피동성]의 의미가 있는 동작성 명사가 '당하다'와 결합하는 데 대하

여 임홍빈(1983 : 31~33)에서는 피동문의 성립 조건 중에서 '단회피동 제약'을 제시하였다. 이는 '동일 단일문에 대하여 피동화 절차는 한 번밖에 적용될 수 없다'는 것으로 다음과 같은 예문에서 보이듯이 '당하다'와 같은 동사 피동에서 이중으로 피동 현상이 나타나는 것은 바로 '당하다'류 동사는 피동 요소가 아니라는 증거라고 주장한 바 있다.

> (57) 가. 황녀가 괴한한테 파격당했다. (*파격했다)
> 나. 우리는 일본 제국주의의 눌림을 당했다. (눌름을 당했다)
> 다. 어린 토끼가 늑대한테 잡아먹힘을 당했다. (*잡아먹음을 당했다)

이러한 예문들을 제시하면서 만약 '당하다'가 피동의 온전한 의미를 형성하는 것이라면 그 목적어에 피동의 의미를 가진 명사가 쓰인다고 하였지만 그렇게 쓰여야하는 이유는 해명하지 않았다.

이 역시 선택제약으로 설명할 수 있다고 본다. 즉 '당하다'의 의미에 의하여 그 앞의 동작성 명사가 선택된다는 것이다. 한국어에서의 '피선, 피격, 피살, 피습' 등 한자어 동작성 명사는 중국어에서 피동을 나타내는 '피'가 들어가서 의미상 피동을 나타낸다. 때문에 이러한 단어들은 피동을 나타내는 '되다'나 '당하다' 등과 결합할 수 있다. 이는 동일의미가 결합한다는 의미 결합원리에 부합된다.

또한 '피격, 피선, 피살, 피습' 등은 중국어에서는 하나의 단어가 아니라 구 구성으로서 '被'는 구에서 피동을 나타내는 문법요소로 쓰인다. 그러나 한국어에서의 '피'는 한국어에 정착시 한 개 형태소의 자격으로 정착되었으며 의미상 피동의 의미를 나타낸다. 그런데 문장에 쓰일 때는 단어로서의 자격을 가져 의미상에서는 피동을 나타내지만 형태변화를 가져올 수 없고 또한 명사이기 때문에 피동을 나타내려면 반드시 피동의 의미를 나타내는 단어와 결합하여 동사로 되어야 문장에서 이러저러한 문법적인 기능을 발휘할 수 있다.

(58) 가. 그가 대통령으로 피선되었다.
　　 나. 그가 불량배들에게 피랍되었다.
　　 다. 황녀가 괴한한테 피격당했다.
　　 라. *그가 대통령으로 피선하였다.

임홍빈(1983)은 이중피동 현상이 나타나는 것은 '당하다'류 동사가 피동 요소가 아니기 때문이라고 하였다. 하지만 필자는 '당하다'류 동사가 피동요소가 아니어서가 아니라 이중피동 현상 자체는 한국어에서 동의중복 현상이 있듯이 이것도 하나의 동의중복 현상으로 한국어의 한 특성으로 볼 수 있다고 생각된다. 즉 '피선, 피랍, 피격'은 중국어에서는 피동 구문으로서 쓰이지만 한국어 한자어로 정착되어서 하나의 단어로 고정되어 피동의 의미가 선명하지 않기 때문에 그 의미를 강조하기 위해서 뒤에 피동의 의미를 나타내는 요소인 '되다, 받다, 당하다'를 덧붙여 피동의 뜻을 나타낸다고 본다.

2.3 '시키다'와의 결합(사동 표현)

현대한국어에서 사동은 하나의 중요한 문법 범주로서 그 실현 방법에 대한 논의도 아주 다양하다. 사동법 역시 피동법과 같은 맥락에서 다루어지면서 사동표현 실현방법도 다양하게 거론되고 있다. 현대 한국어의 사동법의 실현 방법에는 어휘적 사동법, 형태적 사동법(파생적 사동법), 통사적 사동법 그리고 이것이 중복되어 나타나는 어휘-통사적 사동법, 형태-통사적 사동법, 합성-통사적 사동법 등이 있다(김형배 2004 : 47).

여기서 '시키다'와 결합되는 경우는 형태적 사동법도 있고 어휘적 사동법도 있는데 본 연구에서 동작성 명사와 결합되어 형성되는 사동법은 형태적 사동법에 속한다. 사동법 역시 고유어에 주로 쓰이는 접미사동법 '-이 ,-히, -리…' 등에 의한 파생적 사동법에 대응하여 한자어에서는 주로 '시키다'를 결합하여 사동을 실현하게 된다.

이렇게 한자어는 '시키다'에 의해 사동이 실현되는 것이 매우 생산적인데 주로 동작성 명사에서 많이 나타난다. 이 책에서는 표준국어대사전에서 '시키다'와 결합될 수 있는 동작성 명사를 조사한 바, 505개 동작성 명사가 '시키다'와 결합할 수 있다. 이는 총 조사대상 3,124개 단어 가운데서 16%를 차지하는 것으로 상당한 부분을 차지함을 알 수 있다. 그러면 아래에서 어떤 동작성 명사가 '-시키다'와 결합할 수 있으며 어떤 의미적 제약이 있는가에 대해 알아보고자 한다.

기존의 연구에서는 피동의 연구에서처럼 '-시키다' 자체의 의미나 기능에 치우쳐서 많이 설명되어 왔다. 즉 '하다' 동사에서 '하다' 대신 '시키다'와 결합한다(최현배 1937)거나 '/-하-/를'의 명사 가운데 일부에서만 가능하다(서원임 1974)거나 '하다' 동사 가운데 분리성의 동작성 선행요소에 첨가된다(서정수 1975)거나 주로 동사성 명사에 결합한다(박영목 1977)거나 '하 파생줄기'거나 '하 파생움직씨'의 '-하'대신에 '-시키'로 갈아 넣는다(김석득 1992)거나, '동작성 명사(-을/를) + -시키다' 구성을 갖는다(권재일 1992)고 설명하는 예들이 그 형편을 말해준다.

이런 기존 연구에서 동사성(동작성)명사에 결합하거나 '하다'류 명사에 결합한다고 하였으나 '-시키다'가 결합할 수 있는 선행요소에 대한 자질을 명확하게 분석하고 있지 않으며, 결합 제약에 대한 논의도 미약하다. 그리고 선행요소와 '-시키다' 사이에 목적격 조사 '-을/-를'의 삽입 여부에 대해서도 논의가 거의 없다가 최근에 '-시키다'의 선행요소에 대한 분류나 특성, 목적격 조사 '-을/-를'의 삽입 여부에 대해 언급한 논저들이 조금씩 보인다(김형배 2004).

2.4 '시키다'와 결합되는 동작성 명사의 의미적 특성

'시키다'의 선행요소에 관한 논의는 김형배(2004)에서 이루어졌는데 그는 선행요소의 의미 자질에 따라 '한다'류 명사와 기타 명사로 구분하고 있다. 이 설명에서 말하는 '한다'류 명사는 바로 동사를 가리키는데 그 선행요소는 바로 '+동작성'을 띤 명사들을 가리킨다. 이는 [-동작성] 또는 [+상태성] 명사는 '-시키다'와 결합할 수 없음을 전제한다. 때문에 본 연구에서 추출한 505개는 모두 [+동작성]이므로 '시키다'와 결합을 할 수 있는 명사들이다.

여기서 흥미 있는 사실은 '-시키다'와 결합하는 동작성 명사 가운데 한자어접미사 '화'가 들어간 동작성 명사는 '-시키다'와의 결합이 아주 자연스럽다는 것이다. 이는 2음절에서뿐만 아니라 3음절에서도 마찬가지이다. '-化'가 들어가면 그 단어나 형태소에 '~으로 됨' 또는 '~으로 되게 함'이라는 [과정성]의 의미를 준다. 그리하여 2음절 동작성 명사에서 마지막 음절이 '-화'가 들어간 동작성 명사는 '-시키다'와 아주 잘 결합이 된다.

'-화'가 들어간 동작성 명사로는 다음과 같은 것들이 있다.

> (59) 감화(感化), 강화(强化), 격화(激化), 경화(硬化), 동화(同化), 둔화(鈍化), 무화(無化), 물화(物化), 미화(美化), 변화(變化), 소화(消化), 심화(深化), 악화(惡化), 약화(弱化), 순화(醇化), 정화(淨化), 진화(進化),

    (60) 가. 감화(感化) : 대의<大義>를 위한 활로 원수를 감화시키다.
          나. 강화(強化) : 호상요구르트는 다른 기능을 강화하기 위해서 칼
                     슘이나 기타 여러기능을 약화시키다 보니 분명
                     맛과 밀도면에서 다르게 된답니다.
          다. 격화(激化) : 모욕은 피해 그 자체보다 더 노여움을 격화시키다.
          라. 동화(同化) : 그럼 과연 중화주의가 뻗어나갈 수 있을까 동화시
                     키다 동화시키다 보면 언젠가 세계가 중국인인
                     데 …
          마. 둔화(鈍化) : 당신의 예민함을 조금만 둔화시키다면 자신이 타
                     인을 대할 때나 타인이 자신을 대할 때 어느 편이
                     건 훨씬 더 관계가 편안해질 수 있을 거예요.
          바. 변화(變化) : 1% + 99%가 공감하는 디자인으로 세상을 변화
                     시키다.
          사. 약화(弱化) : 샤오란은 미인계를 써서 연나라의 국력을 약화시
                     킨다.

또한 '시키다'와 결합할 수 있는 동작성 명사 가운데 '하다'와 결합하지 않는 것들이 있다. 즉 '마비, 고갈, 고조' 등은 '시키다'와 결합할 수 있지만 '하다'와 결합하면 어색하거나 비문이 된다. 이들은 그들의 의미 자질 때문이다.

    (61) *마비하다, 마비되다, 마비시키다.

'마비'는 '신경이나 근육이 형태의 변화 없이 기능을 잃어버리는 상태, 감각이 없어지고 힘을 제대로 쓰지 못하게 된다'는 뜻을 지니고 있으므로 '행위주'가 이런 '마비'의 행동을 스스로 행할 수 없고 이러한 상태가 되게 하는 '시키다'나 '되다'가 붙어 그러한 상태를 되게 하는 의미를 나타낸다.

앞선 논의에서 [+과정성]을 띤 동작성 명사는 보통 '시키다'와 결합이

자연스럽다고 했다.

(62) 통과시키다. 경과시키다, 이동시키다. 이식시키다, 인상시키다.

그러면 아래에서 '-시키다'와 결합하는 동작성 명사들이 어떤 제약이 있는가를 알아보기로 하자.

'시키다'는 '어떤 일이나 행동을 하게 하다'는 뜻으로서 어떤 일을 남에게 하게 하거나 명령을 내리거나 하는 등등의 의미가 포함되어 있다. 따라서 그 선행요소와의 결합에서 제한이 있다.

1) [+존경]의 뜻이 있는 동작성 명사

'시키다'는 남에게 어떤 일을 하도록 시키는 뜻이기에 아래 사람이 윗사람에게 직접적으로 무엇을 시키거나 명령을 내릴 수 없다. 특히 한국어는 존경법이 발달된 언어이기 때문에 더욱 그러하다.

(63) 서거하다/*서거시키다.

2) [시킴]의 뜻이 있는 동작성 명사

'명령'과 같은 명사는 '하다'와 결합하여 행위자의 그런 행동이나 동작을 수행함을 나타내지만 [시킴]의 의미가 내재되어 있는 동작성 명사는 '-시키다'와 잘 결합하지 않는다. 이는 피동의 경우와 다르다. 피동의 경우 동작성 명사가 피동의 의미를 나타낼 때는 '하다'가 붙지 못하고 피동의 뜻을 나타내는 '되다'가 붙는다. 예컨대 '피랍'은 이미 '피동'의 의미가 들어 있지만 역시 '되다'가 붙는 것이다. 그러나 '시키다'는 '명령'이나 '시킴'의 의미가 포함되어 있으면 '시키다'를 붙이지 못한다.

(64) 명령하다/*명령시키다, 발령하다/*발령시키다, 지령하다/*지령시키다,
     호령하다/*호령시키다, 훈령하다/*훈령시키다

김형배(2004)에서는 이러한 명령의 의미가 들어있는 단어들이 '시키다'
와 결합하지 못하는 것은 그것의 의미가 중복되는 것이라고 보고 있다.
하지만 이는 '되다'와 비교해 보면 의미중복을 피하는 것이 아니라는 것
을 알 수 있다. 따라서 '시키다'의 의미와 그 앞에 오는 '명령'을 나타내
는 단어들과 의미충돌이 일어나서 이를 회피하기 위해 '시키다'가 붙이
지 못한다고 해석할 수 있다.

즉 '시키다'는 '어떤 일이나 행동을 하게 하다'라는 뜻으로 사동주 혹은
피사동주라는 두 의미역이 있다. 사동주가 피동자에게 무엇을 시키는 것으
로서 그 의미의 초점은 행동을 받는 즉 사동주에 있다. 그런데 '명령'이나
'호령'은 행동주가 어떤 대상자에게 무엇을 하게 하는 의미로써 그 초점은
명령을 내리는 행동주에 놓여있다. 동작성 명사 '명령'이나 '호령'은 '명령
하다', '호령하다'라는 뜻으로서 단지 행동주가 어떤 행동을 하는 능동적인
행동에 초점이 놓인다. '명령', '호령'의 의미초점이(능동) '시키다'의 의미
초점과(사동) 충돌되기 때문에 이러한 동작성 명사에는 '시키다'가 붙지 못
한다.

3) 외부로부터 직접적인 힘이나 영향이 가해질 수 없는 동작성 명사

(65) 자살/*자살시키다, 자결/*자결시키다, 자생/*자생시키다,
     자문/자문시키다

위와 같은 동작성 명사는 모두 자신의 의지에 따라 자신의 내부에 어떤
변화를 일으키거나 영향을 미치게 하는 뜻이 있어서 여기에 외부의 어떤 작

용이나 힘이나 영향이 가해지기 어렵다. 따라서 직접적인 사동을 나타내는 '시키다'는 결합할 수 없다. 그러나 이러한 단어는 '-게 하다' 등에 의한 사동은 가능하다. 이는 '-게 하다'는 직접적인 사동이 아니라 간접적인 사동으로서 다른 사람의 의지나 의식에 영향을 주어 그 사람들로 하여금 스스로 자신의 내부에 변화를 가져다주는 뜻이 내포되어 있기 때문이다.

4) 행위자의 주관적인 의지나 능동적, 심리적 행동을 강하게 나타내고 있는 동작성 명사

(66) 감격/*감격시키다, 감사/*감사시키다, 노력/*노력시키다, 응답/*응답
　　시키다, 존경/*존경시키다, 짐작/*짐작시키다, 회의/*회의시키다, 당
　　황/*당황시키다.

이러한 동작성 명사들은 심리적 활동이나 주관적인 의지, 능동적인 행동이 강하게 나타나기 때문에 '시키다'와 결합되어 사동을 나타내지 못한다. 이러한 주관적 의지는 외계의 직접적인 물리적 힘에 의해서는 변화를 가져오게 하지 못하기 때문에 '시키다'와 결합할 수 없다. 그러나 간접적인 시킴에 의해서 행위자 스스로가 할 수 있는 행동일 때는 '-게 하다' 등에 의한 사동이 가능하다.

5) 고유한 생리적 현상을 나타내는 동작성 명사

인체의 고유한 생리적 현상을 나타내는 '구토'와 같은 동작성 명사는 '시키다'와 결합할 수 없고 '하다'와 결합이 가능하다.

(67) 급사/*급사시키다, 식사/*식사시키다, 노망/*노망시키다,
　　발병/*발병시키다, 방노/*방노시키다, 배설하다/*배설시키다

이러한 생리적 현상은 내부의 어떠한 원인이나 내부의 작용으로 스스로 일어나는 행위로서 외부의 인위적인 작용으로 발생시키는 것이 아니므로 '시키다'와의 결합이 제약된다.

6) 주체의 어떤 소원이나 바램을 나타내는 동작성 명사

(68) 갈구/*갈구시키다, 소원/*소원시키다, 희망/*희망시키다, 기구/기구시키다, 기도/기도시키다, 동경/*동경시키다

주체의 소원이나 바람은 스스로 행동 주체가 행하는 행동이므로 다른 사람이 시키거나 하게 하는 의미와의 결합이 제약된다.

7) 자연적인 발생이나 자연현상을 나타내는 동작성 명사

(69) 개화(開花)/*개화시키다, 결실/*결실시키다,
성장/*성장시키다, 잉태/*잉태시키다

자연발생이나 자연적인 현상은 사람의 능력으로써는 '시키'거나 '명령'하거나 할 수 없기 때문에 '시키다'와의 결합이 제약되는 것으로 보인다.

8) 자기스스로의 행동을 나타내는 동작성 명사

여기서 특히 한자어 형태소 '자(自)'가 들어간 동작성 명사는 '시키다'와 결합이 안 된다.

(70) 자중하다, 자진하다, 자책하다, 자처하다, 자탄하다, 자폭하다, 자학하다, 자취하다, 자퇴하다, 자칭하다

2.5 '-스럽다, -롭다, -답다'와의 결합

2.5.1 '-스럽다'와의 결합양상

일부 동작성 명사는 많지는 않지만 형용사 파생접미사인 '-롭-', '-스럽-'
과 결합하여 형용사로 되는 단어들이 있다. 한국어에서 명사 및 어근을 어
기로 하여 형용사를 파생하는 접미사로는 '-스럽다, -롭다, -답다'가 흔
히 거론되어 왔다. 이러한 접미사의 자질에 의해서 그 선행요소가 선택
된다.

'-스럽다'는 구체적인 실물을 선행요소로 할 때 그 선행요소의 특정적
속성에 매우 가깝게 접근했음을 나타내는 것을 중요한 의미 기능으로 삼
는다. '선행요소의 특정적 속성에 매우 가깝게 접근'이라는 것은 그 선행
요소가 구체적 실물이 아닌 추상적인 어기를 가졌을 때도 적용된다고 여
겨진다. 따라서 구체적 실물을 실체성 명사라고 하면 구체적 실체가 아
닌 비실체성 명사에도 적용이 된다고 볼 수 있다. 동작성 명사도 비실체
성 명사의 일부에 속하는 만큼 의미 자질이 '-스럽다'가 요구하는 '의미
자질'에 부합되면 '-스럽다'와 결합될 수 있다.

'-스럽다'형의 형용사를 보면 '비실체성 명사+스럽다'가 가장 많은 비
중을 차지한다. '-스럽다'의 생산성이 바로 여기에서 나타나고 있는데 '-스
럽다'의 생산성이 확대되면서 그 의미영역이 확대되어 여러 어기에 쓰인다
는 것을 알 수 있다.

동작성 명사를 어기로 하여 '-스럽다'의 어기가 붙은 단어들을 목록으
로 제시하면 아래와 같다.

어기(동작성 명사)	하다	-스럽다
감동	감동하다	감동스럽다
감탄	감탄하다	감탄스럽다
경멸	경멸하다	경멸스럽다
경탄	경탄하다	경탄스럽다
고생	고생하다	고생스럽다
고집	고집하다	고집스럽다
공경	공경하다	공경스럽다
농담	농담하다	농담스럽다
당혹	당혹하다	당혹스럽다
당황	당황하다	당황스럽다
만족	만족하다	만족스럽다
망신	망신하다	망신스럽다
변화	변화하다	변화스럽다
부담	부담하다	부담스럽다
불평	불평하다	불평스럽다
소망	소망하다	소망스럽다
실망	실망하다	실망스럽다
오해	오해하다	오해스럽다
원망	원망하다	원망스럽다
유행	유행하다	유행스럽다
의심	의심하다	의심스럽다
저주	저주하다	저주스럽다
절망	절망하다	절망스럽다
조심	조심하다	조심스럽다
존경	존경하다	존경스럽다
충성	충성하다	충성스럽다
혐오	혐오하다	혐오스럽다
호사	호사하다	호사스럽다
혼동	혼동하다	혼동스럽다
후회	후회하다	후회스럽다

위의 동작성 명사들을 살펴보면 다른 기타 동작성 명사와 약간 다른
양상을 보이고 있다. 즉 이런 단어들은 어떤 구체적인 행동이나 움직임
의 속성을 띠기보다는 '마음속의 느낌이나 감각'을 나타내는 단어들이
대부분이다. 한국어사전에서는 '-스럽다'에 대해서 "일부 명사 뒤에 붙
어 '그러한 성질이 있음'의 뜻을 더하고 형용사를 만드는 접미사"로 정
의하고 있다. 여기에서 말하는 명사는 실체성 명사나 비실체성 명사를
두루 가리키는데 주로 인간을 나타내는 실체성 명사 뒤에 붙어서 '그러
한 인간의 속성을 갖고 있다'는 의미 자질을 나타낸다.

(71) 그 아이는 어른스럽다.

(71)에서 '아이'는 어른이 가지고 있는 여러 속성을 가지고 있다는 뜻
을 갖고 있다. 이는 인간명사에 붙는 '-스럽다'의 의미 자질이다.

그럼 위의 동작성 명사에 붙는 '-스럽다'는 어떤 의미를 나타내는가?
이는 선행어기인 동작성 명사의 의미 자질에서 찾아볼 수 있다. 즉 위에
대부분 동작성 명사는 구체적인 행동이나 움직임이 아니라 '심리상의 움
직임을 나타내는 느낌이나 감각'의 의미를 포함하고 있는 단어들이다.
때문에 '국어사전'에서처럼 그러한 성질이 있음을 나타내기보다는 '감각
이나 느낌적인 면에서의 주관적인 판단이나 평가'를 나타낸다고 할 수
있다. 이때 판단대상의 내면적인 것에 대한 판단뿐만 아니라 외면적인
것에 대한 판단이 모두 포함된다.

(72) 그는 남의 얘기는 듣지도 않고 자기 의견만을 고집스럽게 내세웠다.
(73) 스승의 눈을 속인 자신의 어리석음이 또다시 부끄럽고 후회스럽기만
     하였다.
(74) 나는 그의 한없는 효성이 감탄스럽다

(75) 하루 벌어 하루 먹고살기가 고생스럽다.

(76) 이 소설을 처음 대하는 독자는 다소 당황스러울 것이다.

(77) 혼인 잔치도 부잣집답게 호사스럽게 했지만 신랑 신부의 인물이 서로 비춰 주듯이 돋보이고 걸맞아 참으로 보기 좋은 한 쌍이었다

위의 예들은 모두 동작성 명사에 '-스럽다'가 붙은 예들이다. 이들 문장에는 모두 일인칭 화자가 '-스럽다'의 선행어기인 동작성 명사의 성질이나 속성을 띠거나 그런 데가 있다는 것을 판단하거나 평가하는 뜻이 포함되어 있다.

(72)에서 '고집스럽게'는 '보기에 고집을 부리는 태도가 있다'는 뜻으로 화자가 그 사람의 외형적이나 내면적인 것에 대한 판단이나 느낌을 나타낸다. '고생스럽다'도 '보기에 일이나 생활 따위에 어렵고 고된 데가 있다'라는 뜻으로 '어기가 의미하는 속성이나 특징이 있음에 대한 느낌이나 판단'이라 할 수 있다.

그러면 이러한 동작성 명사에 '-하다'가 붙으면 '-스럽다'와 어떻게 다른가?

우선 '하다'가 붙으면 그러한 동작이나 움직임을 나타냄으로써 동사가 된다. 하지만 '-스럽다'는 '어기의 속성이나 특징을 가진 데가 있거나 그러해 보인다'라는 뜻으로 쓰이면서 형용사가 된다. 또한 위 표에서 열거한 동작성 명사에 '하다'가 붙어 동사가 된 단어들과 '-스럽다'가 붙어 형용사가 된 단어들을 비교해 볼 때, '감동하다, 감탄하다, 고생하다, 당황하다, 호사하다' 등의 단어들은 '-스럽다'와 결합했을 때와 달리 '그러한 행동이나 움직임'만을 나타낼 뿐 화자의 어떤 느낌이나 판단 따위를 나타내지 않는다.

(78) 가. 그는 갑작스럽게 벌어진 사태에 당황하고 겁이 나서 부들부들

떨었다.

　가. 그는 갑작스럽게 벌어진 사태에 당황스럽고 겁이 나서 부들부들
　　　떨었다.

　이 두 예를 비교해 볼 때 '당황'은 동작성 명사로서 '놀라거나 다급하
여 어찌할 바를 모름'이라는 뜻으로 쓰이지만 '당황하다'는 이러한 행동
성을 지정하여 이러한 행동이나 움직임을 나타낸다. 하지만 '당황스럽다'
는 '놀라거나 다급하여 어찌할 바를 모르는 데가 있다.'라는 뜻으로 쓰여
'어기의 성질, 속성'을 갖고 있거나 그러한 느낌이 든다는 뜻을 나타낸다.

　이렇듯 동작성 명사에 '-스럽다'가 붙는 것은 아주 제한된다. 위의 표
에서 제시한 바와 같이 어떠한 심리적인 움직임이나 생각을 나타내는 의
미 자질이 포함된 명사들만 '-스럽다'와 결합되어 형용사로 된다.

2.5.2 '-롭다'와의 결합 양상

　'가소, 불화, 조화' 등 극히 적은 동작성 명사는 '-롭다'와 결합이 가능
하다. '-롭다'는 "모음으로 끝나는 일부 명사 뒤에 붙어 '그러함' 또는
'그럴 만함'의 뜻을 더하고 형용사를 만드는 접미사"로 정의되고 있는데
그 선행어기는 보통 비실체성 명사이다. 하지만 비실체성 명사에서의 상
태성 명사 뒤에 많이 붙어서 상태성 명사의 그러한 속성, 성질이 충분히
있음을 드러낸다.

　동작성 명사를 어기로 한 '-롭다' 나 '-스럽다'의 의미를 '-하다'의 의
미와 대조하여 그 의미차이를 알아보기로 하자. 이 세 형태에 모두 붙을
수 있는 동작성 명사 '수고'를 예로 든다.

명사	동사	형용사	형용사
수고	수고하다	수고스럽다	수고롭다
일을 하느라고 힘을 들이고 애를 씀. 또는 그런 어려움.		일을 하기에 괴롭고 고됨이 있다.	일을 처리하기가 괴롭고 고되다.
예 : 각각의 집에서 각각의 솜씨로 짠 물건이 한결같도록 관리하려니 태남이의 수고가 이만저만이 아니었다.	예 : 답서를 받은 전봉준은 만족한 듯이 수고했다는 말을 연발했다.	예 : 그 까다로운 녀석의 비위를 맞춘다는 게 여간 수고스러운 게 아니다.	예 : 마음을 수고롭게 하는 사람은 남을 다스리고 몸을 수고롭게 하는 사람은 남에게 다스림을 받는다.

위에서 동작성 명사 '수고'는 그 명사 자질에서 이미 의미 자질이 나타나 있다. 때문에 '하다'와 결합되면 동사의 의미로 그 행동을 부여한다. 이때 '수고하다'와 '수고스럽다, 수고롭다'는 쉽게 구별이 된다.

우선 품사에서 뚜렷이 구별되는 것이다. 또한 의미상에서도 '수고하다'는 그러한 행동이나 움직임을 나타내지만 '수고스럽다'와 '수고롭다'는 그렇지 않다. 두 단어는 모두 형용사이며 그 의미상에서도 차이가 선명하지 않다. 하지만 '-스럽다'와 '-롭다'의 선행어기로 동시에 쓰일 수 있는 명사를 살펴봄으로써 그 의미차이를 찾아낼 수 있을 것이다.

위에서 '수고'와 동시에 쓰일 수 있는 '-스럽다', '-롭다'를 보면 '수고스럽다'는 '일을 하는 데 괴롭고 고됨이 있다'는 화자의 느낌이나 판단을 나타내고 '수고롭다'는 '일을 하는 데 괴롭고 고되다'는 뜻으로 '하다'와 결합할 때와 뜻이 더 가깝다.

2.5.3 '-답다'와의 결합 양상.

동작성 명사와 '-답다'는 결합이 가장 잘 되는 형태이다. 위의 '-스럽다'나 '-롭다'는 특정된 의미를 가진 동작성 명사와 결합이 되지만 '-답다'는 훨씬 많은 동작성 명사와 결합한다. 이러한 형태는 사전에 등재된 것이 많지 않지만 실제 언어생활에서는 그 쓰임이 많이 나타난다. 따라서 '-답다'와 결합하여 파생되어 단어화되는 정도는 '-스럽다', '-답다'가 붙어서 단어화되는 정도보다 낮다. 즉 공고하지 않으며 임시적인 것이 많다. 사전에도 '-답다'만 붙을 수 있는 단어들을 따로 제시하지 않고 있다. 이것은 '-답다'는 '-스럽다'나 '-롭다'처럼 앞 선행어기와의 결합이 공고하지 않을 뿐더러 그 단어의 생성도 임시성이 있어서 화용론적인 맥락에서 그때그때 만들어져 사용되기 때문이다.

'-답다'는 실체성 명사뿐만 아니라 비실체성 명사에도 붙을 수 있다. 비실체성 명사 가운데 [+상태성] 자질을 나타내는 어기를 빼고는 동작성 명사인 [+동작성], [+과정성]의 자질을 띠고 있는 어기와도 결합한다. 따라서 거의 대부분의 동작성 명사는 '-답다'와 결합되어 쓰인다.

실체명사와 결합하는 예를 보면 '꽃답다. 여자답다. 남자답다…' 등이고 동작성이나 과정성을 띤 비실체성 명사와 결합하는 예를 보면 '운동답다, 발전답다, 싸움답다, 식사답다' 등이다. '조중사전'에 수록된 단어를 바탕으로 통계를 낸 바에 의하면 '-답다'가 붙은 파생어 중 한자어가 50%를 차지하고 있다고 한다(장전성 2007 : 41).

위에서 동작성이나 과정성을 띤 명사와 결합할 수 있는 '-답다'의 파생어를 볼 때 '운동답다, 발전답다, 식사답다…' 등은 일반적으로 사전에 표제어로나 파생어의 목록에 등재되어 있지 않다. 이것은 임시로 파생되어 만들어진 것이기 때문이다.

(79) 브라질 축구야말로 운동답다.

(80) 오늘 식사는 식사답다.

(81) 이번 공연은 역시 매년 화제가 되는 공연답다.

(82) 일본 경제성장은 성장답다.

(83) 중국의 발전은 발전답다.

(84) 실천다운 실천이 필요하다.

'-답다'가 동작성 명사와 결합할 때에도 일정한 제약이 따른다. 즉 모든 동작성 명사에 '-답다'가 붙는 것이 아니라 '순간성'과 '과정성'을 띤 단어들과 어울릴 수 있다. 이러한 구성은 보통 'A는 A답다'라는 구문 형식으로 많이 쓰이어 'A의 특징이나 성질이 충분이 있다'라는 뜻을 가지고 있다.

이처럼 우리는 일부 동작성 명사의 '-스럽다', '-롭다' '-답다'와의 결합 양상을 살펴보았다. 필자가 조사한 바에 따르면 '-스럽다'와 동작성 명사와의 결합이 가장 밀접하고 그 다음은 '-답다'이다. '-롭다'와 결합되는 동작성 명사는 한두 개에 불과하므로 동작성 명사와의 결합이 거의 되지 않는다고 해도 과언이 아닐 정도이다.

그러면 아래에 표에서 동작성 명사와 이 세 접미사와의 결합양상을 정리해 보기로 한다.

접미사 선행어기	-스럽다	-롭다	-답다
비실체성 명사	[+상태성] [+순간성][+과정성]	[+상태성] [-순간성][-과정성]	[-상태성] [+순간성][+과정성]
동작성 명사	가능	특수 제외 불가능	가능

제5장

동작성 명사의 논항 실현

명사도 논항을 갖고 있다는 것은 주지의 사실이다. 하지만 논항은 원래 동사의 논의에서 쓰이는 술어였다.

언어학에서 논항이란 개념은 거슬러 올라가면 60년대 Gruber(1965)와 Fillmore(1968)가 제출한 술어와 명사구 사이의 의미관계와 관련되어 있다. 논항이란 동사가 하위범주화 하는 문법범주로서 동사로부터 의미역을 부여받는 명사구(NP)라 정의한다.[1] 논항은 의미역을 가지는 명사구를 가리키며 동사와 의미적 관계를 가지는 명사구의 수가 바로 이 동사가 가지는 논항의 수이다. 예를 들면 '보내다'는 행위자, 대상, 수익 등 세 개의 논항을 가지고 있다. 논항은 논리적 개념으로서 의미와 문법사이에 처해 있는 것이 분명하다. 이는 단순한 문법적 성분 개념이 아니고 단순한 의미적 성분 개념도 아니다. 문법적 개념(통사적 개념)에 의미적 내용을 더한 것이다. 논항이란 개념을 통해 기존의 통사적 개념(예를 들면 주어, 목적어)으로 설명할 수 없는 언어사실을 설명할 수 있다. 또 다른 면에서

---

1) 『언어학 사전』, 이정민·배여남 공저, 박영사, 1987.

볼 때 논항은 순수한 의미적 분석성 개념이 아니라는 점에서 의미적 개념을 문법화 시키는 것으로 간주할 수 있다. 그래서 논항을 문법과 의미 사이의 접구성분으로 간주하는 것이 비교적 타당하다.

조용준(1996)은 논항은 두 가지로 나눌 수 있다고 말한 바 있다. 그 하나는 의미역 유형을 논항으로 사용하는 이론이고 다른 하나는 변항을 논항으로 사용하는 이론이라는 지적이다. 조용준(1996)은 변항을 논항으로 사용하는 이론에 서면서 이 이론에서도 두 가지 논항 즉 서술어의 어휘 의미구조와 서술어의 논항구조를 구분해야 한다고 했다.

그리고 이를 바탕으로 결합가에 따라 동작성 명사의 분류를 시도하고 그 정보별로 유형을 나누어 목록을 제시했다. 동작성 명사가 서술어가 될 경우 그 논항들에 대해서 알아본 것이다. 이때 동작성 명사의 논항 정보나 의미역은 동사가 서술어의 자리에서의 논항을 가지는 때와 비슷하므로 동사의 논항 정보를 잘 알면 동작성 명사의 논항정보는 쉽게 파악할 수 있다.

아래에서는 동작성 명사가 명사적 용법으로 쓰이어 명사구의 일원으로 될 경우에 대해 논의해 보려고 한다. 동작성 명사구에서도 동사구에서처럼 내부 논항과 외부 논항을 구별할 수 있다.

    (1) 가. 적군의 도시의 습격(적군 : 행위주역, 도시 : 대상역)
       가´. 적군이 도시를 습격
       나. 철수의 자기 추천(철수 : 행위주역, 자기 : 대상역)
       나´. 철수가 자기를 추천

동작성 명사가 사건구조를 내포하기 때문에 의미적으로는 대응되는 동사가 취하는 논항과 동일한 논항을 설정할 수 있으며, 의미역도 동일하게 실현될 수 있다. 그리고 구조적으로는 동사와 대응되는 모습을 보인다.

우리는 우선 동작성 명사와 결합되어 이루어진 명사구를 동작성 명사구라고 명명하기로 한다. 또한 동작성 명사구에서도 동사구에서처럼 내부 논항과 외부논항을 구별할 수 있다. 이때 명사구의 계층성을 확인함으로써 구별이 가능하다. 이에 대한 연구는 아직 활발하게 진행되지 못하고 있다. 필자는 기존의 연구를 바탕으로 상대적으로 세밀한 분석을 하려고 한다.

1. 동작성 명사구의 논항과 동사의 논항과의 관계

동작성 명사가 논항 구조를 갖고 있다는 것은 결국 동사와 유사한 특성을 명사가 갖고 있다는 것이다. 이는 논항의 수와 그 구조적 관계를 나타내는 표상을 동작성 명사도 갖고 있다는 의미이다. 동작성 명사구의 논항은 대응되는 동사의 논항과 동일하게 설정할 수 있으며 의미역도 동일하게 설정할 수 있다. 이러한 논항은 동사구에서 구체적으로 실현된다. 제2장에서 우리는 동작성 명사의 결합가 정보에 따라 동작성 명사를 분류했다. 아래 동사에 대응하는 논항과 동작성 명사구에서 나타나는 논항들의 대응 관계와 의미역에 대해서 알아보기로 한다.

1) 1가 동작성 명사의 경우

(2) 가. 철이의(*∅[2]) 운동(행위주역)
　　　철이가 운동하다.

---

2) ∅는 비어 있다는 뜻으로서 영형태를 표시한다. 즉 여기서는 형태소의 무표지를 나타낸다.

나. 영수의(*∅) 독서(행위주역)

영수가 독서하다.

다. 그녀의(*∅) 자살(행위주)

그녀가 자살하다.

라. 앞발의(∅) 진화(대상주)

앞발이 진화하다.(되다)(경험주)

마. 기억의(∅) 퇴화(대상주)

기억이 퇴화하다.(되다)(경험주)

바. 애들의(∅) 성장(행위주)

애들이 성장하다.(되다)

2) 2가 동작성 명사

(3) 가. 세포의 관찰

나. 문학의 연구

다. 체육 단련

라. 사장의 직원 해고

사장의 해고

직원의 해고

사장이 직원을 해고하다.

마. 그의 임무(의) 완성

*그의 완성

임무의 완성

그가 임무를 완성하다.

바. 적군의 다리 폭파

*적군의 폭파

*다리의 폭파

적군이 다리를 폭파하다.

3) 3가 동작성 명사

(4) 가. 철이의 선생님에게의 논문(*∅) 제출

철이가 논문을 선생님께 제출하다.

　　나. 왕자의 공주에게의 사랑(*∅) 고백
　　　　왕자는 공주에게 사랑을 고백하다.
　　다. 선생님의 학생한테의 기념품(*∅) 선사
　　　　선생님이 학생한테 기념품을 선사하다.
　　라. 총장장학생에게의 증서(*∅) 발급
　　　　총장이 장학생에게 증서를 발급하다.

4) 필수 부사어를 요구하는 2가 동작성 명사

　(5) 가. 그가 학회에 가입하다.
　　　　　그의 학회 가입, 그의 학회에의 가입, 그의 *학회에 가입
　　　나. 그가 학회에서 탈퇴하다.
　　　　　그의 학회에서의 탈퇴
　　　다. 그가 지방으로 발령되다.
　　　　　그의 지방으로의 발령
　　　라. 영희가 철수와 결혼하다.
　　　　　영희의 철수와의 결혼
　　　마. 그가 적진에 돌입하다.
　　　　　그의 적진에로의 돌입
　　　바. 부모가 해외로 이주하다.
　　　　　부모의 해외 이주

　동작성 명사를 핵 명사로 하는 명사구는 핵 명사를 위주로 해서 논항 구조를 형성하고 있다. 이들은 핵 명사에 대한 속격의 성격이 무엇이냐에 따라 주어적 속격, 목적어적 속격, 보충어적 속격으로 구분할 수 있다 (박호관 2001 : 31).

　위의 (2)는 1가 동작성 명사구로서 '의'의 통합이 항구적이라고 말할 수 있다. 이를 주어 내포적 속격이라고 하는데 그 주어는 행위주나 경험주를 나타낸다. 주어 내포적 속격은 명사구에서 동작성 명사의 외부논항으로 되며 그것은 외부논항에서 항상 유표로 나타난다. 즉 '의' 속격이

나타난다. 그런데 (2라, 마, 바)의 경우에는 유표, 무표가 다 가능하다. 물론 단독으로 명사구만 놓고 본다면 '의' 속격이 나타나지 않으면 어색해 보인다. 하지만 이 명사구 전체를 문장에 넣고 관찰해 보면 무표지의 명사구도 문법적이 된다.

(6) 가. 원숭이의 앞발의(∅) 진화는 오래 전에 이루어졌다.
　　나. 요즘 애들의(∅) 성장은 참 빠르다.
　　다. 철이의(*∅) 운동은 너무 과도한 거 같다.

(6가, 나)에서는 '의'의 유무가 모두 문법적이 된다. 하지만 구체적인 문맥을 벗어나면 '앞발 진화'나 '애들 성장'만으로는 문법성이 떨어지거나 어색하게 된다. 그러나 (6다)를 보면 구체적인 문맥에서나 단독적인 명사구에서나 모두 '의'의 생략이 불가능하게 된다. 따라서 '의'를 생략하면 비문법적이 되고 만다.

이러한 현상들을 어떻게 설명할 것인가? 이는 동작성 명사와 결합되는 후행요소에서 그 원인을 찾을 수 있다. 동작성 명사는 '하다'와 '되다'가 붙어서 동사를 이룰 수 있는 것들이 있다. 위의 '진화'나 '성장'은 바로 '하다'와 '되다'가 모두 붙을 수 있는 동작성 명사들이다. 이러한 동작성 명사들은 유표, 무표로 모두 나타날 수 있다.

(3)은 2가 동작성 명사구의 예들이다. 여기서는 '동작성 명사+하다'인 동사의 논항은 '행동주', '대상'을 가지는 2가 동사로서 동작성 명사구로 될 때도 역시 동사와 동일 논항을 갖고 같은 의미역을 가진다. 그 목적어를 속격구성으로 보인 예는 (3 가, 나, 다, 라)인데 이는 '대상'의 논항을 갖는 동작성 명사구로서 목적어 내포적 동작성 명사구라고 할 수 있다.

여기에서는 '의'가 실현되는 것도 있고 실현되지 않는 것도 있다. 즉

[유표]와 [무표]가 모두 가능하다. 하지만 목적어 내포적 동작성 명사구에 그 행동주나 경험주를 나타내는 논항이 더 부가되면 그 양상이 달리 나타난다. '직원의 해고', '사장의 해고'에서처럼 주어 내포적 명사구나 목적어 내포적 명사구로 나타날 때는 '직원의 해고'는 내포적 목적어 동작성 명사구로서 '의'가 실현되며 '유표'로 나타날 수 있지만 그것이 앞에 외적 논항이 부가되면 내적 논항에는 '의'가 나타나지 않게 된다.

(4)는 3가 동작성 명사구의 예로서 3가 동사와 같이 3개의 논항을 가지면서 명사구를 이루는 데 여기에서는 '의' 역시 '주어적 속격'에는 유표이지만 '목적어적 속격'에는 반드시 무표로 나타나며 '보충어적 속격'에는 반드시 부사격에 속격이 결합되어 나타난다.

(5)는 필수 부사어를 요구하는 2가 동작성 명사이다. 이때의 명사구의 논항구조를 보충어적 속격이라고 하는데 보충어가 유표일 때는 반드시 부사격에 속격이 결합되는 형태로 나타나지만 무표일 때는 속격이 생략되어 나타날 수 있다. '그의 학회에의 가입, 그의 학회 가입, 그의 *학회에 가입'에서 '학회 가입'에 부사격 '에'가 결합하지 않아도 되는 것은 '학회'가 [+장소]의 의미 자질을 띰으로써 '가입'의 의미선택에 부합되기 때문이다. 그러나 '호소'는 그렇지 않다.

(7) 가. 그의 대중에의 호소
　　나. *그의 인민 호소

(7나)가 비문법적인 것은 부사격과 결합되는 명사의 의미 자질이 [+장소]가 아니기 때문에 부사격조사 '에'가 생략될 수 없으며 그로 인해 '의'도 생략이 불가능하게 되기 때문이다.

위의 1), 2), 3), 4)에서 우리는 내포적 속격명사구들은 전적으로 동작성 명사인 핵 명사의 항가에 따라 형성된다는 것을 알 수 있다.

또한 '의' 속격 표현의 실현 여부를 보면 주어적 속격의 실현 가능성이 목적어적 속격이나 보충어적 속격보다 상대적으로 높으며 보충어적 속격은 목적어적 속격보다 상대적으로 실현성이 높다. 그리하여 '의'의 유표성을 '주어적속격 > 보충어적 속격 >'의 순서로 정도성에 따라 실현된다고 하는데(박진호 2001) 필자는 이 설명과 달리 '주어적 속격 > 보충어적 속격 > 목적어적 속격'으로 실현된다고 본다.

실제 동작성 명사 가운데서 보충어를 가지는 동작성 명사들이 그리 많지 않다. 따라서 수량적으로 보면 목적어적 속격으로 실현되는 유표성이 보충어적 속격으로 실현되는 것보다 훨씬 많은 것은 사실이다. 그러나 그 비례를 놓고 보면 보충어적 속격의 유표성이 목적어적 속격의 유표성보다 훨씬 더 크다. 위의 논의를 바탕으로 내포적 속격 부여원리를 박진호(2001 : 24)에서 제시하고 있는데 여기에서 핵 명사는 서술성 명사를 들고 있다. 이러한 속격 부여원리는 동작성 명사에도 적용이 된다. 속격부여 원리를 제시하면 아래와 같다.

내포적 속격 : 동작성핵 명사의 항가 Nx의 자매항에 내포적 속격을 부여한다.

> 가. Ns의 자매항에 주어적 속격 부여
> 나. No의 자매항에 목적어적 속격 부여
> 다. Nc의 자매항에 보충어적 속격 부여

이 원리에 의해서 일반 '동작성 명사+하다'가 서술어로 쓰인 문장에서 그 의미가 같은 속격명사구를 논항구조로 표시해 보면 아래와 같다.

문 장 구 조 → 내포적 속격명사구

철수가 생물학을 연구하다→철수의 생물학 연구

(8) 가.

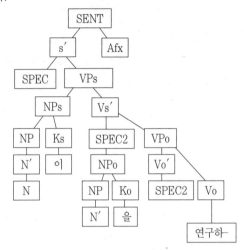

(9) 나

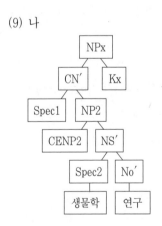

위의 문장은 동작성 명사인 '연구'와 동사 '하다'가 결합되어 이루어진 합성어로서 주어와 목적어를 요구하는 2가 동사이다. (9나)는 동작성 명사 '연구'를 핵어로 하는 2가 동작성 명사구로서 문법 층위의 차이일 뿐

의미는 동일하다.

여기서 동작성 명사가 명사이기 때문에 주격 '가/이'나 목적격표지인 '을/를'을 취하지 못하고 그 명사성에 의해서 속격표지인 '의'가 생성된 다(물론 유표나 무표의 경우가 모두 있다).

동사문장에서 나타나는 '주어+목적어+서술어'의 문장구조가 '주어적 속격+목적어적 속격+핵명사'의 어순으로 대응을 보이면서 명사구가 생 성된다. 동시에 이에 적합한 속격표지(주어적 속격이나 목적어적 속격, 혹은 보충어적 속격)가 부여된다. 이때 문장인 IP와 구인 DP의 구조가 많은 면 에서 동일하다는 것을 발견할 수 있다.

한자어와 대응되는 중국어에도 한국어와 같은 구조가 있다. '속격' 구 조는 언어의 보편 현상으로서 한국어뿐만 아니라 영어나 기타 언어들에 도 모두 나타나고 있다. 예를 들면 '노인의 갈망'과 중국어 '老人的渴望' 이 구조로 서로 대응된다. '的'은 중국어에서는 조사로 불리는 하나의 문 법단위이다.

하지만 한국어의 동작성 명사가 중국어에서는 품사적으로 동사이기에 이런 구조에 대하여 그간 논쟁이 많았다. 따라서 '小說的出版'(소설의 출 판)의 구조를 두고 중국의 어떤 학자들은 이러한 구조를 小句로 보고 어 떤 학자들은 주술구로 본다. 이러한 견해는 '出版'을 동사로 보고 논의하 려는 견해이다.

朱德熙는 이러한 구는 출판 같은 'vp'를 중심으로 하는 偏正[3]구조로 볼 수 있거니와 주술구조의 명사화로도 볼 수 있다고 했다(李欣 2005 : 71). 그러나 전체적으로 보아 이를 명사구로 보는 것이 비교적 타당하다고 했 다(李欣 2005 : 71).

---

3) 중국어에 단어의 내부 구조가 '수식어+핵어'의 구조로 된 형태를 편정(偏正)구조라고 한다.

이러한 논쟁이 일어날 수 있는 것은 바로 '出版'이 중국어에서는 동사로 쓰였기 때문인 것이다. 중국어에서 원래 품사 소속이 동사이던 형태들이 한국어에 들어오면서 모두 명사의 자격을 갖고 들어왔기 때문에 한국어에서는 이러한 논쟁의 여지가 없는 바 그것이 명사구임이 분명하다.

요컨대 그 핵심어가 '동작성 명사'이기 때문에 의미적으로 명사의 성질을 갖고 있으므로 실체성 명사나 다른 명사와 다른 특성을 나타낼 수 있다. 즉 이러한 동작성 명사구가 '동작성 명사+하다'의 문장의미나 논항구조와 같다는 것이다. 이는 한국어와 중국어가 같다.

명사구 '군중의 칭찬'과 '群衆的稱讚'의 구조를 비교하면 아래와 같다.

(10) 가.   나.

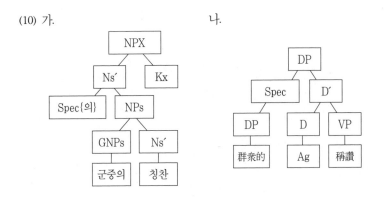

(10가, 나)를 보면 모두 촘스키의 'X-바'이론의 원칙에 맞는 구조이다. 한국어의 구조에 대해서는 더 자세히 설명하지 않겠다. (10나)를 보면 'D'는 補語 VP를 가지며 VP내재적 통사의 특성을 나타낸다. 주어는 중심어의 위치에 있으며 D와 指示語와 중심어의 일치를 이루면서 소유격을 부여한다.

'X-바' 이론을 가장 잘 반영하는 영어의 명사구를 예로 보이면 아래와 같다. 여기서 영어의 명사구는 '동명사'에 속하는 단어로서 그 의미는 한

국어의 동작성 명사와 거의 비슷하다. 단지 영어는 굴절어이고 중국어는
고립어이고 한국어는 교착어라는 데 차이가 있을 뿐 그 명사구의 핵심어
의 의미와 명사구의 의미는 모두 같다.

(11) John's keeping a rottweiler(李欣 2005 : 71)

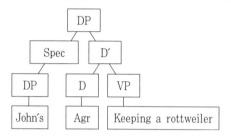

2. 'NP(의) 동작성 명사' 구의 구성 성분

동작성 명사구에서 핵심인 동작성 명사와 결합되는 성분은 각종 명사나
인칭대명사 명사구들로 구성될 수 있다.

(12) 날씨의 변화(명사)
(13) 노인의 갈망(명사)
(14) 그의 퇴직(인칭대명사)
(15) 너희들의 지지(인칭대명사)
(16) 사람과 사람의대화(접속조사명사구)
(17) 이 책의 출판(관형구와의 결합)

이러한 동작성 명사구에서 동작성 명사도 다양한 성분의 결합으로 나타
난다.

(18) 사람들의 동정(심리적 동작성 명사)

(19) 수술의 진행(과정적 동작성 명사)

(20) 당원의 비평과 자아비평(접속조사 '와'와 연결된 두 동작성 명사)

(21) 적들의 완고한 반항(관형어를 갖고 있는 동작성 명사)

(22) 그의 원칙 견지(명사수식을 갖는 동작성 명사)

(23) 그의 끝가지 견지(부사 수식을 갖는 동작성 명사)

위의 동작성 명사들은 홀로 쓰인 것도 있고 관형어나 부사의 수식을 받아서 명사구를 이루는 것도 있으며 두 동작성 성분이 접속조사 '와/과'의 접속에 의해서 병렬적으로 쓰인 것도 있다.

(19)에서 과정성을 띤 동작성 명사는 '중'과 그 통합이 가능하다. 이는 동작성 명사의 동사적 성격을 나타내는 실례이기도 하다. 또한 (23)에서 부사의 수식을 받을 수 있는 것 역시 동사적 특징으로서 동작성 명사의 동사적 성격을 잘 보여준다. 하지만 동작성 명사는 명사로서 시제 같은 것이 붙을 수 없다. 이는 중국어의 경우와 같다.

2.1 '의' 통합 논항의 실현 양상

(24) 가. 철수가 수학을 공부한다.

　　　가'. 철수의 수학 공부

　　　나. 새도시가 건설되다.

　　　나'. 새 도시의 건설

　　　다. 새 도시를 건설하다

　　　다'. 새 도시의 건설

　　　라. 성룡이 김희선의 결혼식에 참가하다.

　　　라'. 성룡의 결혼식 참여

　　　라''. 성룡의 김희선 결혼식 참여

　　　라'''. *성룡의 김희선의 결혼식 참여

위의 예에서 동작성 명사가 핵으로 되는 명사구에서 (24가, 나, 다)에 대응되는 명사구는 각각 달리 나타난다. 즉 명사구의 논항 정보를 보면 내부 논항과 외부논항이[4] 실현된 것도 있고 보충어로 된 것도 있다. 또한 논항의 실현에서 형태적으로 '의'가 실현되는 것이 있는가 하면 '의'가 실현되지 않는 것도 있으며 (24나, 다)에서처럼 다른 문장이지만 같은 명사구로 실현되는 것들도 있다.

다음은 명사구에서 동작성 명사가 논항을 가질 때 '의' 통합 양상에 대해 살펴보고 의미역과 '의'의 통합 여부에 대한 제약을 살피면서 이에 대한 일관적인 설명 방법을 찾아내고자 한다.

1) '의'의 실현과 비실현

(25) 가. 자금의(∅) 유입
     나. 군사력의(∅) 강화
     다. 문호의(∅) 개방
     라. 물리학의(∅) 연구

(25)는 '의'가 실현되거나 되지 않거나 모두 문법적인 것으로 간주되는 명사구이다.

(26) 가. 철이의(*∅) 운동
     나. 영수의(*∅) 독서
     다. 영수의(*∅) 갈등
     라. 할머니의의(*∅) 갈망

---

4) DeBruin and Scha(1988)에 의하면 외부논항이란 함수자 표현의 범주 속에 나타나지 않으면서도 논항이 되는 요소라고 정의하고 있다. 따라서 내부 논항이란 함수자 표현의 범주 속에 나타나는 요소를 말한다. 예컨대 명사구의 주어는 명사구 속에 나타나지 않으면서도 명사의 논항이 되는 경우 이는 외부논항이라고 할 수 있다(이영현 1998 : 52에서 재인용).

(26)은 '의'가 실현되어야만 문법적이며 '의'가 실현되지 않으면 비문법적이 된다. 이러한 현상을 어떻게 설명할 것인가?

(25)와 (26)에 나타난 동작성 명사들을 잘 관찰해보면 (25)의 동작성 명사는 동사 '되다', '하다'와 모두 결합할 수 있는 것들이지만 (26)의 동작성 명사는 동사 '하다'와만 결합이 가능하고 '되다'와는 그 결합이 불가능한 것들이다.

앞 장에서 우리는 동작성 명사구의 구조가 그와 대응되는 동사가 쓰이는 문장의 논항구조와 같다는 것을 보았다. 그럼 (25)와 (26)을 모두 주어적 속격명사구로 본다면 이들은 모두 행동주만 가지는 1가 동작성 명사로서 그 동사 역시 1가의 동사이다. 그러므로 이때의 문장은 모두 주어-서술어의 문장구조이다.

(27) 가. 자금의 유입
      자금이 유입된다.
   나. 군사력의 강화
      군사력이 강화된다.
   다. 문호의 개방
      문호가 개방된다.
   라. 물리학의 연구
      물리학이 연구된다.

(28) 가. 영희의 가출
      영희가 가출하다.
   나. 영수의 갈등
      영수가 갈등하다.
   다. 할머니의 갈망
      할머니가 갈망하다.
   라. 교수의 강의
      교수가 강의하다.

우선 (27)은 '되다'가 붙으면 자동사, '하다'가 붙으면 타동사로서 1가로도 2가로도 실현될 수 있는 동작성 명사이다. (28)은 '하다'가 붙으면 자동사로 행동주만 가지는 1가 동작성 명사이다. 위에서 이들이 동일한 논항 즉 1가로 실현될 때 그 구조는 같으며 모두 '의'가 실현되어 나타난다. 이때의 '의'의 유표성은 높게 나타난다. 즉 1가이며 주어적 속격일 때는 '의'의 실현 가능성이 높다는 것을 알 수 있다.

그러나 (27)의 동작성 명사 앞의 속격이 주어적 속격이 아니고 목적어적 속격으로 나타난다면 이는 2가 동작성 명사로서 '하다'와 결합된 2가 동사 문장의 논항과 같다.

(29) 가. (국외의) 자금 유입
나. (적군의) 군사력 강화
다. (중국의) 문호 개방
라. (철수의) 물리학 연구

위에서처럼 명사구가 확장되어 앞에 행동주나 경험주가 나타난다면 2가 동작성 명사인 '유입, 강화, 개방, 연구'는 앞에 주어적 속격에 '의'가 실현되면 뒤의 목적어적 속격에서는 '의'가 실현되지 않는다. 물론 실현될 수 있지만 실현되지 않는 쪽이 문법성이 훨씬 강하다.

이는 경제성의 원칙에 의해서 '의'가 중복되는 것을 기피하기 위해 나타나는 현상이라고도 할 수 있지만 앞서 지적한 바와 같이 '의'의 유표성이 '주어적 속격 > 보충어적 속격 > 목적어적 속격'처럼 보인다는 것과도 부합된다.

따라서 우리는 '의'의 실현 여부는 우선 이들이 동사가 될 때 뒤에 결합되는 동사적 요소가 어떤 것인가에 의해 제약됨을 알 수 있다. 바꾸어 말하면 동작성 명사의 논항정보에 따라서 '의' 실현이 제약된다는 것을 알 수 있다.

그리하여 '하다'나 '되다'가 모두 붙는 동작성 명사가 단지 앞의 확장 구조가 없이 단순동작성 명사구[5])의 형식으로만 나타난다면 중의성을 띤 문장이 된다. 그것이 자동사적으로 쓰인 것인가 아니면 타동사적으로 쓰

---

5) 동작성 명사가 하나의 '속격' 구조로 이루어진 명사구를 단순동작성 명사구 그 이상으로 이루어진 명사구를 확장동작성 명사구라고 하겠다.

인 것인가 즉 1가 동작성 명사인가 2가 동작성 명사인가가 명확하지 않
기 때문에 동작성 명사구 단 하나 만으로는 그 의미파악이 쉽지 않을뿐
더러 '의'의 실현과 비실현이 모두 문법적인 것으로 보인다. 이는 그 기
저에서 이미 중의성을 내포했기에 보는 사람의 인식에 따라 1가 혹은 2
가 동작성 명사로 인식되어 각기 달리 선택된다.

이런 단순동작성 명사구에서 '의'의 실현이 한국어에서는 상대적으로
수의적인 것에 반해 중국어에서는 같은 기능의 '的'의 출현은 필연적인
것이다.

(30) 가. 교수의 설명
　　　　教授的 說明
　　나. 교량의(∅) 파괴
　　　　橋梁的(*∅)破壞

중국어에서는 '的'가 관건적인 기능을 한다. 즉 '的' 그 앞의 명사나 명
사구를 소속화 시킴으로써 영어의 's' 나 'of'와 비슷한 기능을 한다. 영어
에서 이 두 요소를 생략할 수 없듯이 중국어에서도 생략이 불가능하다.
생략된다면 그 명사구의 성격이 명사구가 아니라 문장으로 된다.

(31) 教授的說明(교수의 설명)
　　　教授說明(교수가 설명하다)
　　　橋梁的破壞(교량의 파괴)
　　　橋梁破壞(교량이 파괴되다)

그러면 왜 이러한 차이가 나타나는가? 그것은 한국어의 동작성 명사
가 중국어에서는 '동사'이기 때문에 문법적 표지를 나타내는 '的'가 빠지
면 동사 원래 품사로 회복되어 주술구조인 문장을 형성하기 때문이다.

하지만 한국어에서는 이러한 동사들이 명사로 정착되었기에 '의'가 없어도 역시 명사구로 인식되며 그 누구도 이를 문장으로 여기지 않는다.

2) 동작성 명사구의 중의성

어떤 동작성 명사구는 중의성을 갖고 있다. 즉 단지 동작성 명사구만 가지고서는 그 의미를 판단하기 어렵게 되는 경우가 있다. 이러한 명사구는 앞뒤 문맥이나 상황을 파악한 다음에야 그 정확한 의미를 알 수 있다.

> (32) 가. 책의 출판, 군중의 칭찬, 문제의 회피
> 나. 어머니의 추억, 아이의 발견, 성룡의 결혼식 참석

(32가)는 그 명사구 자체만으로도 의미파악이 된다. 하지만 (32나)는 그렇지 않다. '어머니의 추억'은 어머니가 추억하는 것인지 아니면 누가 어머니를 추억하는 것인지가 분명하지 않다. '아이의 발견' 역시 그러하다. 아이가 무엇을 발견한 것인지 아니면 누가 아이를 발견한 것인지 단지 명사구만으로는 분명하지가 않다. '성룡의 결혼식 참석'은 성룡의 결혼식인지 아니면 성룡이 다른 사람의 결혼식에 참석한다는 의미인지 분명하지 않다. 이렇듯 동작성 명사구에는 그 자체만으로 의미가 분명하게 표현되는 것과 그렇지 않은 것이 있다. 즉 중의성을 갖고 있는 동작성 명사구가 있다. 이러한 중의성을 해소하기 위해서는 반드시 일정한 문맥에서 그 뜻을 파악해야 한다.

그럼 이러한 중의성은 어디에서 나타나는 것인가? 이는 동작성 명사의 논항의 실현에서 나타난다고 볼 수 있다. '어머니의 추억'에서 '어머니'가 주어적 속격으로 실현된 논항이라면 이는 '어머니가 추억하다'라는 뜻으로 나타나고 목적어적 속격으로 실현된 논항이라면 '어머니를 추억하다'라는 뜻으로 나타난다.

앞의 서술에서 보인 바와 같이 문장인 '어머니가 추억하다', '어머니를 추억하다'를 명사구로 나타낸다면 모두 '어머니의 추억'이라는 동일한 명사구로 그 뜻을 나타낼 수 있다. 이렇게 서로 다른 두 개 문장에서 동일한 명사구를 추출해내기에 그 의미는 하나가 아니라 두개이다.

앞 서술에서 '의'는 목적어적 속격에서 생략이 자연스럽다고 했는데[6] '어머니 추억', '아이 발견'처럼 '의'가 생략되면 이는 '어머니를 추억하다', '아이를 발견하다'라는 뜻으로 '어머니', '아이'가 행위주가 아닌 '대상'의 의미로 나타난다. 이 경우에는 중의성이 나타나지 않는다.

'성룡 결혼식 참석'은 '성룡의 결혼식'이라는 의미인 바, 성룡이 하는 결혼식에 참석한다는 뜻으로 해석된다. 만약 '성룡 결혼식 참석'에서 '성룡'을 행위주로 본다면 이는 명사구가 아니라 '하다'가 생략된 문장이다. 이러한 문장은 뉴스나 신문의 표제에 많이 나타난다. '하다'의 생략은 앞 장에서 이미 언급했으므로 여기서 더 논하지 않겠다.

이처럼 동작성 명사구가 중의성을 띠고 있는데 이는 동작성 명사가 동사로 쓰일 때 서로 다른 두 개의 문장에서 동일한 동작성 명사구가 만들어지는 데서 오는 것으로 보인다. 그 중의성을 해소하자면 논항이 어떤 논항으로 실현되었는가를 따지거나 구체적인 문맥 상황을 파악해야 한다.

3) '의'가 실현되지 않은 동작성 명사구의 내부제약 조건

앞에서 '의'가 '주어적속격＞보충어적속격＞목적어적속격'으로 실현된다고 지적했다.

---

6) 여기서 말하는 '의'생략이 자연스럽다는 것은 그 앞에 외부논항이 첨가되었을 경우를 놓고 하는 예기이다. 즉 행위주가 부가되었을 때 '의'가 생략되는 것이 더 자연스럽다. '아까 들어보니까 어머니 추억이 더 재미있던데'와 같은 예에서는 외적 논항이 바로 '어머니'이기 때문에 여기서 '어머니'는 당연히 행위주가 된다.

소위 동작성 명사는 중국어에서 동사로서 명사와 결합되어 定中式[7) 명사구를 이룬다. 중국어에서는 이러한 구의 핵심성분이 동사이기에 '動名詞句'라고 하기도 한다(呂淑湘 2002 : 501).[8) 많은 언어에서 관형성분은 명사성 단어를 수식하는 것이 일반적이지만 중국어에서는 관형성분이 술어적 성격의 단어를 수식하는 바 이는 중국어 문법의 한 특징이라고 할 수 있다.

한편 이러한 동사들이 한국어에 유입될 때 모두 명사로 받아들여진 바 이는 한국어의 일반 문법상황에 부합되기 위한 것이다. 하지만 중국어에서의 동사적 성격은 여전히 남아 있다. 중국어에서 동사로 쓰이던 것이 한국어에서 명사로 받아들여 쓰이는 부류의 단어들을 동작성 명사라는 명사의 단독적인 한 부류로 다루는 이유가 바로 여기에 있다.

2.2 '의' 실현 여부의 여러 제약

중국어의 관형구 '명사+동사' 구성에 대응하는 한국어 명사구는 바로 '명사+동작성 명사' 구성이다. 한국어에서의 동작성 명사구성은 명사구 가운데 비교적 생산적이다. 이러한 구성은 '수식어+핵심어'의 구성으로서 관형구성 동작성 명사구이며 '의'가 실현되지 않는 동작성 명사구이다. 한국어에서는 '의'가 실현되지 않는 동작성 명사구를 많이 볼 수 있다. 하지만 모든 관형구성이 '의'가 실현되지 않는 동작성 명사구로 되는 것은 아니다. 여기에는 음절, 문법, 의미상의 일정한 제약이 따른다.

'의'가 실현되지 않는 동작성 명사구는 중국어의 '명사+동사'의 형태

---

7) 중국어에서 구의 구조를 주술구조, 동빈구조, 보충구조 등 여러 구조로 나누고 있는데 여기서 定中式이란 '관형어+핵심어'적인 구조를 말한다. 예컨대 父親的書, 紅花 등이다.
8) 呂淑湘 2002 呂淑湘全集 (第二卷) 遼寧教育出版社.

와 동일하므로 아래에서는 동일한 형태의 구성을 한국어와 중국어에서의 대조를 통하여 살펴보고자 한다.

2.2.1 음절 제약

1) 동작성 명사의 음절수에 따른 제약

한국어에서의 '기술 혁신'과 같은 용법에는 음절상에서 비교적 현저한 특성 즉 2음절 명사가 2음절 동작성 명사를 수식하는 특징이 있다. 車競(1994 : 17)은 중국어에서 '명사+동사'가 명사구인 경우에 '동사는 대부분 2음절 타동사'라고 인정하고 있으며 陸儉明(1996 : 20)은 '명사+동사'의 한정수식명사구에서 '동사는 반드시 2음절 동사여야 한다'고 하였다. 이러한 음절 제약은 한국어의 동작성 명사구에서도 그 상황이 비슷하게 나타난다. 즉 음절상 2음절 동작성 명사가 동작성 명사 가운데서 가장 많은 비중을 차지하므로 이러한 명사구를 형성하려면 동작성 명사가 2음절이어야 한다는 제약이 한국어에도 적용된다.

중국어는 1음절 동사가 단어로서의 자격을 가지는 것이 많지만 한국어에는 한 음절로 된 동작성 명사가 극히 적다. 이들은 '하다'와 결합되어 동사로 되지만 그 음절 자체로는 단어의 자격을 갖지 못하므로 '명사+동작성 명사'의 구성을 이룰 수 없다. 중국어에서는 극소수나마 1음절로 된 동사가 명사의 수식을 받는 경우가 있다.

    (33) 韓國遊, 婚外戀, 記者問

위와 같은 이러한 구성이 이루어질 수 있는 것은 우선 중국어에서 '遊, 戀, 問' 등과 같이 단음절로 된 형태소들이 단어로서의 자격을 가질 수 있기 때문이다. 그러나 한국어에서는 단음절로 된 형태소는 단어로서가 아니라 형태소로서 단어형성의 요소가 될 뿐 단어의 자격을 갖지 못하기에 동작성 명사의 자격을 갖지 못하고 동작성 명사도 이루지 못한다. 때문에 동작성 명사가 2음절이어야 한다는 음절제약은 중국어에서보다 한국어에서 더욱 엄격히 지켜진다.

2) 명사의 음절수에 따른 제약

'명사+동작성 명사' 구성의 구에서 명사의 음절 역시 적어도 2음절이어야 한다는 제약이 있다(여기서는 앞의 명사가 한자어인 경우에 한해서 말하는 것이다). 즉 단음절어는 될 수 없음을 시사한다. 그렇지만 실제 예에서는 단음절을 발견할 수 있다.

(34) 격 분류, 핵 복사, 핵 독점, 핵 경쟁, 핵 확산, 위 절제, 시 랑송

하지만 이러한 단음절 명사들은 그와 뜻이 비슷한 2음절 단어로 교체할 수 있다. '시 낭송-시가 낭송' 등이다.

한편 단음절 명사도 그것과 동의어를 이루는 2음절 이상의 단어가 없으면 다만 '단음절명사+동작성 명사'의 구성으로밖에 되지 못한다. 이러한 구성은 신어거나 혹은 術語에서 쓰이는 것들로서 그 수량이 아주 적다. 모든 규칙에도 예외가 있듯이 이러한 것들은 예외라고 할 수 있다. 중국어에서는 단음절이 2음절화되는 경향이 오래 전부터 시작되었으며 현대 중국어에서는 점점 확산되는 추세이다.

한국어에서의 한자어는 중국어에 비해서 다음절화가 더 많다. 즉 단어의 자격을 갖는 단음절들이 극히 제한되어 있기 때문에 한자어의 음절 역시 2음절이 위주라고 할 수 있다. 呂淑湘이(2002 : 408) '2+2의 4음절은 현대 중국어에서 중요한 음절 경향'이라고 지적한 것처럼 한국어에서도

2음절 대 2음절의 음절 결합 방식이 우세한 바 이는 중국어에서보다 더 강하다.

2.2.2 문법 제약

'명사+동작성 명사'의 수식구성 동작성 명사구에서 명사와 동작성 명사 사이에는 일정한 의미관계가 있는데 명사의 확정은 뒤의 동작성 명사를 참조로 한다. 때문에 우리는 주요하게 '명사+동작성 명사' 수식구성의 동작성 명사의 제약에 대해 알아보기로 한다.

1) 타동성 특징

동작성 명사구의 동작성 명사는 타동성을 띠고 있지만 타동성 동작성 명사에만 제한되지는 않는다. 많은 언어자료에서 보이듯이 '명사+동작성 명사'의 수식구성 명사구에서 명사는 보통 동작을 입음을 나타내는 것들이다. 의미상으로 보면 이러한 동작을 입음을 나타내는 명사가 목적격 '을'과 결합하여 '목적어+술어'적 구조를 지닌 문장으로 된다.

앞의 논의에서 목적어적 속격은 쉽게 생략된다고 했다. 그러나 의미상에서 보면 관계자, 시간, 장소, 도구를 나타내는 명사도 동작성 명사를 수식하여 수식구성 동작성 명사구를 이룰 수 있다. 그렇기 때문에 타동사 외에 자동사도 이러한 수식구성 동작성 명사구를 이룰 수 있다.

그러므로 동작성 명사를 목적어를 가질 수 있는가 여부에 따라 분류하는 것은 '명사+동작성 명사'의 수식구성의 의미를 이해하는 데 아주 큰 도움이 된다.

2) 동사성의 강약 특징

한자어 동작성 명사는 대부분 중국어에 그 기원을 두고 있으며 중국어에서는 이러한 동작성 명사가 모두 동사로 되어 있다. 중국어에서 '명사+동사'의 구성의 명사구에서 명사가 동사를 수식하는 것으로 되어 있는데 이때의 수식은 지시성을 갖고 있다. 그러므로 적지 않은 학자들은 이를 명동사 혹은 동명사로 부르고 있다. 이는 명사 수식을 받는 동사가 이미 부분적 명사의 문법적 특성을 갖고 있음을 시사한다. 이처럼 중국어에는 동사와 명사의 품사를 겸하고 있는 단어들이 적지 않게 있다.

(35)는 황양(黃陽)이 중국어에서 동사와 명사를 겸하고 있는 단어들을 뽑은 것인데 모두 154개다.

> (35) 比賽 練習 測驗 建議 危害 參謀 怨 變化 敎育 處分 建筑 誤會 冲突 妨碍 表示 經過 處理奬 修改 仇恨 置 表演 決定 創造 交際 宣傳 出身 刺激 表現 開始 創作 交流 選擧 傳說 幻想 代表 考試 斗爭 敎訓 選擇 創新 匯報 改變 批評 對比 解放 邀請 防守 答夏 輔導 認識 對話 解釋 依靠 妨碍 代辦 改進 生活 發明 經歷 運輸 負担 導演 輔導 生産 反應 競賽 証明 攻擊 雕刻 感冒 准備 反映 戀愛 支援 檢討 工作 愛好 紡織 命令 指揮 敎導 堅定 關系 組織 改革 請求 主張 借口 奬勵 活動 影響 改進 區別 祝賀 旅游 陪同 檢査 運動 貢獻 企圖 總結 迷信 起義 建設 准備 鼓勵 啓發 作用 賠償 起源 敎育 愛好 鼓舞 請求 把握 設想 傾向 決定 安慰 規定 設計 保障 申請 勸告 開始 保護 号召 失敗 報夏 審査 剩余 考試 保証 回憶 實驗 編輯 申明 委屈 聯系 報導 會談 損失 編制 生存 武裝 領導 報名 記彔 微笑 剝削

위의 단어들은 중국어에서 명사나 기타 구별어의 수식을 받을 수 있으며 수식어 뒤에 '的'를 붙일 수 없는 단어들이다. 일반적으로 명사는 직접 보충어로 되어 동사를 수식할 수 없다. 때문에 중국어에서는 명사가 동사를 직접 수식하는 상황에서 그 수식을 받는 동사가 명사의 문법 특성을 동시에 갖고 있는 것으로 밖에 이해할 수 없다.

(35)에서 직접 명사의 수식을 받을 수 있는 몇 개 동사를 보면 아래와
같다.

(36) 運動 : 體育運動　檢査 : 身體檢査
　　　實踐 : 社會實踐　出身 : 貧農出身

(35)에서 나열한 154개 중국어 단어 가운데 13개만이 동사나 명사의
성격을 뚜렷이 나타내고 나머지 141개는 쉽게 판단이 서지 않는 것들이
다. 이러한 것들이 동사와 명사의 성격을 동시에 겸하는 단어라면 이들
이 겸하고 있는 품사의 성격을 어떻게 증명하겠는가?

이러한 단어들은 대부분은 수량을 나타내는 명사로 정상적인 셈을 셀
수 있다. 정상적으로 셈을 셀 수 있다는 것은 양사 '種'을 붙여 그 앞에
수자를 자유로 사용할 수 있는 것이다. 이렇게 하면 동사가 명사의 특징
을 겸하고 있는 단어들을 분류할 수 있다. 또한 일관적인 방법으로(즉 한
개 동사를 조사 '的'을 가지지 않는 명사 뒤에 놓고 이것이 이 명사의 술어가 되지 않
고 핵심어가 된다면 이 동사는 비동사적인 성격도 지니고 있는 兼類辭[9])라고 할 수
있다) 분별할 수 있다. 하지만 이러한 방법으로는 역시 모든 동사·명사
를 겸하고 있는 단어들에 대해 분명한 선을 그어 그 품사의 겸용성(兼用
性)을 설명하기 어렵다. 그것은 일부 명사의 격을 겸하고 있는 동사도
어떤 때에는 '명사+的'의 형태로 동사를 수식하기 때문이다.

이처럼 중국어에서는 동사, 명사에 두루 속하는 단어들이 있다. 앞선
논의에서 동작성 명사의 중국에서의 품사 성격을 논할 때 이러한 단어들
을 언급했다. 총 조사 대상에서 54개의 단어가 이와 같이 동사, 명사 두

---

9) 兼類辭라는 것은 중국어에서 한 개 단어가 동시에 두 개 이상의 품사에 귀속될 수 있는
　성격을 가진 단어를 말한다. 이는 한국어의 품사의 통용성과 비슷하다.

품사에 두루 걸쳐있다. 이를 한 번 더 제시하면 아래와 같다.

한국어	품사	중국어	품사
결정하다	동	決定	동명
계획하다	동	計劃	동명
구성하다	동	構成	동명
규정하다	동	規定	동명
기록하다	동	記錄	동명
기억하다	동	記憶	동명
대비하다	동	對備	동명
도모하다	동	圖謀	동명
보고하다	동	報告	동명
보관하다	동	保管	동명
보도하다	동	報道	동명
보장하다	동	保障	동명
부담하다	동	負擔	동명
상징하다	동	象徵	동명
실천하다	동	實踐	동명
연습하다	동	練習	동명
예상하다	동	豫想	동명
요구하다	동	要求	동명
인식하다	동	認識	동명
존재하다	동	存在	동명
평가하다	동	評價	동명
확신하다	동	確信	동명
활동하다	동	活動	동명
가정하다	동	假定	동명
각오하다	동	覺悟	동명
감독하다	동	監督	동명
감수하다	동	甘受	동명
건의하다	동	建議	동명
공헌하다	동	貢獻	동명
기념하다	동	記念	동명

한국어	품사	중국어	품사
기도하다	동	企圖	동명
기재하다	동	記載	동명
녹음하다	동	錄音	동명
단언하다	동	斷言	동명
발명하다	동	發明	동명
번역하다	동	飜譯	동명
선도하다	동	先導	동명
설계하다	동	設計	동명
수확하다	동	收穫	동명
실험하다	동	實驗	동명
예고하다	동	豫告	동명
오해하다	동	誤解	동명
위장하다	동	僞裝	동명
장식하다	동	裝飾	동명
저축하다	동	貯蓄	동명
제의하다	동	提議	동명
조직하다	동	組織	동명
주관하다	동	主管	동명
주재하다	동	主宰	동명
지휘하다	동	指揮	동명
청구하다	동	請求	동명
통보하다	동	通報	동명
투입하다	동	投入	동명
희망하다	동	希望	동명

이런 동작성 명사들은 앞에 한자어 명사의 직접적인 수식을 받을 수 있으며 '의'가 실현되지 않고도 관형구성을 이룰 수 있는 것들이라 할 수 있다. 한국어에서 이런 한자어들은 중국어와 형태는 같지만 한국어에 서는 명사로 되었기 때문에 '명사+명사'의 수식구성은 중국어의 '명사+ 동사'의 수식구성보다 제약이 상대적으로 적다.

(37) 사회 보장, 자금 투입, 폭력 조직, 영어 번역, 시험 감독

하지만 중국어에서 동사, 명사 두 품사에 걸치는 단어들은 기타 동사
가 명사로 정착된 동작성 명사보다 '명사+동작성 명사' 구성을 형성하
는 것이 더 자유롭다. 즉 '의'가 실현되지 않는 것이 더욱 자연스럽다.

3) 구조 특징적 제약[10)]

'명사+동작성 명사' 구성에서 동작성 명사는 대부분 병렬구조이지만
또한 병렬구조에만 제약된 것은 아니다. 병렬구조 외에 수식구조, 술어+
목적어구조, 술어+보충어 구조도 있다.

병렬구조 :

  (38) 연구 : 문법 연구 검사 : 품질 검사, 매매 : 인구매매, 내왕 : 서신내왕

수식구조 :

  (39) 예보 : 일기 예보, 예측 : 발전 예측

술어+목적어 :

  (40) 침권 : 명예 침권

술어+보충어 :

  (41) 투입 : 자금 투입, 혁신 : 기술 혁신

---

10) 여기에서 말하는 구조특징은 한자어의 형태적 구조 특징을 말한다. 즉 병렬구조란 동
   작성 명사를 이루고 있는 개개의 한자어가 병렬의 의미적 관계로 이루어졌음을 말한
   다. 예컨대 '연구'는 '갈 硏'과 '다할 究' 두 개의 한자어로 이루어진 구조로서 이 두 한자
   어는 병렬적 관계를 나타낸다. 동작성 명사의 형태·구조적 특징은 병렬구조가 대부분
   이지만 수식구조, 술어+목적어구조, 술어+보충어구조도 있다.

그런데 모든 '술어+목적어' 구조의 동작성 명사가 모두 핵심어로 되어 명사의 수식을 받을 수 있는 것은 아니다. 예를 들면 '關心, 留心, 小心' 등 '心'자가 들어간 '술어+목적어' 구조의 동작성 명사는 명사의 수식을 받지 못한다.

또한 대부분 '술어+보충어' 구조의 동작성 명사들은 명사의 수식을 받지 못한다. 예를 들면 '가강, 제고, 확대, 감소, 타도, 타파' 등은 관형형 명사의 수식을 받지 못한다.

2.2.3 의미 제약

1) '동사+동작성 명사' 구성의 의미 제약

'명사+동작성 명사' 구성은 문법상의 제약에 의해서 판단될 뿐만 아니라 또 다른 하나의 제약 즉 의미(의미결합 관계라고도 한다)에 의해서도 판단된다.

'철수가 문법을 연구한다'에서 '철수', '문법', '연구하다'는 '주어+목적어+술어'관계에 놓여 있는데 '문법'은 '연구'의 대상으로 된다. 그러나 '문법 연구의 문제'에서 '문법'은 '연구'의 도발자가 아니므로 '연구'의 대상으로 밖에 될 수 없다. 그런데 '문제'는 '연구'의 수동자가 될 수도 있고 '연구'의 관여자로도 될 수 있다. 일반적으로 동작성 명사 앞뒤에는 두 개의 수동자가 동시에 나타날 수 없다. 이는 동사의 논항 제약으로도 알 수 있다. 전체와 부분의 관계를 나타내는 명사라면 한 동사가 동시에 두 개의 대상을 가질 수 있을지 몰라도 기타 상황은 두 개의 수동자 즉 대상을 가질 수 없다. 여기서 '문제'가 대상이 된다면 '문법'은 대상이 될 수 없다, 그런데 '문법'은 오직 '연구'의 대상으로 밖에 될 수 없고 기타의 의미 역할을 담당할 수 없다. 이렇게 '문법'은 대상, '문제'는 관여자라는 것을 판단할 수 있다. 이렇게 되면 '문법 연구의 문제'의 계선과 구조관계 및 의미관계가 모두 명료해지는데 이는 모두 의미 분석의 결과라 할 수 있다.

'명사+동작성 명사'가 명사구를 이루어지는 그 의미 제약 조건은 주요하게 명사와 동사의 의미 제약 관계에서 얻어진다. 명사와 동사의 의미 관계는 보통 두 가지로 나눌 수 있다.

첫째, 명사는 동작의 피동자, 대상 혹은 결과 등이다. 예를 들면 '식물 재배, 지력 개발, 회사 경영' 등이다.

둘째, 명사가 동작이 미치는 어느 한 면 혹은 동작의 방식으로 된다. 예를 들면 '경제 합작, 논문 심사' 등이다.

어떤 경우에는 명사의 의미 특징이 잘 파악되지 않을 때가 있다. 예를 들면 'PC 판매'에서 'PC'는 판매의 대상이 될 수도 있고 '도구'가 될 수도 있다. 정태(靜態)적으로는 판단할 수가 없으며 오직 더 큰 결합 관계를 보아서야만 그 의미결합 관계를 알 수 있다. 때문에 구의 계선을 그을 때 내부분석도 진행해야 할 뿐만 아니라 반드시 외부 분석도[11] 진행하여야 한다. 이 두 제약조건을 모두 만족시켰을 때에야 최종적으로 문법적인 결합이라는 것을 확정할 수 있다.

> (42) 가. 우리 회사에서 이 달의 pc 판매량이 1000대에 도달했다. (pc는 대상)
>
> 나. pc 판매라는 방식은 쇼핑시간을 줄일 수 있고 집을 나서지 않고도 맘에 드는 상품을 살 수 있기 때문에 필연적으로 많은 고객의 환영을 받는다. (pc는 도구)

---

11) 내부분석은 문장 자체의 구조 분석을 가리키고 외부 분석은 주로 화용론적인 측면에서의 분석을 가리킨다.

조사한 언어자료에서 보면 명사가 동작성 명사를 수식하는 수식 구성에서 행위주, 도구, 방식, 시간, 장소 등 의미도 표시할 수 있다.

① 명사가 동사의 행위주 또는 주체로 될 때
한 가지는 동작 자체를 지칭하는 것이고 다른 한 가지는 동작과 관계되는 사물을 지칭하는 것이다. 사물을 지칭할 때는 동사 명사를 겸하고 있는 한자어 동작성 명사들이 수량사의 수식을 받을 수 있다.

(43) 사업 보고-보고 하나, 회의 기록-기록 한건, 개인 건의-건의 하나

위에서 '보고, 기록, 건의' 등은 모두 중국어에서 동사와 명사의 품사를 겸하고 있는 동작성 명사들이다.
'행위주+동작성 명사'가 때로는 중의성을 갖고 있는 것들이 있다. 중의성을 제거하는 방법에는 두 가지가 있다. 하나는 상하문맥을 보는 것이고 다른 하나는 단어를 바꾸거나 통사구조를 바꾸는 것이다.
언어 교육이나 커뮤니케이션의 각도에서 본다면 단어를 바꾸거나 통사 구조를 바꾸는 방법으로 중의성을 해소할 수 있지만 한국어 정보처리에 있어서 정보처리의 대상은 고정적인 것이기 때문에 단어를 바꾸거나 통사구조를 바꾸지 못한다.
따라서 오직 상하문맥에서 제공하는 정보를 이용하여 중의성을 해소할 수밖에 없다. 즉 우리가 말하는 '외부제약'인 것이다. 여기서 말하는 '외부제약'이라는 것은 주로 결합 관계를 두고 말하는 것이다. 단어와 단어와의 결합뿐만 아니라 구와 구사이의 결합도 포함되며 심지어 문장과 문장, 단락과 단락, 텍스트와 텍스트 사이의 결합도 포함된다.

② 명사가 동작의 시간, 장소를 나타 낼 때

동작성 명사를 수식할 수 있는 명사는 총적으로 동작이 미치는 한 측면을 말한다. 더 구체화해서 말하자면 하자면 그 동작과 관계되는 여러 측면을 말하는 바 이 동작이 지칭하는 사물이나 동작을 모두 한정할 수 있는 것을 말한다. 시간과 장소는 모든 동작이 공통으로 소유하고 있는 속성이기 때문에 동작에 대해서 자연히 한정, 수식을 할 수 있다.

　　(44) 중간 고시, 기말 고시, 야간 방송(시간)
　　(45) 지면 진공, 공중 습격, 현장 토론(장소)

더욱이 '명사+동작성 명사'에서 핵심어인 동작성 명사가 각종 유형의 의미적 제약의 합법성과 접수성이 더욱 높아진다.

③ 명사가 동작의 도구, 방식으로 될 때
　　(46) 동태(動態) 분석, 전화 연락, 서신 내왕

정적으로 볼 때 이러한 단어는 명사구로도 될 수 있고 '하다'가 생략된 문장으로도 볼 수 있다. '하다'가 생략된 문장으로 본다면 '분석하다, 내왕하다'에서 '하다'가 생략된 동사로 볼 수 있을 것이다. 그럼 이것이 명사구인지 아니면 '하다'가 생략된 문장인지를 어떻게 판단하는가?

이는 앞뒤의 결합 즉 외부제약으로써 판단할 수 있다. 이러한 수식구성의 '도구/방식명사+동작성 명사' 구성의 구는 앞에 규정어적 표시 '의'가 있으면 그 명사구 성격이 결정된다. 예컨대 '문법의 동적 분석', '회사와의 전화 연락' 등 결합에서 보면 앞에 속격 '의'가 있기에 뒤의 명사적 성격을 결정할 수가 있다. 이때의 동작성 명사는 전체 구에서의 중심이기에 이들이 무엇을 지칭하는 것인지를 판단할 수 있다. 즉 명사라는 것이 판단된다. 앞에 붙은 명사 '전화, 서신' 등은 그 뒤의 명사에 대한 분류를 나타냄으로써 변별적 의의가 있다.

(47) 전화 연락, 서신 연락, 인터넷 연락, 이메일 연락, 핸드폰 연락…

즉 이들이 서로 다른 연계 방식을 나타낼 때 '연락'은 명사가 된다. 그러나 '선생님이 동적 분석', '철수가 전화 연락', '다른 나라와 서신 내왕'에서는 '분석', '연락', '내왕'이 뒤에 '하다' 등의 동사적 요소가 생략된 동사가된다. 즉 앞에 행동의 주체가 나타나면서 문장에서 주격이 붙어 주어로 되기 때문에 이때 동작성 명사는 명사가 아니라 '하다'가 생략된 동사이다.

2) 동작성 명사의 결합가 특성

앞장에서 동작성 명사를 명사의 결합가 특성에 따라 분류한 바 있다. '명사+동작성 명사'에서 동작성 명사는 1가, 2가, 3가가 모두 가능하다. 그것은 '명사+동작성 명사'구의 의미특성을 볼 때 수식명사는 동작성 명사에 대한 지칭 용법에 대한 분류이다. 동작성 명사에 대한 분류는 동작성 명사가 나타내는 동작의 여러 면에 걸쳐 진행할 수 있다. 예를 들면시간, 장소, 도구, 참여자, 대상, 영역 등 제 측면이다. 동작성 명사가 명사의 수식을 받을 수 있는가 없는가 하는 것은 이러한 동작성이 지시성을 띠는가의 여부에 따라 결정되지 동작성 명사의 결합가와는 그리 큰관계가 없다.

(48) 1가 동작성 명사 예를 들면 여행 : 해외 여행, 신혼 여행
(49) 2가 동작성 명사 예를 들면 '연구' : 문법 연구, 선행 연구
(50) 3가 동작성 명사 예를 들면 '유입' : 제품 유입, 국내 유입, 인구 유입

3. '에 대한', '에 의한' 논항의 실현 양상

위에서 명사구 내의 '의'의 통합 양상 및 '의'가 실현되지 않는 관형
구성(수식구성) 동작성 명사구에 대해 살펴보았다. 본 절에서는 동작성
명사의 일부 특정 논항인 '에 대한', '에 의한'의 실현 양상을 살펴보고
자 한다. 이 두 논항을 가지는 동작성 명사구에서는 논항이 2개 이상임
에도 불구하고 중복 발화가 불가능하다. 특히 기존 연구는 이런 중복
발화에 대해 모호한 의미적 해석에 치우쳐 설명했으며 통사론적인 어
떤 기제를 제공해주지 못하고 있는 실정이다. 본 연구에서는 주로 이선
웅(2005)[12] 서술을 바탕으로 해서 더 세부적인 예구들에 대한 관찰과 분
석을 통하여 이런 논항의 중복 발화의 불가능을 통사론적으로 해석할
수 있는 근거를 찾아내고자 한다. 이에 기초하여 통사론적, 형태론적인
기제를 찾아보고자 한다.

명사구에서 '의' 논항이 통합되는 것과 '의'가 실현되지 않는 무표지
논항이 실현되는 외에 '에 대한', '에 의한' 논항이 실현되는 것도 있다.
이 세 논항의 실현은 상보적이라고도 할 수 있다. 즉 '의' 논항 실현과
무표지 논항이 실현되면 문법성이 떨어지거나 비문법적이 된다. 이때
'에 대한', '에 의한'을 통합시키면 문법성이 증가된다.

3.1 '에 대한' 논항의 실현 양상

(51) 가. 인민대중(*∅, ?*의) 압박(인민대중 : 대상역)

---

12) 본 연구의 논술은 주로 이선웅(2005)에서의 명사의 논항 실현 양상에 대한 서술을 바
탕으로 하여 명사의 논항실현에서의 동작성 명사에 해당되는 부분에 대한 서술을 중
심으로 전개하였다.

  가. 인민대중에 대한 압박
  나. 적들의(*∅, ?*의) 감시(적 : 대상역)
  나′. 적들에 대한 감시
  다. 일삼아 벌이는 노력에도 불구하고 윤봉이(*∅, ?*의) 주위의 평
      판은 조금도 개선될 기미가 안 보였다.
  다′. 일삼아 벌이는 노력에도 불구하고 윤봉이에 대한 주위의 평판은
      조금도 개선될 기미가 안 보였다.

  이선웅(2005 : 123)은 논항에 영향을 미치는 정도가 적으면[13] '에 대한'
을 통합시킬 가능성이 높아진다고 하였는데 여기에서는 그 정도성의 판
단 여부가 문제로 된다.
  정도성이라는 것은 모호한 개념인데 어느 정도여야 '에 대한'의 통합
이 가능하고 어느 정도여야 불가능한지 명확히 제시하지 않았다.
  또한 '에 대한'을 동작성 명사의 논항으로 볼 것인지 아니면 '대하다'
동사의 관형어인 관형로 볼 것인지가 문제된다.

3.1.1 피동적 의미를 나타날 때의 '에 대한'의 실현 양상

  (52) 가. 한국 문학의 고찰
      나. 한국 문학을 고찰하다
      다. 한국 문학에 대한 고찰
      라. 한국 문학에 대해 고찰하다.

  여기에서 피동의 의미 즉 영향을 주거나 영향을 받는 단어들은 '에 대
한'의 통합이 비교적 자연스럽다. 영향을 받는다는 것은 피동의 뜻이 있
는 동작성 명사나 타동성 동작성 명사를 뜻한다. 이러한 동작성 명사에

---

13) 이선웅(2005 : 124)은 이러한 영향성을 '에 대한' 논항을 실현시키는 원인으로 보면서
   '에 대한'이 상대적으로 길이가 긴 우언적 형식의 논항 표지여서 중복발회에 민감하기
   때문이라고 여기고 있다.

는 '에 대한'의 통합이 가능하다.

> '되다' : 운영, 착안, 가속, 가열, 가정, 각색, 개봉, 개설…
> '당하다' : 강간, 공제, 굴복, 기습, 멸망, 모욕, 배신, 배척…
> '받다' : 검사, 격려, 교환, 도전, 동의, 보조, 비난, 멸시, 비호…

위의 동작성 명사들은 모두 피동의 의미를 띤 '되다, 당하다, 받다'와 결합될 수 있는 것으로서 외부로부터 어떤 영향을 받거나 주는 명사들이다.

이렇듯 '되다, 받다, 당하다' 등이 붙어서 피동의 의미를 나타낼 수 있는 동작성 명사들은 1차적으로 '에 대한' 통합이 자연스럽다.

그 다음은 이선웅(2005)이 제기한 논항에 대해 영향을 미치는 정도이다. 논항에 대해 영향을 미치는 정도에 따라서 그 문법성이 높아지거나 낮아진다고 하였는데 이는 2차적인 점검 방식이라고 할 수 있다.

'되다', '받다', '당하다'가 붙는 동작성 명사에 '에 대한'이 모두 통합될 수 있는 것은 아니다. 하지만 이러한 동사가 붙을 수 있다는 것은 [영향성]이 있기 때문이다. 이에 첫째 단계는 이러한 '되다, 받다, 당하다'가 붙는 단어들에 '에 대한' 통합의 실현의 점검을 시작한다. 그 다음 제2단계에서 그 의미에 따라 다시 점검하면 된다.

'되다', '받다', '당하다'는 그 영향이나 피동의 정도를 보면 '당하다>받다>되다'로 된다. 여기에서 '되다'는 피동의 의미가 있는 외에 또 자발적인 행동이나 변화를 뜻하는 의미가 있다. 이러한 자발적인 행동이나 변화는 외부의 영향을 받아서 일어난 것도 있고 스스로 일어난 것도 있다. 때문에 자동사적 성격이 강한 단어들은 '에 대한' 통합이 부자연스럽다.

'마비'는 '되다'만 붙는 동작성 명사이다. 이는 물론 외부에서 영향을 주어서 일어난 것이지만 '마비하다'보다는 '마비되다'가 자연스런 쓰임이 된다.

(53) 가. 전신의 마비
    나. *전신에 대한 마비

(53가)는 전신이 '마비되다'라는 뜻으로 자동사적인 쓰임이다. 이러한 내부 스스로의 변화나 자동적인 변화는 '에 대한' 통합이 어렵다. 이는 '마비'의 대상이 없고 '경험주역'14)만 가지고 있는 자동사라는데도 그 원인이 있다.

'받다'는 피동이나 영향을 받는 동작성 명사와 결합되어 많이 쓰인다. 영향을 받는 대상이 있으면 주는 상대가 있듯이 상호적인 것이다. 때문에 '받다'와 결합되어 쓰이는 동작성 명사들은 '주다'와도 결합이 되며 이는 [영향성]이 가장 두드러지게 나타나는 형태들이다. 때문에 '받다'와 통합될 수 있는 동작성 명사는 '에 대한' 통합이 가장 자연스러우며 문법성도 높아진다.

(54) 검사 격려 교환 구박 대우 도전 동의 멸시 모함 발부 보조 부탁 비난 비호 사과 선물 선불 선사 섭외 송치 신뢰 심문 심판 양보 연기 연락 원망 원조 위로 융자 인수자극 자백 제보 존경 종용 주문 지도 지탄 징계 찬미 찬양 처방 천대 추인 추천 축하 충전 칭찬 타박 탄압 통고 표창 하사 학대 협조 환영 효도 경고

앞에서 열거한 57개 동작성 명사들은 '받다'와 결합될 수 있는 단어들이다. 이러한 단어들은 '받다'가 붙어 외부로부터의 어떠한 영향을 입는다는 뜻이 있으므로 [영향성] 정도가 높다고 볼 수 있다. 이는 적극적인 피동과 소극적인 피동 모두 될 수 있는 것들이다. 즉 피동자가 원하는

---

14) 경험주역은 주로 논항구조와 의미역에 대한 설명 방식인바 본 연구에서도 의미역개념을 도입해서 사용하고자 한다. 경험주역은 '주로 어떤 심리적 상태를 경험하는 실체로 볼 수 있으며 행위주역, 수혜주역, 대상역(피동주역)등과 같은 선상에서의 개념들이다.

영향일 수도 있고 원하지 않는 영향일 수도 있다. 위에 열거한 단어 중에서는 '받다'와 결합하여 쓰일 때 사용 빈도가 아주 낮아서 어색하다고 생각되는 단어도 있다. 예를 들면 '연기', '선불' 등의 단어들이다.[15] 이러한 단어들은 '받다'와 결합되어 쓰이는 경우가 있지만 피동의 의미가 다른 단어에 비해서 매우 약하다. 때문에 '에 대한' 통합의 문법성이 다른 단어들보다 약하다. 그 외에 '발부, 종용, 하사' 등도 이러한 단어들에 속한다. 하지만 '받다'와 전혀 결합되지 못하는 다른 여타의 단어들과 비교할 때 그래도 '받다'와 결합되는 동작성 명사들은 '에 대한'의 논항을 다른 단어들보다는 자연스럽게 가질 수 있다.

'당하다'는 강한 피동을 나타내며 이와 결합되는 동작성 명사들은 이러한 동작을 원하지 않지만 그러한 영향을 입음을 나타낸다. 이런 강한 피동을 나타내는 '당하다'가 붙는 동작성 명사는 '받다'가 붙는 동작성 명사보다 '에 대한' 통합이 자연스럽지 못하다.

> (55) 가. *?중학생에 대한 강간. *중학생의 강간(중학생 : 대상)
> 중학생을 강간하다. 중학생이 강간당하다.
> 나. *?기사에 대한 강탈. *기사의 강탈(기사 : 대상)
> 기사를 강탈하다. 기사가 강탈당하다.

'되다'가 붙을 수 있는 동작성 명사는 아주 많다. '되다' 역시 피동의 의미가 있으므로 '에 대한' 통합이 가능하다. 그렇지만 피동의 의미가 아니고 단지 어떤 자발적인 행동이나 무엇이 이루어짐을 나타내는 의미를 가질 때에는 '에 대한' 통합이 자연스럽지 못하다.

---

15) '연기'나 '선불' 같은 단어들이 '받다'와 결합되어 쓰이는 상황은 '자극'이나 '구박' 등 단어들 보다 적기는 하나 없지는 않다. 한 기독교 관한 책 이름으로 쓰였던 '연기 받은 생명'이나 '급여를 선불 받고 일도 안하고 도망쳤다' 등 예구에서 그 쓰임을 확인할 수 있다.

(56) 가. 수능시험 합격, *수능시험의 합격, *수능시험에 대한 합격
　　　나. 학점 평가, 학점의 평가, 학점에 대한 평가

(56가)의 '합격'은 스스로 어떤 노력을 거쳐서 어떤 수준에 도달하다는 뜻으로서 외부의 영향이나 피동 의미가 적다. 때문에 '의', '에 대한' 통합이 모두 자연스럽지 못하다. 하지만 '평가'는 이와 달리 '무표지', '의', '에 대한' 통합이 모두 가능하다. 이는 바로 '평가' 의미에서 기인된 것이다. 즉 '평가'는 '어떤 물건 값을 헤아려 매김, 또는 그 값'이라는 뜻으로서 외부에서 어떤 힘을 가하거나 어떤 영향을 미칠 수 있는 의미를 갖고 있다. 때문에 평가는 형태상 '하다, 되다, 받다' 등과 모두 결합할 수 있다. 이 세 형태와 결합한 동사는 그 논항이 각각 달리 나타나는 바 그 명사구에서의 논항 실현도 역시 다양한 방식으로 나타날 수 있다.

(57) 가. 한국 문학의 고찰,
　　　가́. 한국 문학을 고찰하다
　　　나. 한국 문학에 대한 고찰
　　　나́. 한국 문학에 대해 고찰하다.

(57가)의 뜻을 (57나)처럼 표현하여도 의미는 같다고 할 수 있다. 하지만 기저의 동사구는 다르다. (57가)가 (57나)의 의미를 갖고 있다는 것은 '의'의 의미의 다양성으로 인해 '에 대한'의 의미로 나타낼 수 있기에 '에 대한'으로 대체할 수 있다.

즉 (57가)는 (57가́)와 대응되고 (57나)는 (57나́)와 대응이 된다.

3.1.2 '에 대한' 중복 발화에 대한 제약

(58) 가. 정부의 양담배 수입의 목적

가. ??정부의 양담배의 수입
나. 그 문제에 대한 해결책의 모색
나′. *그 문제에 대한 해결책에 대한 모색
다. 그 문제에 대한 해결책
다′. 해결책에 대한 모색
라. 정부에 의한 해결책의 모색
라′. *정부에 의한 해결책에 대한 모색

이선웅(2005 : 124)은 위와 같은 예를 들면서 '다'나 '다′'의 구성이 모두 자연스러운 구성임에 반해 '나′'처럼 중복이 불가능한 것은 내포의 언어 수행적 제약으로 본다. 그것은 '에 대한'은 상대적으로 길이가 긴 우언적 형식의 논항 표지이어서 중복 발화에 더 민감하기 때문이라고 했다. 물론 '에 대한'이 길이가 긴 우언적 형식이기에 그 중복이 더 어색한 것은 필자도 동감한다. 그렇지만 이는 단지 길이의 문제가 아니다. '의'가 중첩 사용될 때도 모든 명사구에 모두 '의'가 결합되는 것이 아니다. 이는 물론 빈번한 중복의 출현을 막기 위한 것이라 할 수 있지만 통사적 제약을 무시해서는 안 된다.

위에서 '의'의 결합 제약을 통사론에서 찾을 수 있듯이 '에 대한'도 역시 통사론에서 그 원리를 찾을 수 있다고 생각된다.

(59) 가. 정부의 양담배 수입의 목적
가′. 정부가 양담배를 수입하는 목적
나. 정부의 양담배의 수입
나′. 정부가 양담배를 수입하다.
다. 그 문제에 대한 해결책의 모색
다′. 그 문제에 대해 해결책을 모색하다.
라. 해결책에 대한 모색
라′. 해결책에 대해 모색하다.
마. 정부에 의한 해결책의 모색

　　마. 정부에 의하여 해결책이 모색되다.

　위의 예들을 같은 의미의 동사구나 절을 포함한 명사구로 바꾸어 보면 그 통사구조가 다르다는 것을 알 수 있다.

　(59가)는 명사구의 확장으로서 그것은 관형절을 내포하는 (59가)의 구조에 대응된다고 볼 수 있다. 때문에 (59가)의 명사구는 동사 '수입하다'의 관형절에서 관형격으로 되어 '의'가 붙어서 동사구가 된 것이다.

　즉 '정부가 양담배를 수입하다'는 문장이 관형절이 되어 뒤에 동작성 명사와 결합된 것이다.

　이 두 명사구는 구조상 하나는 동사의 명사절이 안긴 명사구이고 다른 하나는 명사구의 확장에 의해서 이루어진 것으로 그 의미는 같다. '수입'과 '수입하다'는 명사와 동사로서 각각 뒤에 오는 명사와 결합될 수 있다. 따라서 (58가)처럼 명사구로 될 수 있다.

　이선웅(2005 : 124)은 '그 문제에 대한 해결책의 모색'은 자연스럽지만 '그 문제에 대한 해결책에 대한 모색'은 왜 비문이 되는가에 대하여 통사론적인 원리를 발견하기 어렵다고 했는데 이는 대응하는 동사구와 비교해 보면 쉽게 찾아낼 수 있다.

　(59다)를 동사구로 풀이하면 (59다)와 같은데 여기에서 '모색하다'라는 동사는 '이/가', '에 대해', '을'의 세 논항을 갖는 3가 동사로서 '에 대해', '을'은 모두 '모색'의 논항이라고 할 수 있다. 또한 모색의 필수 논항이라고 할 수 있다.

　여기에서 '에 대해'나 '을'은 모두 대상을 나타내는 대상역이다. 그러나 통사적으로 볼 때 '을'은 목적어고 '에 대해'는 부사어로서 서로 다른 통사적 기능을 한다. 따라서 이들 동사구와 같은 의미를 갖고 있는 명사구 역시 그 통사적 기능이 다른 것이다.

앞에서 논항에 대해 논의했는 바 논항은 어휘 의미역 구조와 서술어의 논항 구조를 구분해서 논의해야 한다. '모색하다'의 논항은 의미상으로는 대상역을 두 개 가질 수 있지만 서술어의 논항구조를 볼 때 하나는 부사어, 다른 하나는 목적어를 논항으로 가진다. 따라서 이들이 명사구로 도출될 때는 서술어의 논항구조가 다르기에 동작성 명사의 논항구조역시 다를 수밖에 없다.

다시 예 (59)를 보자.

> (60) 가. 그 문제에 대한 해결책의 모색
> 　　　가′. 그 문제에 대한 해결책
> 　　　가″. 해결책에 대한 모색
> 　　　나. *그 문제에 대한 해결책에 대한 모색

(60나)에서 보듯이 이러한 중첩이 불가능한 것은 (60나)가 (60가′+가″)로 이루어진 구조가 아니기 때문이다. 그것은 통사론적으로 제약이 있기 때문에 이러한 중첩이 불가능한 것이다. 즉 '그 문제에 대한 해결책'은 동사의 관형형 명사구이고 '해결책에 대한 모색' 역시 동사의 관형형 명사로서 이 두 명사구의 병렬은 결코 '그 문제에 대한 해결책의 모색'이란 의미를 나타낼 수 없다.

'그 문제에 대한 해결책'에서 핵은 '해결책'이고 '해결책에 대한 모색'에서 핵은 '모색'이다. 그런데 이 두 명사구를 함께 연결시킨다면 어느 것이 핵인지 명확하지가 않다. 한 명사구 내에 핵이 두 개일 수는 없는 것이다. '그 문제에 대한 해결책의 모색'에서 '모색'은 '해결책'이 이루는 명사구 '그 문제에 대한 해결책'을 논항으로 취하고 있다.

그렇기 때문에 이러한 중복 출현의 가능성을 배제하는 데는 '에 대한'의 우언적 형식의 중복 발화에 민감하다는 데도 있지만 더욱 중요한 것은 통사-의미적인 제약에 있다.

3.2 '에 의한' 논항의 실현 양상

3.2.1 '에 의한' 논항 실현의 통사적 제약

(61) 가. 정부에 의한 해결책의 모색
　　　가′. *정부에 의한 해결책에 대한 모색

(61가)가 비문이 되는 것 역시 논항과 관계가 된다. 우선 (61가)는 그 논항을 따지면 '정부'가 행위 주역이 될 수 있다. 그리고 '해결책'은 '모색'의 대상역이 된다. 하지만 동사구로 이 의미를 표현한다면 '정부가 해결책을 모색하다'라는 뜻에 해석된다. 그런데 여기에서 '해결책'이 대상역으로만 되는 것이 아니다.

통사론적으로 볼 때 '해결책의'는 목적어적 속격이 될 수도 있고 주어적 속격이 될 수도 있다. 목적어적 속격으로 표시하면 그 동사구는 '정부가 해결책을 모색하다'이지만 '해결책'이 주어적 속격을 나타낸다면 '정부에 의해서 해결책이 모색되다'로 표현될 수가 있다. 이는 '모색'이 자동성, 타동성 동작성 명사16)로서 '하다', '되다'와 모두 결합될 수 있는 데서 기인한다. 따라서 '해결책'이 주어적 속격일 때는 앞에 '정부에 의해'라는 부가어가 올 수 있는 바 이는 모색의 논항이 되지 못한다.

(60가)는 통사구조상 '정부에 의해 해결책이 모색되다'와의 대응이 더 적절하므로 그 명사구는 '정부에 의한 해결책의 모색'이 되며, '해결책'이

---

16) 자동성, 타동성 동작성 명사라고 하는 것은 그 후행요소가 어떤 것이 붙을 수 있는 가에 의해서 판단된다. 예를 들면 연구는 '하다'가 붙으면 타동사, '되다'가 붙으면 타동사가 되는데 이러한 명사들을 자, 타동성 동작성 명사라고 한다.

주어적 속격으로 나타난다. 따라서 '정부에 의한 해결책에 대한 모색'은 부적절한 것이 된다. 의미적으로 보면 이러한 명사구가 문법적인 것 같다. 그러나 그 통사구조로부터 보면 제약이 있다. 때문에 '정부에 의한 해결책의 모색'으로 표현되면 통사구조상에서도 문제가 없고 논리 의미적으로도 '해결책'이 '주어적' 속격으로, '목적어'적 속격으로 모두 가능하기에 '한 개 형식'으로 두 개 '의미를' 모두 포함할 수 있다는 장점이 있다.

물론 이러면 중의성을 불러일으킬 수 있지만 이는 구체적인 문맥에서 해소될 수 있기에 문제가 되지 않을 듯하다. 명사구는 원래 단독적으로 쓰이는 일이 없고 문장 속에서 문장의 한 성분으로 되기에 문장에서는 이러한 중의성이 해결된다.

이는 이선웅(2005)의 중복 발화에 대한 통사론적인 원리를 발견하기 어렵다는데 대한 새로운 발견이라고도 할 수 있다.

(62) 가. 다양한 방식에 의한 정부의 여론 수렴
　　　가'. 다양한 방식에 의해 정부가 여론을 수렴하다.
　　　나. 다양한 방식에 의한 여론 수렴
　　　나'. 다양한 방식에 의해 여론이 수렴되다.
　　　다. 정부에 의한 여론 수렴
　　　다'. 정부에 의해 여론이 수렴되다.
　　　라. *정부에 의한 다양한 방식에 의한 여론 수렴

위의 문장에서도 '다'는 '에 의한'과 '에 대한'의 중복이 불가능하다. 이것도 역시 통사론적인 제약에 의해서이다.

(62가)는 '다양한 방식에 의한 여론 수렴', '정부의 여론 수렴' 등 두 개 명사구가 합쳐서 이루어진 명사구로서 그 동사구는 '다양한 방식에 의해 여론이 수렴되다', '정부가 여론을 수렴하다'와 대응된다. 이로부터

동사 '수렴되다'의 논항을 알 수 있는데 '다양한 방식에 의해'는 부가어가 되고 '여론'은 '주어'가 된다. '정부가 여론을 수렴하다'에서는 '정부'가 행위주역으로서 주어가 되고 '여론'은 대상으로서 목적어가 된다. 이러한 논항 정보는 명사구에서 반영이 되는데 이 명사구는 이 두 동사구의 논항을 그대로 투영한다고 말할 수 있다.

즉 동작성 명사 '수렴'의 논항은 동사로부터 전수받아 명사구에서 그 논항이 표현된다. 때문에 이 두 동사구의 명사구로의 변환은 '다양한 방식에 의한 정부의 여론 수렴'으로 밖에 될 수 없다. 그 논항정보를 보면 '다양한 방식에 의한'이 관형어로서 부가어의 위치를 차지하고 정부는 행동주로서 주어적 속격, 그리고 '여론'은 목적어적 속격, 이처럼 논항이 하나하나 모두 체현된다.

그런데 '정부에 의한 다양한 방식에 의한 여론 수렴'이 비문이 되는 것은 의미상으로는 '정부가 다양한 방식으로 여론을 수렴하다'라는 뜻이 있지만 통사적으로 논항의 실현에서 '수렴'이 두 개의 부가어를 가질 수 없으며 '정부'는 부가어가 아니라 행동주로서 주어적 논항으로 되어야 하기 때문이다. 그리고 명사구에서 핵 명사는 병렬된 관형어를 가질 수 없다.

이처럼 통사적 제약으로서 이런 중복 발화를 설명할 수 있다.

통사적 제약뿐만 아니라 형태적 제약도 이러한 구성을 비문으로 만든다. 즉 한국어에서는 조사나 어미의 반복적인 형태의 출현을 잘 허용하지 않는 경향이 있다. 이러한 중복현상은 중세국어에서 그나마 찾아볼 수 있다.

　(63) ㅣ와 ㅏ와 ㅓ와 ㅕ와란 올흔녀긔 부텨쓰라(정음언해)

위의 예처럼 중세에서는 접속조사 '와/과'의 두 번 이상의 반복을 허용하지만 현재에 이르러서 이러한 용법을 허용하지 않듯이 같은 형태의 중첩이 어렵다.

> (64) 가. *나는 책을 보고 세수를 하고 잤다.
> 가′. 나는 책을 보고 나서 세수를 하고 잤다.
> 나. *공부하는 연구하는 사람
> 나′. 공부하고 연구하는 사람

이처럼 절의 반복이나 구의 반복이나 막론하고 같은 의미의 병렬을 나타 낼 때는 동일 형태의 중첩이 어렵게 된다. 물론 현대 한국어에도 접속조사 '와/과' 격조사 '이/가'가 중첩되는 것이 있기는 하지만 이런 경우를 빼고는 특히 비교적 형태가 긴 것은 더욱 중첩을 허용하지 않는다. 이는 중복 발화에서의 형태론적 제약의 하나가 아닌가 싶다.

3.2.2 동사의 논항 유형에 따른 제약

또 이선웅(2005 : 126)의 예들을 보기로 하자.

> (65) 가. 팀원 전체{의, 에 의한} 새 소프트웨어의 개발
> 가′. 팀원 전체가 새 소프트웨어를 개발하다.
> 나. 경찰청{의, 에 의한} 성범죄자의 신상 공개
> 나′. 경찰청이 성범죄자의 신상을 공개하다.
> 다. 철수{의, *?에 의한} 수학의 공부
> 다′. 철수가 수학을 공부하다.
> 라. 검찰{의, 에 의한} 그 수뢰 혐의의 부정
> 라′. 검찰이 그 수뢰 혐의를 부정하다.
> 마. 김 교수{의, 에 희한} 물리학의 연구
> 마′. 김 교수가 물리학을 연구하다.

이선웅은 (65가, 나)에 대응되는 동사구에 행위주역 의미역을 가지는 '이/가' 통합 조사구가 명사구에서는 자연스럽게 '에 의한' 표지와 통합될 수 있지만 (65다, 라)는 매우 어색하다고 하였다. 그래서 이와 같은 차이를 풀어주는 열쇠는 '에 대한'에서처럼 '피영향성'의 개념에서 찾을 수 있다고 하였다.

'개발'을 하여 사물이 변모하거나 '공개'를 하여 없던 존재를 인식하게 되는 일은 '공부'를 하여 어떤 대상을 수동적으로 받아들이거나 단순히 어떤 알려진 사실을 '부정'하는 일보다 대상에 대해 영향력이 크다고 볼 수 있기 때문에 '개발'은 '에 의한' 통합이 잘 되지만 '공부'는 '에 의한' 표지 통합이 잘 안 된다고 설명하고 있다.

물론 이러한 설명이 타당성이 없는 것은 아니다. 하지만 단어의 피영향성의 정도를 판단하기란 매우 어려울 뿐만 아니라 이러한 '피영향성'의 의미적 특성만으로는 이들의 차이를 명확히 제시해줄 수 없다.[17) 그것은 의미는 항상 추상적이어서 파악하기가 힘들기 때문에 의미적인 어떠한 척도로 이런 차이를 가늠하는 자체가 신빙성이 떨어진다.

(65가, 나)와 (65다, 라)의 차이는 피영향성의 정도에서 나타나는 바, 하나는 문법적이고 다른 하나는 비문법적이 된다고 했지만 구체적인 판단 방법을 제시해주지 않고 있다. 명사구 '가'는 동사구 '가'와 같은 의미를 갖고 있으며 '개발'의 의미로 인해 '에 의한'이 통합된다고 말하고 있지만 사실 그런 것이 아니다. 여기에서 동작성 명사 '개발'의 동사구가 어떤 것인가에 따라 그 명사구가 달라질 수 있다.

(66) 가. 팀원 전체의 새 소프트웨어의 개발

---

17) 앞에서 영향성의 정도처럼 피영향의 정도도 매우 모호한 정도인바 어떤 선에서 그 정도를 판정하는지 기준선이 명확하지 않을 수 있다.

나. 팀원 전체가 새 소프트웨어를 개발하다.

이처럼 '의' 통합 명사구는 개발이 주어적 속격, 목적어적 속격의 두 논항을 가지면서 행위주와 대상이라는 의미적 논항을 갖고 있다. 이와 대응되는 동사구를 보면 그 논항이 잘 드러난다.

(67) 가. 팀원 전체에 의한 새 소프트웨어의 개발
    가'. 팀원 전체에 의해서 새 소프트웨어가 개발되다.

(67가)에서 '개발'이 가지는 논항은 자동사 '개발되다'가 가지는 논항과 일치한다. 따라서 (67가)에서 '개발'의 의미역 논항은 행동주와 피동주라고 할 수 있다. 이는 자동사 '개발되다'가 요구하는 논항으로서 '개발하다'의 논항과는 다르다. 동사구 '개발하다'는 타동사로서 목적어를 가지는 대상역 논항이 올 수 있다.

'팀원 전체의 새 소프트웨어의 개발'의 논항과 '팀원 전체에 의한 새 소프트웨어의 개발'의 논항은 다르다. 하지만 의미상으로는 '행위주역' 혹은 '영향주역'이 있고 그 행위를 받는 대상이 있다면 이 두 의미가 동일하게 나타날 수 있다. 그것은 의미상 피동구는 주동구와 같기 때문이다. 이는 일반 피동문과 주동문에서도 널리 알려진 사실이다.

(68) 가. 쥐가 포수에게 잡혔다.
    나. 포수가 쥐를 잡았다.

위의 예 중 가는 피동으로 표현된 문장이고 나는 능동으로 표현된 문장이지만 이들의 의미역은 같다. 따라서 나타내는 의미도 같다. 하지만 그 통사 구조는 다르다. 이 때문에 이선웅(2005 : 126)이 지적한 바와 같이

(65가)가 (65가)의 동일한 명사구와 대응된다고 한 것은 문제가 있다고 생각한다. 의미상으로 같은 '동사구'에 대응할 수 있지만 그 동사구의 통사구조는 분명 다른 것으로 이을 같은 것으로 기술하는 것은 타당하지 못하다.

(69) 가. 철수의 수학의 공부
　　가'. 철수가 수학을 공부하다.
　　나. *철수에 의한 수학의 공부
　　나'. *철수에 의해 수학이 공부되다.

여기서 왜 '의'의 통합은 가능하고 '에 의한'표지는 통합이 불가능한 가에 대해 이선웅은 피영향성의 개념으로 설명하려 한다.

우선 필자는 이들이 '피영향성'의 의미 특성이 클수록 '에 대한' 통합이 잘 된다는 점을 인정한다. 이는 위에서 설명했던 '에 대한'의 통합과 거의 비슷하다. 즉 영향을 입는 정도에 따라 '되다', '받다', '당하다'와의 결합 여부가 결정되며 이는 '에 대한'의 통합과도 연결된다고 했다. '에 의한' 역시 그러하다. 여기서는 영향주를 의미적 중심에 놓고 하는 서술 방식이고 '에 대한'은 피영향주 즉 대상을 위주로 하는 설명 방식이다.

이선웅(2005 : 126)은 명사의 논항이 행위주역 혹은 영향주역을 지니면 대체로 '에 의한' 표지를 통합시킬 수 있으며 이때 동사구에서 '에 의한' 은 행위주역이 '이/가'를 취하는 것보다 제약적으로 선택되는 경향을 보인다고 했다. 하지만 이러한 제약은 어디에서 오는가? 그것은 통사구의 통사구조가 다르다는 데에 기인한다.

'철수의 수학의 공부'의 동사구는 '철수가 수학을 공부하다'이다. 여기에서 행위주는 '철수', 대상은 '수학'이다. 그러면 '철수에 의한 수학의 공부'에서 철수는 '영향주'로서 그 피영향주 즉 피동주는 '수학'인데 수학이 피동으로 되려면 그 동작성 명사 '공부'가 피동의 의미가 있어야 한다. 하지만 '공부'는 '하다'와만 결합되어 타동사를 이루는 동작성 명사로서 '되다'와 결합되어 피동의 뜻을 나타내지 못한다. 예컨대 '공부되다'라는 피동표현의 동사가 없기에 '철수의 수학의 공부'에서 '공부'는 타동사 '공부하다'가 가지는 논항들을 가진다.

그러하기 때문에 '공부하다'는 2가 타동사로서 행위주역, 대상역 두 논항을 갖는다. 그 동작성 명사구는 동사의 논항 그대로 '철수의 수학의 공부'라는 주어적 속격, 목적어적 속격 등의 논항으로 실현된다.

그러나 '연구'는 이와 다르다. '연구'는 '연구하다', '연구되다'가 모두 가능하다. 따라서 '김 교수의 물리학의 연구'와 '김 교수에 의한 물리학의 연구'가 모두 가능하다. 그러나 이선웅(2005 : 126)은 '팀원 전체 {의, 에 의한} 새 소프트웨어의 개발'을 같은 동사구 '팀원 전체가 새 소프트웨어를 개발하다'와 대응되는 것으로 서술하고 있는데 이는 타당하지 않다.

또한 이들의 차이는 피영향성 보다는 그 동사구의 서로 다른 통사구조에 기인하며 동작성 명사의 유형의 차이에서 기인된다.

이선웅(2005 : 127)의 예도 마찬 가지이다. '대화, 경기, 투쟁' 등은 그 피동표현인 '되다'와 결합이 되지 않는 동작성 명사로서 '에 의한'이 통합되지 않는다. 때문에 '에 의한' 표지의 통합이 가능한가 여부는 '동작성 명사'의 동사구에서 그 동사가 '하다'와 결합된 것인지, '되다'와 결합된 것인지의 차이에서 결정된다는 것이다. 따라서 '되다'가 결합될 수 없는 동작성 명사는 '에 의한' 표지 통합도 불가능하다는 결론을 얻을 수 있다.

동작성 명사가 핵인 명사구에서 '에 의한'의 사용 원리 :
동작성 명사가 자동사 즉 '되다'와 결합하여 피동으로 될 수 있는지, 있다면 '되다'와 결합이 잘 될수록 '에 의한'을 통합하는 것이 더 자연스럽다.

(70) 가. 임금 인상에 대한 회사의 거부로 몇 달째 파업이 계속되고 있다.

　　나. 한국 문학에 대한 새로운 고찰

　　다. 문화에 대한 고찰 없이 인간의 삶을 이해하는 것은 불가능하다.

　　라. 사회에 대한 공헌

　　마. 녀석은 새에 대한 무슨 조사를 목적으로 하는지 궁금하다.

　　바. 어린이 유괴 사건의 범인 처벌 문제에 대한 시민 여론

　　사. 인간 생명의 절대성

　　아. 수입에 대한 규제

　　자. 나는 전통의 축적도 우리 문학에 대한 기여가 될 수 있다고 보고
　　　　있다.

　　차. 내일 우리 요구에 대한 회사측의 답변이 있을 예정이다.

　　카. 그는 주최 측에 행사 준비에 대한 협조를 당부했다.

　　타. 정부 정책에 대한 보수 세력의 강력한 반발

　　파. 외국 문화의 수용에 대한 반성적 성찰

동작성 명사의 범주적 성격을 밝히는 논의는 이들의 형태-구조, 통사 등 여러 면에 대한 고찰이 이루어져야 의의를 가질 수 있다. 이 책은 이러한 관점에서 동작성 명사의 범위를 한정하고 이를 바탕으로 동작성 명사가 가지는 형태-구조, 통사적인 특성들을 밝혔다.

이를 위해 본 연구에서는 동작성 명사가 가지는 형태-구조, 통사 등 여러 면을 설정하여 그들이 각각의 측면에서 갖는 역할을 분석하였다. 이런 측면들은 그들의 특성과 성격에 대한 관찰과 분석을 전제로 할 때에만 의미를 가질 수 있다.

본 연구에서는 동작성 명사가 형태·구조·통사적으로 하나의 범주에 넣을 만한 여러 특성을 갖고 있을 뿐 아니라 양적으로도 일정한 수준에 이르러 하나의 단독적인 범주로 논의할 가치가 있음을 밝혔다. 따라서 '동작성 명사'라는 이름하에 이 범주의 형태론적, 구조론적, 통사론적인 여러 면에 대하여 분석하면서 동작성 명사의 다방면에 걸친 특성을 밝히는데 주력하였다. 아래 본 연구의 논의 내용을 요약하고 남은 과제를 제시하면 다음과 같다.

제2장에서는 우선 동작성 명사를 기존의 문법서나 연구에서 어떻게 논의되고 있는지를 살펴보았다. 그리고 기존의 명사 분류방법을 바탕으로 동작성 명사를 분류하고 그의 범위를 규정지었다.

다음 기존의 연구에서 명사에 대한 분류를 살펴보고 동작성 명사를 의미론적 분류에 의해 나온 명사의 한 하위범주로 간주하였다. 동작성 명사는 비실체성 명사에서 [+동작성]을 띠고 있는 구체적 행동이나 추상적인 행동, 심리적 행동을 모두 포함하는 명사이다.

또한 동작성 명사의 의미적 특성을 바탕으로 그의 이중적 특성 즉 동사성과 명사성을 형태론적, 통사론적, 화용론적, 의미론적인 측면에서 살펴보고 동작성 명사의 논의를 위한 상적 특성, 논항 등에 따른 유형 분류를 시도하였다.

제2장에서는 주로 기존의 서술성 명사의 판별기준을 검토하고 이에 비추어 동작성 명사의 판별기준을 세운 것이다. 즉 강범모의 서술성 명사의 판별기준에 '피·사동표현'('되다, 받다, 당하다, 시키다') 동사와의 결합 여부를 추가하여 동작성 명사의 상적특성의 측면에서 판별기준을 더 세밀화하였다. 그 기준을 보면 아래와 같다.

　　가. '-케, 토록'결합 가능
　　나. '되다, 받다, 당하다, 시키다'등 동사와 결합하여 피·사동 표현 가능
　　다. '하다'동사 결합 가능
　　라. 명사문 가능
　　마. '중'구문

한편 기존의 연구에서는 동작성 명사와 상태성 명사를 모두 서술성 명사에 넣어 함께 언급하여 서술하였지만 본 연구에서는 동작성 명사와

상태성 명사가 매우 유사한 특성들을 많이 갖고 있음에도 불구하고 그들의 구별 및 판별기준에 대하여 살펴보았다. 그리하여 그 판별기준을 1)의미 자질, 2)보충어의 정보, 3)후행 요소와의 분리성, 4)후행 요소와의 결합상황, 5)상적 특성, 6)'하다'와의 결합의 공고성 등 6개로 세워보았다.

제3장에서는 동작성 명사와 중국어, 일본어와의 관계를 간략하게 살펴보았다. 한편 한자의 형태면에서 세 나라의 공통성과 차이성에 대해서 간단한 통계를 시도함과 아울러 동작성 명사의 중국어에서의 그 품사 소속을 비교적 자세히 논의했다. 또한 기존의 한자어의 분류 및 그 단어 형성에 대한 논의를 바탕으로 한자어 동작성 명사가 구조적인 면에서 나타내는 제 특성들을 살펴보았다.

우선 한자 형태에서 한국어·중국어·일본어에서 같은 형태로 나타나는 한자어 단어가 716개인데 전체 조사 대상의 73.4%로서 가장 많고 한국과 일본어의 형태가 같은 것이 190개(조사대상의 19.4%), 한국어에만 있는 한자어 46개(조사대상의 4.7%)로 조사되었다. 이상에서 세 나라에서 한자어 동작성 명사가 대부분 형태상 같게 쓰이는 것이 많음을 알 수 있다.

또 동작성 명사의 중국어에서의 품사적 소속을 살펴보았는데 중국어의 거의 대부분 동사가 한국어에서는 '하다'가 붙어 동사로 쓰이고 있음을 알 수 있다. 즉 중국어의 대부분 동사는 한국어에 들어와서는 명사로 자리 잡았으며 한국어 언어체계에 맞게 흡수되어 쓰였음을 알 수 있다.

물론 중국어에서도 동작성 명사와 같은 형태의 그것이 동사, 명사 두 가지 품사로 두루 쓰이는 단어들이 적지 않다. 하지만 중국학계에서는 이러한 두 가지 품사의 결합을 허락하는 주장과 반대하는 주장 두 가지로 엇갈리고 있다.

이는 한국어의 특성으로부터 그 원인을 찾을 수 있다. 한국어는 교착으로서 동사가 문장에 쓰일 때는 활용한다. 그런데 동작성 명사가 애초에 중국어에서처럼 동사로 받아들인다면 그것이 문장의 서술어로 쓰일 때에는 고유어 동사와는 달리 활용을 하지 못하며 여러 상적 특성이나 문법 범주를 표현할 수가 없다. 때문에 이들이 명사로 되어 한국어 속에 정착되었으며 그것이 서술어가 될 때는 고유어 동사인 '하다'가 붙어 동사로 된다.

이렇듯 한국어에 들어온 동작성 명사는 중국어에서 그 품사가 대부분 동사인데 이러한 동사가 한국어에 정착될 때는 문법적으로나 형태·통사적으로 한국어 체계에 적응하기 위해 명사로 정착된 것이다.

한편 동작성 명사의 구조를 분석할 때는 고유어의 단어구조 분석과 동일시해서는 안 됨을 밝혔다. 고유어의 구조 분석법 즉 조어법을 참조하면서도 한자어의 계보적 특성을 고려하여 그 특성에 맞게 구조를 분석해야 한다. 동작성 명사는 중국어의 특성을 갖고 있으면서도 한국어의 특성을 갖고 있기에 이들을 일률적으로 중국에서의 구조 분석에서 쓰이는 여러 개념들을 사용해도 안 되거니와 한국어 고유어 구조 분석에서 쓰이는 여러 개념들을 원용해서도 안 된다. 한자어의 양면성을 고려하여 '어근, 어기, 복합어' 등 개념들에 대해서는 한자어의 특성에 맞게, 고유어와는 다르게 정의되어야 한다.

그리하여 그 구조를 1)의미 결합관계에 의한 구조 유형, 2)통사적 특성에 의한 구조 유형으로 양분하였다.

의미 결합관계에 의한 구조 유형은 또 병렬구성, 종속구성, 서술구성 등 세 가지로 나누어지며 통사적 특성에 의한 구조 유형은 주어+서술어, 술어+부사어, 부사어+술어, 술어+목적어, 수식 관계, 보충 구성 등 여섯 가지로 나누어진다.

이렇듯 한자어의 양면성을 고려하여 두 가지 분류 방법으로 구조를 분석하여야만 한국어의 특성에도 부합되거니와 한자어의 무한한 조어력과 경제성을 충분히 발휘할 수 있다.

제4장은 동작성 명사의 통사론적인 면에 대한 고찰인데 주로 학계에서 논란이 많았던 '동작성 명사+하다' 구문에 대한 몇 가지 견해를 살피면서 필자의 입장을 밝혔다. '하다'에 대하여서는 예로부터 논란이 많은 바 본 연구에서는 '하다'를 본동사로 보았다.

한편 동작성 명사와 피동·사동 표현을 나타내는 '받다, 당하다, 되다, 시키다' 등과의 결합 양상을 구체적인 피·사동구문들을 통해서 고찰하면서 이들의 의미선택 제약과 의미 특성 등에 대해 살펴보았다.

기존의 연구에서는 주로 피·사동 문제를 다룰 때 '받다, 당하다, 되다, 시키다' 등의 의미 기능에만 치중하여 설명되었고, 이들이 피동의 의미를 지녔기에 '하다' 따위의 동사에서 '하다' 대신에 '되다, 받다, 당하다, 시키다' 등을 붙이면 피동이나 사동으로 바뀐다고 서술하였다. 하지만 이들과 결합되는 선행어기 즉 동작성 명사들의 의미 자질과도 밀접한 관계를 가지고 있다.

1) '되다'와 결합되는 동작성 명사들은 [0피해성], [0피동성]을 가진다. 즉 중립적인 피동을 나타낸다.
2) '받다'와 결합되는 동작성 명사는 [-피해성]을 가지는 것이 보통이다, 즉 긍정적인 의미가 들어있는 동작성 명사들이다.
3) '당하다'와 결합되는 동작성 명사는 [+피해성]을 가진 동작성 명사가 대부분인데 부정적인 의미가 강한 동작성 명사들에 붙으며 피동주어의 의사와는 관계없이 행위자의 일방적인 행위에 의해서 피해를 입기에 [+강박성]의 의미 자질을 갖고 있는 동작성 명사와 결합하는 것이 보통이다.

사동표현을 보면 동작성 명사 가운데 '화'가 들어간 동작성 명사들이 '시키다'와 결합이 잘 된다. 그리하여 그 선행요소인 동작성 명사와의 결합에서 제약은 1)[+존경]이 있는 동작성 명사, 2)[시킴]의 뜻이 있는 동작성 명사, 3)외부로부터 직접적인 힘이나 영향이 가해질 수 없는 동작성 명사, 4)행위자의 주관적인 의지나 능동적, 심리적 행동을 강하게 나타내고 있는 동작성 명사, 5)고유한 생리적 현상을 나타내는 동작성 명사, 6) 주체의 어떤 소원이나 바램을 나타내는 동작성 명사, 7)자연적인 발생이나 자연 현상을 나타내는 동작성 명사, 8)자기 스스로의 행동을 나타내는 동작성 명사 등 8가지로 구분하였다.

그리고 '-답-', '-롭-', '-스럽-' 등 형태와의 결합양상을 살피면서 동작성 명사들이 이러한 형태와 결합될 때 어떠한 의미 자질을 나타내며 어떠한 의미선택이 있는지에 대해서도 살펴보았다.

'-스럽다'는 [+순간성], [+과정성]을 띤 동작성 명사와 결합되고, '-롭다'는 특수한 예를 제외하고는 동작성 명사와 결합이 안 되며, '-답다'는 대부분의 동작성 명사와 결합이 가능하다.

이러한 결합 양상에 대한 논의를 거쳐 기존의 피·사동 구문 연구에서 '되다. 받다. 당하다. 시키다' 등 피·사동표현이나 형용사 조성의 접미사 '-답, -롭, -스럽' 등에만 치중하여 연구된 피동표현이나 형용사의 조어법을 설명하는 일관의 서술 방식을 타파하고 이들과 결합하는 앞 요소인 '동작성 명사'의 의미 자질에 주안점을 두고 살펴보았는 바 이들의 의미선택은 상호적이라는 것을 밝혔다.

제5장에서는 동작성 명사의 논항에 대해 살펴보았다. 여기서는 주로 기존에 서술성 명사를 다룰 때 많이 문제되어 제기되었던 논항들을 살피면서 '의' 통합양상, '에 대한' 통합양상, '에 의한' 통합양상에 대해 분석했다.

5장의 분석에서 필자는 '의'의 유표·무표적 상황에 대한 분석을 통하여 그 실현 조건을 제시했고 '에 의한', '에 대한' 논항의 실현여부의 통사제약을 찾지 못하던 기존 연구에서 한걸음 나아가 그 통사적 제약을 밝히려고 시도했다.

동작성 명사의 논항은 동사의 논항과 밀접한 관계가 있다. 따라서 동작성 명사의 논항과 대응되는 동사의 논항을 설정할 수 있다. 동사의 이러한 논항 정보는 그것이 동작성 명사구로 표출될 때 논항의 성격을 규정할 수 있다. 때문에 동작성 명사구에서의 '의'의 유표·무표는 그것이 동사로 될 때 결합되는 후행성분이 무엇인가에 따라서 달리 표현된다. '의' 속격 표현의 실현 조건은 '주어적 속격 > 보충어적 속격 > 목적어적 속격'으로 나타난다. 이러한 실현 조건에 더불어 '의' 실현 여부의 제약도 따르는데 여기에는 음절 제약, 문법 제약, 의미 제약 등 세 가지이다.

5장의 마지막에는 동작성 명사의 일부 특정 논항인 '에 대한', '에 의한'등의 실현 양상을 살펴보았다. 이 두 논항을 가지는 동작성 명사구에서는 논항이 2개 이상임에도 불구하고 중복 발화가 불가능하다. 특히 기존의 연구는 이런 중복 발화에 대해 모호한 의미적 해석에 치우쳐 설명했으며 통사론적인 어떤 기제를 제공해주지 못하고 있는 실정이다. 본 연구에서는 여러 예문들에 대한 관찰과 분석을 통하여 이런 논항의 중복 발화의 불가능을 통사론적으로 해석할 수 있는 근거를 찾아냈다. 그리하여 통사론적·형태론적인 기제를 찾는 데 주력했다.

이러한 두 논항의 중첩은 단순한 두 명사구의 결합이 아니다. 그것은 기저에서의 동사의 논항정보 및 의미역에서 통사구조가 결정된다. 즉 동작성 명사와 결합되는 '하다'나 '되다'에 의하여 그 통사구조가 결정되는 바, '하다', '되다'의 의미구조나 논항 정보와 연계시킬 때에만 그 통사구조를 정확히 파악할 수 있다.

본 연구에서는 동작성 명사가 한국어 명사의 어휘 구성에서 중요한 자리를 잡고 있으며 하나의 단독적인 범주로 다룰 수 있다는 점에 착안하여 '동작성 명사'라는 술어로써 그 범주를 제한하고 이러한 범주의 형태·구조·통사 등 여러 면에 대한 고찰을 통해 이 범주를 체계적이고 전면적으로 설명하는 데 주력하였다.

특히 지금껏 동작성 명사를 명사의 극히 작은 하나의 하위분류에 포함시켜 그 전반 모습을 자세하게 다루지 못했던 것, 그리고 동작성 명사가 차용 언어에서의 품사 소속 상황을 밝히려는 시도는 본 연구에서 비교적 적극적이고 새로운 고찰을 진행한 것이라 할 수 있다.

또한 동작성 명사에 대한 연구가 기존에는 극히 제한된 일부의 예를 대상으로 한 부분적인 논항 연구에 치우쳤던 데 비해 형식적인 이론의 장치를 수집하는 데 힘을 기울이면서 한편으로 실증적인 자료인 구체적인 예들을 통해서 이론적인 실제 언어 현상에 근접하고자 한 것은 다소나마 이전의 연구를 극복한 것이라 할 수 있다.

본 연구에서 필자의 시간, 능력 등 제한으로 고유어를 포함한 모든 동작성 명사를 대상으로 해서 다루지 못한 것이 아쉬움으로 남는다. 그리고 동작성 명사들을 다룰 때 그와 비슷한 성격을 띠고 있는 상태성 명사의 여러 특성들을 같이 언급하였더라면 동작성 명사의 특성들을 더 뚜렷이 논의할 수 있었겠지만 분량의 제한으로 거기까지는 미치지 못했는바, 이에 대해서는 앞으로 연구해야 할 과제라고 생각된다.

그리고 동작성 명사의 품사적, 어휘적 원류에 대한 연구는 한국·중국·일본의 여러 문헌을 통해서 고증되어야 할 부분이 많은 바, 이에 대한 연구는 앞으로 더 행해 져야 할 부분이라고 생각된다.

'하다'와 결합하는 동작성 명사

한국어	품사	중국어	품사
가입하다	동	加入	동
감사하다	동	感謝	동
감상하다	동	鑑賞	동
감소하다	동	減少	동
강조하다	동	强調	동
강화하다	동	强化	동
개발하다	동	開發	동
개선하다	동	改善	동
개입하다	동	介入	동
거절하다	동	拒絶	동
건설하다	동	建設	동
검토하다	동	檢討	동
결합하다	동	結合	동
결혼하다	동	結婚	동
경계하다	동	警戒	동
계산하다	동	計算	동
계속하다	동	繼續	동
고려하다	동	考慮	동
공개하다	동	公開	동
공격하다	동	攻擊	동
공급하다	동	供給	동
공유하다	동	共有	동
과시하다	동	誇示	동
관련하다	동	關聯	동
관리하다	동	管理	동

한국어	품사	중국어	품사
관찰하다	동	觀察	동
교환하다	동	交換	동
구별하다	동	區別	동
구분하다	동	區分	동
구축하다	동	構築	동
극복하다	동	克服	동
금지하다	동	禁止	동
기대하다	동	期待	동
기여하다	동	寄與	동
달성하다	동	達成	동
담당하다	동	擔當	동
대답하다	동	對答	동
대항하다	동	對抗	동
도달하다	동	到達	동
도입하다	동	導入	동
도전하다	동	挑戰	동
동원하다	동	動員	동
동의하다	동	同意	동
등장하다	동	登場	동
명심하다	동	銘心	동
모색하다	동	摸索	동
묘사하다	동	描寫	동
무시하다	동	無視	동
반대하다	동	反對	동
반성하다	동	反省	동
반영하다	동	反映	동
발생하다	동	發生	동
발전하다	동	發展	동
발표하다	동	發表	동
발휘하다	동	發揮	동
방문하다	동	訪問	동

한국어	품사	중국어	품사
방해하다	동	妨害	동
배제하다	동	排除	동
번식하다	동	繁殖	동
변화하다	동	變化	동
보유하다	동	保有	동
보존하다	동	保存	동
보호하다	동	保護	동
부인하다	동	否認	동
부탁하다	동	付託	동
분류하다	동	分類	동
분리하다	동	分離	동
분석하다	동	分析	동
분포하다	동	分布	동
비난하다	동	非難	동
비판하다	동	批判	동
생산하다	동	生産	동
서술하다	동	敍述	동
서식하다	동	棲息	동
선정하다	동	選定	동
선택하다	동	選擇	동
설립하다	동	設立	동
설명하다	동	說明	동
설정하다	동	設定	동
설치하다	동	設置	동
섭취하다	동	攝取	동
성립하다	동	成立	동
성장하다	동	成長	동
소화하다	동	消化	동
수립하다	동	樹立	동
수입하다	동	輸入	동
수집하다	동	蒐集	동

한국어	품사	중국어	품사
시도하다	동	試圖	동
시행하다	동	施行	동
신청하다	동	申請	동
실시하다	동	實施	동
실패하다	동	失敗	동
실현하다	동	實現	동
약속하다	동	約束	동
양보하다	동	讓步	동
억제하다	동	抑制	동
연결하다	동	連結	동
연구하다	동	研究	동
연락하다	동	連絡	동
연출하다	동	演出	동
열중하다	동	熱中	동
예방하다	동	豫防	동
예측하다	동	豫測	동
완성하다	동	完成	동
요약하다	동	要約	동
요청하다	동	要請	동
우려하다	동	憂慮	동
운동하다	동	運動	동
운영하다	동	運營	동
위로하다	동	慰勞	동
위협하다	동	威脅	동
유도하다	동	誘導	동
유발하다	동	誘發	동
유의하다	동	留意	동
유지하다	동	維持	동
유행하다	동	流行	동
의논하다	동	議論	동
의존하다	동	依存	동

한국어	품사	중국어	품사
이동하다	동	移動	동
이용하다	동	利用	동
이해하다	동	理解	동
인정하다	동	認定	동
임명하다	동	任命	동
입각하다	동	立脚	동
입학하다	동	入學	동
자극하다	동	刺戟	동
작성하다	동	作成	동
장악하다	동	掌握	동
재배하다	동	栽培	동
저항하다	동	抵抗	동
적응하다	동	適應	동
전공하다	동	專攻	동
전망하다	동	展望	동
전환하다	동	轉換	동
접근하다	동	接近	동
접촉하다	동	接觸	동
정리하다	동	整理	동
제공하다	동	提供	동
제기하다	동	提起	동
제시하다	동	提示	동
제안하다	동	提案	동
제외하다	동	除外	동
제작하다	동	製作	동
제출하다	동	提出	동
조사하다	동	調査	동
조심하다	동	操心	동
조절하다	동	調節	동
종사하다	동	從事	동
종합하다	동	綜合	동

한국어	품사	중국어	품사
주의하다	동	注意	동
준비하다	동	準備	동
중단하다	동	中斷	동
중시하다	동	重視	동
증가하다	동	增加	동
증명하다	동	證明	동
지배하다	동	支配	동
지시하다	동	指示	동
지적하다	동	指摘	동
지정하다	동	指定	동
지지하다	동	支持	동
진단하다	동	診斷	동
진출하다	동	進出	동
진행하다	동	進行	동
짐작하다	동	斟酌	동
착수하다	동	着手	동
참가하다	동	參加	동
참여하다	동	參與	동
창조하다	동	創造	동
처리하다	동	處理	동
청소하다	동	淸掃	동
체험하다	동	體驗	동
초대하다	동	招待	동
초월하다	동	超越	동
추구하다	동	追求	동
추진하다	동	推進	동
축하하다	동	祝賀	동
출근하다	동	出勤	동
출발하다	동	出發	동
출연하다	동	出演	동
취소하다	동	取消	동

한국어	품사	중국어	품사
측정하다	동	測定	동
치료하다	동	治療	동
칭찬하다	동	稱讚	동
탄생하다	동	誕生	동
통제하다	동	統制	동
통합하다	동	統合	동
투자하다	동	投資	동
파괴하다	동	破壞	동
포기하다	동	抛棄	동
포함하다	동	包含	동
해결하다	동	解決	동
해당하다	동	該當	동
해석하다	동	解釋	동
행동하다	동	行動	동
행사하다	동	行使	동
허락하다	동	許諾	동
형성하다	동	形成	동
확대하다	동	擴大	동
확립하다	동	確立	동
확보하다	동	確保	동
확인하다	동	確認	동
회복하다	동	回復	동
획득하다	동	獲得	동
후회하다	동	後悔	동
흡수하다	동	吸收	동
가공하다	동	加工	동
가열하다	동	加熱	동
간섭하다	동	干涉	동
간주하다	동	看做	동
간파하다	동	看破	동
갈망하다	동	渴望	동

한국어	품사	중국어	품사
감격하다	동	感激	동
감탄하다	동	感歎	동
강제하다	동	强制	동
강조되다	동	强調	동
개설하다	동	開設	동
개의하다	동	介意	동
개조하다	동	改造	동
개척하다	동	開拓	동
개편하다	동	改編	동
거주하다	동	居住	동
거행하다	동	擧行	동
격려하다	동	激勵	동
견지하다	동	堅持	동
견학하다	동	見學	동
결의하다	동	決議	동
경영하다	동	經營	동
경쟁하다	동	競爭	동
경청하다	동	傾聽	동
계발하다	동	啓發	동
계승하다	동	繼承	동
고발하다	동	告發	동
고소하다	동	告訴	동
고용하다	동	雇用	동
고찰하다	동	考察	동
공략하다	동	攻略	동
공연하다	동	公演	동
공존하다	동	共存	동
관람하다	동	觀覽	동
관철하다	동	貫徹	동
괄목하다	동	刮目	동
교차하다	동	交叉	동

한국어	품사	중국어	품사
교체하다	동	交替	동
구매하다	동	購買	동
구상하다	동	構想	동
구제하다	동	救濟	동
군림하다	동	君臨	동
굴복하다	동	屈服	동
권유하다	동	勸誘	동
귀의하다	동	歸依	동
기능하다	동	機能	동
기도하다	동	祈禱	동
기소하다	동	起訴	동
기용하다	동	起用	동
기획하다	동	企劃	동
나열하다	동	羅列	동
낭독하다	동	朗讀	동
낭비하다	동	浪費	동
냉동하다	동	冷凍	동
능가하다	동	凌駕	동
단정하다	동	斷定	동
담보하다	동	擔保	동
답변하다	동	答辯	동
대두하다	동	擡頭	동
대체하다	동	代替	동
도래하다	동	到來	동
도출하다	동	導出	동
독립하다	동	獨立	동
독점하다	동	獨占	동
동결하다	동	凍結	동
동행하다	동	同行	동
동화되다	동	同化	동
등록하다	동	登錄	동

한국어	품사	중국어	품사
만연하다	동	蔓延	동
만족하다	동	滿足	동
망각하다	동	忘却	동
멸망하다	동	滅亡	동
모방하다	동	模倣	동
모집하다	동	募集	동
목격하다	동	目擊	동
목욕하다	동	沐浴	동
몰락하다	동	沒落	동
무마하다	동	撫摩	동
묵인하다	동	默認	동
박탈하다	동	剝奪	동
반문하다	동	反問	동
반박하다	동	反駁	동
발굴하다	동	發掘	동
발동하다	동	發動	동
발원하다	동	發源	동
발행하다	동	發行	동
방송하다	동	放送	동
방어하다	동	防禦	동
방영하다	동	放映	동
방치하다	동	放置	동
방황하다	동	彷徨	동
배척하다	동	排斥	동
배치하다	동	配置	동
배회하다	동	徘徊	동
변경하다	동	變更	동
변명하다	동	辨明	동
변호하다	동	辯護	동
병행하다	동	竝行	동
보급하다	동	普及	동

한국어	품사	중국어	품사
보답하다	동	報答	동
보전하다	동	保全	동
보충하다	동	補充	동
복귀하다	동	復歸	동
복사하다	동	複寫	동
복용하다	동	服用	동
복원하다	동	復元	동
복제하다	동	複製	동
복종하다	동	服從	동
부임하다	동	赴任	동
부합하다	동	符合	동
분담하다	동	分擔	동
분만하다	동	分娩	동
분석되다	동	分析	동
사망하다	동	死亡	동
살해하다	동	殺害	동
상관하다	동	相關	동
상승하다	동	上昇	동
상응하다	동	相應	동
생략하다	동	省略	동
생성하다	동	生成	동
생존하다	동	生存	동
서명하다	동	署名	동
선동하다	동	煽動	동
선발하다	동	選拔	동
선전하다	동	宣傳	동
섭렵하다	동	涉獵	동
성행하다	동	盛行	동
세안하다	동	洗顔	동
세탁하다	동	洗濯	동
소멸하다	동	消滅	동

한국어	품사	중국어	품사
소비하다	동	消費	동
소집하다	동	召集	동
쇠퇴하다	동	衰退	동
수긍하다	동	首肯	동
수렴하다	동	收斂	동
수록하다	동	收錄	동
수리하다	동	修理	동
수사하다	동	搜査	동
수상하다	동	受賞	동
수습하다	동	收拾	동
수정하다	동	修正	동
수집하다	동	收集	동
수출하다	동	輸出	동
순산하다	동	順産	동
순응하다	동	順應	동
순종하다	동	順從	동
순환하다	동	循環	동
숭배하다	동	崇拜	동
숭상하다	동	崇尙	동
습득하다	동	習得	동
승리하다	동	勝利	동
승인하다	동	承認	동
식별하다	동	識別	동
신뢰하다	동	信賴	동
신봉하다	동	信奉	동
신음하다	동	呻吟	동
실수하다	동	失手	동
심판하다	동	審判	동
악수하다	동	握手	동
암시하다	동	暗示	동
압도하다	동	壓倒	동

한국어	품사	중국어	품사
압축하다	동	壓縮	동
양성하다	동	養成	동
여행하다	동	旅行	동
연기하다	동	延期	동
연대하다	동	連帶	동
연상하다	동	聯想	동
연유하다	동	緣由	동
연주하다	동	演奏	동
열거하다	동	列擧	동
예기하다	동	豫期	동
예약하다	동	豫約	동
옹호하다	동	擁護	동
완료하다	동	完了	동
왕래하다	동	往來	동
왜곡하다	동	歪曲	동
외출하다	동	外出	동
용납하다	동	容納	동
운전하다	동	運轉	동
월동하다	동	越冬	동
위반하다	동	違反	동
유념하다	동	留念	동
유학하다	동	留學	동
유혹하다	동	誘惑	동
은폐하다	동	隱蔽	동
응시하다	동	凝視	동
응용하다	동	應用	동
응징하다	동	膺懲	동
의뢰하다	동	依賴	동
이행하다	동	履行	동
이혼하다	동	離婚	동
인도하다	동	引導	동

한국어	품사	중국어	품사
인용하다	동	引用	동
임신하다	동	妊娠	동
입수하다	동	入手	동
입원하다	동	入院	동
입장하다	동	入場	동
입항하다	동	入港	동
자립하다	동	自立	동
자살하다	동	自殺	동
자제하다	동	自制	동
재직하다	동	在職	동
재현하다	동	再現	동
저장하다	동	貯藏	동
저주하다	동	詛呪	동
전시하다	동	展示	동
전진하다	동	前進	동
전파하다	동	傳播	동
절약하다	동	節約	동
점령하다	동	占領	동
접수하다	동	接受	동
접합되다	동	接合	동
정돈하다	동	整頓	동
정복하다	동	征服	동
정비하다	동	整備	동
정지하다	동	停止	동
정화하다	동	淨化	동
제약하다	동	制約	동
제정하다	동	制定	동
조리하다	동	調理	동
조립하다	동	組立	동
조명하다	동	照明	동
조장하다	동	助長	동

한국어	품사	중국어	품사
조정하다	동	調整	동
조종하다	동	操縱	동
조치하다	동	措置	동
종용하다	동	慫慂	동
좌절하다	동	挫折	동
주둔하다	동	駐屯	동
주시하다	동	注視	동
중지하다	동	中止	동
즉위하다	동	卽位	동
지도하다	동	指導	동
지배되다	동	支配	동
지속하다	동	持續	동
지출하다	동	支出	동
지칭하다	동	指稱	동
직면하다	동	直面	동
진술하다	동	陳述	동
진압하다	동	鎭壓	동
진입하다	동	進入	동
진화하다	동	進化	동
질문하다	동	質問	동
집권하다	동	執權	동
집중하다	동	集中	동
집필하다	동	執筆	동
집행하다	동	執行	동
착안하다	동	着眼	동
찬성하다	동	贊成	동
참고하다	동	參考	동
창작하다	동	創作	동
채용하다	동	採用	동
처벌하다	동	處罰	동
처분하다	동	處分	동

한국어	품사	중국어	품사
천명하다	동	闡明	동
철회하다	동	撤回	동
청산하다	동	淸算	동
체결하다	동	締結	동
체포하다	동	逮捕	동
초과하다	동	超過	동
촉진하다	동	促進	동
총괄하다	동	總括	동
추가하다	동	追加	동
추락하다	동	墜落	동
추정하다	동	推定	동
추천하다	동	推薦	동
축소하다	동	縮小	동
축적하다	동	蓄積	동
출가하다	동	出家	동
출두하다	동	出頭	동
출마하다	동	出馬	동
출산하다	동	出産	동
출세하다	동	出世	동
출자하다	동	出資	동
출전하다	동	出戰	동
출판하다	동	出版	동
출품하다	동	出品	동
출현하다	동	出現	동
충돌하다	동	衝突	동
취득하다	동	取得	동
취소되다	동	取消	동
취임하다	동	就任	동
취재하다	동	取材	동
취직하다	동	就職	동
침략하다	동	侵略	동

한국어	품사	중국어	품사
침입하다	동	侵入	동
침해하다	동	侵害	동
타락하다	동	墮落	동
타파하다	동	打破	동
타협하다	동	妥協	동
탈락하다	동	脫落	동
탈취하다	동	奪取	동
탈피하다	동	脫皮	동
탐색하다	동	探索	동
토론하다	동	討論	동
통치하다	동	統治	동
통합되다	동	統合	동
퇴근하다	동	退勤	동
퇴원하다	동	退院	동
투쟁하다	동	鬪爭	동
파견하다	동	派遣	동
팽창하다	동	膨脹	동
편찬하다	동	編纂	동
폐기하다	동	廢棄	동
폐지하다	동	廢止	동
포용하다	동	包容	동
포착하다	동	捕捉	동
폭로하다	동	暴露	동
표명하다	동	表明	동
표방하다	동	標榜	동
표시하다	동	標示	동
한정하다	동	限定	동
합류하다	동	合流	동
항복하다	동	降伏	동
항의하다	동	抗議	동
항해하다	동	航海	동

한국어	품사	중국어	품사
해방하다	동	解放	동
해석하다	동	解析	동
해제하다	동	解除	동
해체하다	동	解體	동
향유하다	동	享有	동
허가하다	동	許可	동
헌신하다	동	獻身	동
현존하다	동	現存	동
협력하다	동	協力	동
협박하다	동	脅迫	동
협의하다	동	協議	동
협조하다	동	協助	동
호소하다	동	號召	동
화해하다	동	和解	동
확장하다	동	擴張	동
확충하다	동	擴充	동
환영하다	동	歡迎	동
환호하다	동	歡呼	동
회상하다	동	回想	동
회수하다	동	回收	동
회전하다	동	回轉	동
회피하다	동	回避	동
후퇴하다	동	後退	동
훼손하다	동	毀損	동

한·중·일 한자 형태가 같은 것

한국어	한국한자	중국어	일본한자
변호하다	辯護	辯護	弁護
변명하다	辨明	辨明.	弁明
변경하다	變更	變更	変更
변화하다	變化	變化	変化
변모하다	變貌	變貌	変貌
변신하다	變身	變身	変身
병행하다	立行	立行	並行
박탈하다	剝奪	剝奪	剝奪
참여하다	參與	參與	參与
칭찬하다	稱讚	稱讚	称贊
지속하다	持續	持續	持續
출발하다	出發	出發	出發
처벌하다	處罰	處罰	處罰
처분하다	處分	處分	處分
처리하다	處理	處理	處理
자극하다	刺戟	刺戟	刺激·刺戟
착각하다	錯覺	錯覺	錯覺
답변하다	答辯	答辯	答弁
담보하다	擔保	擔保	担保
담당하다	擔當	擔當	担当
당면하다	當面	當面	当面
등록하다	登錄	登錄	登錄
투쟁하다	鬪爭	鬪爭	鬪爭
독립하다	獨立	獨立	獨立
독점하다	獨占	獨占	獨占

한국어	한국한자	중국어	일본한자
단정하다	斷定	斷定	斷定
단언하다	斷言	斷言	斷言
대화하다	對話	對話	對話
대항하다	對抗	對抗	對抗
대응하다	對應	對應	對応
발표하다	發表	發表	發表
발달하다	發達	發達	發達
발동하다	發動	發動	發動
발휘하다	發揮	發揮	發揮
발견하다	發見	發見	發見
발굴하다	發掘	發掘	發掘
발간하다	發刊	發刊	發刊
발명하다	發明	發明	發明
발생하다	發生	發生	發生
발행하다	發行	發行	發行
발전하다	發展	發展	發展
번역하다	飜譯	飜譯	翻譯
반대하다	反對	反對	反對
반응하다	反應	反應	反応
가정하다	假定	假定	仮定
방어하다	防禦	防禦	防禦·防御
폐기하다	廢棄	廢棄	廢棄
폐지하다	廢止	廢止	廢止
분담하다	分擔	分擔	分担
복사하다	複寫	複寫	複寫
부담하다	負擔	負擔	負担
해당하다	該當	該當	該当
간섭하다	干涉	干涉	干涉
감탄하다	感歎	感歎	感嘆·感歎
고발하다	告發	告發	告發
근거하다	根據	根據	根據

한국어	한국한자	중국어	일본한자
공헌하다	貢獻	貢獻	貢獻
관련하다	關聯	關聯	關連
관계하다	關係	關係	關係
관람하다	觀覽	觀覽	觀覽
귀의하다	歸依	歸依	歸依
환호하다	歡呼	歡呼	歡呼
환영하다	歡迎	歡迎	歡迎
회수하다	回收	回收	回收
회전하다	回轉	回轉	回轉
격려하다	激勵	激勵	激勵
즉위하다	卽位	卽位	卽位
급증하다	急增	急增	急增
계획하다	計劃	計劃	計畫
기록하다	記錄	記錄	記錄
기여하다	寄與	寄與	寄与
계승하다	繼承	繼承	継承
계속하다	繼續	繼續	継続
검토하다	檢討	檢討	檢討
견학하다	見學	見學	見學
교차하다	交叉	交叉	交叉 · 交差
교체하다	交替	交替	交代 · 交替
교육하다	敎育	敎育	敎育
접촉하다	接觸	接觸	接触
해석하다	解釋	解釋	解釋
해체하다	解體	解體	解体
경험하다	經驗	經驗	経験
경영하다	經營	經營	経営
정화하다	淨化	淨化	淨化
경쟁하다	競爭	競爭	競爭
구제하다	救濟	救濟	救濟
압도하다	壓倒	壓倒	壓倒

한국어	한국한자	중국어	일본한자
압축하다	壓縮	壓縮	壓縮
압축하다	壓縮	壓縮	壓縮
거행하다	擧行	擧行	擧行
각오하다	覺悟	覺悟	覺悟
갈망하다	渴望	渴望	渴望
확충하다	擴充	擴充	擴充
확대하다	擴大	擴大	擴大
확장하다	擴張	擴張	擴張
낭독하다	朗讀	朗讀	朗讀
노동하다	勞動	勞動	勞働
연상하다	聯想	聯想	連想
열거하다	列擧	列擧	列擧
유학하다	留學	留學	留學
녹음하다	錄音	錄音	錄音
만족하다	滿足	滿足	滿足
묘사하다	描寫	描寫	描寫
모색하다	摸索	摸索	摸索・模索
묵인하다	默認	默認	默認
판단하다	判斷	判斷	判斷
팽창하다	膨脹	膨脹	膨張
평가하다	評價	評價	評価
기도하다	祈禱	祈禱	祈禱
기획하다	企劃	企劃	企畫
기도하다	企圖	企圖	企図
기소하다	起訴	起訴	起訴
계발하다	啓發	啓發	啓發
강조되다	强調	强調	强調
강조하다	强調	强調	强調
강화하다	强化	强化	强化
강행하다	强行	强行	强行
강제하다	强制	强制	强制

한국어	한국한자	중국어	일본한자
경청하다	傾聽	傾聽	傾聽
구별하다	區別	區別	區別
구분하다	區分	區分	區分
취소하다	取消	取消	取消す
권유하다	勸誘	勸誘	勸誘
양보하다	讓步	讓步	讓步
입학하다	入學	入學	入學
섭렵하다	涉獵	涉獵	涉獵
침묵하다	沈默	沈默	沈默
실천하다	實踐	實踐	實踐
실시하다	實施	實施	實施
실현하다	實現	實現	實現
실행하다	實行	實行	實行
실험하다	實驗	實驗	實驗
실재하다	實在	實在	實在
시청하다	視聽	視聽	視聽
시도하다	試圖	試圖	試図
적응하다	適應	適應	適応
수집하다	收集	收集	收集
수집하다	蒐集	蒐集	收集·蒐集
수렴하다	收斂	收斂	收斂
수록하다	收錄	收錄	收錄
수습하다	收拾	收拾	收拾
순응하다	順應	順應	順応
체험하다	體驗	體驗	体験
도전하다	挑戰	挑戰	挑戰
왕래하다	往來	往來	往來
위장하다	僞裝	僞裝	僞裝
위로하다	慰勞	慰勞	慰勞
흡수하다	吸收	吸收	吸收
헌신하다	獻身	獻身	獻身

한국어	한국한자	중국어	일본한자
상관하다	相關	相關	相關
상응하다	相應	相應	相応
서술하다	敍述	敍述	叙述
선전하다	宣傳	宣傳	宣伝
선발하다	選拔	選拔	選拔
선택하다	選擇	選擇	選擇
의거하다	依據	依據	依據
억압하다	抑壓	抑壓	抑壓
은폐하다	隱蔽	隱蔽	隱蔽
응답하다	應答	應答	応答
응용하다	應用	應用	応用
유발하다	誘發	誘發	誘發
예측하다	豫測	豫測	予測
예방하다	豫防	豫防	予防
예고하다	豫告	豫告	予告
예기하다	豫期	豫期	予期
예상하다	豫想	豫想	予想
예약하다	豫約	豫約	予約
전파하다	傳播	傳播	伝播
전달하다	傳達	傳達	伝達
운영하다	運營	運營	運營
운전하다	運轉	運轉	運轉
증가하다	增加	增加	增加
진단하다	診斷	診斷	診斷
진압하다	鎭壓	鎭壓	鎭壓
증명하다	證明	證明	証明
증언하다	證言	證言	証言
중단하다	中斷	中斷	中斷
전환하다	轉換	轉換	轉換
자각하다	自覺	自覺	自覺
총괄하다	總括	總括	總括

한국어	한국한자	중국어	일본한자
개선하다	改善	改善	1)
개입하다	介入	介入	
개조하다	改造	改造	
개척하다	開拓	開拓	
개편하다	改編	改編	
건설하다	建設	建設	
건의하다	建議	建議	
결정하다	決定	決定	
경계하다	警戒	警戒	
계산하다	計算	計算	
고려하다	考慮	考慮	
고민하다	苦悶	苦悶	
고용하다	雇用	雇用	
고찰하다	考察	考察	
공개하다	公開	公開	
공급하다	供給	供給	
공부하다	工夫	工夫	
공연하다	公演	公演	
공유하다	共有	共有	
공표하다	公表	公表	
과장하다	誇張	誇張	
관찰하다	觀察	觀察	
관철하다	貫徹	貫徹	
구매하다	購買	購買	
구상하다	構想	構想	
구성하다	構成	構成	
구속하다	拘束	拘束	
구입하다	購入	購入	

---

1) 아래의 일본어 형태는 중국, 한국, 일본에서 모두 똑같이 쓰이는 형태로서 하나하나 써넣지 않았다.

한국어	한국한자	중국어	일본한자
구축하다	構築	構築	
규정하다	規定	規定	
규제하다	規制	規制	
극복하다	克服	克服	
금지하다	禁止	禁止	
기념하다	記念	記念	
기대하다	期待	期待	
기용하다	起用	起用	
기재하다	記載	記載	
긴장하다	緊張	緊張	
낭비하다	浪費	浪費	
내재하다	內在	內在	
대두하다	擡頭	擡頭	
대체하다	代替	代替	
대표하다	代表	代表	
도달하다	到達	到達	
도입하다	導入	導入	
동반하다	同伴	同伴	
동원하다	動員	動員	
동행하다	同行	同行	
동화되다	同化	同化	
만연하다	蔓延	蔓延	
망각하다	忘却	忘却	
명령하다	命令	命令	
모방하다	模倣	模倣	
목격하다	目擊	目擊	
무시하다	無視	無視	
무장하다	武裝	武裝	
반박하다	反駁	反駁	
반복하다	反復	反復	
방송하다	放送	放送	

한국어	한국한자	중국어	일본한자
방영하다	放映	放映	
방치하다	放置	放置	
방해하다	妨害	妨害	
배치하다	配置	配置	
보관하다	保管	保管	
보급하다	普及	普及	
보도하다	報道	報道	
보장하다	保障	保障	
보전하다	保全	保全	
보존하다	保存	保存	
보충하다	補充	補充	
보호하다	保護	保護	
복원하다	復元	復元	
복제하다	複製	複製	
부임하다	赴任	赴任	
부합하다	符合	符合	
분류하다	分類	分類	
분리하다	分離	分離	
분석하다	分析	分析	
분출하다	噴出	噴出	
분포하다	分布	分布	
비교하다	比較	比較	
비유하다	比喩	比喩	
비판하다	批判	批判	
살해하다	殺害	殺害	
상기하다	想起	想起	
상반되다	相反	相反	
상승하다	上昇	上昇	
상실하다	喪失	喪失	
상징하다	象徵	象徵	
생략하다	省略	省略	

한국어	한국한자	중국어	일본한자
생성하다	生成	生成	
선도하다	先導	先導	
선언하다	宣言	宣言	
선정하다	選定	選定	
선출하다	選出	選出	
설계하다	設計	設計	
설립하다	設立	設立	
설명하다	說明	說明	
설정하다	設定	設定	
섭취하다	攝取	攝取	
성공하다	成功	成功	
성숙하다	成熟	成熟	
성장하다	成長	成長	
소멸하다	消滅	消滅	
소비하다	消費	消費	
소유하다	所有	所有	
소집하다	召集	召集	
소화하다	消化	消化	
수긍하다	首肯	首肯	
수리하다	修理	修理	
수립하다	樹立	樹立	
수입하다	輸入	輸入	
수정하다	修正	修正	
수출하다	輸出	輸出	
식별하다	識別	識別	
신봉하다	信奉	信奉	
신청하다	申請	申請	
약속하다	約束	約束	
억제하다	抑制	抑制	
연결하다	連結	連結	
연구하다	硏究	硏究	

한국어	한국한자	중국어	일본한자
연기하다	延期	延期	
연락하다	連絡	連絡	
연유하다	緣由	緣由	
연주하다	演奏	演奏	
연출하다	演出	演出	
오해하다	誤解	誤解	
완료하다	完了	完了	
완성하다	完成	完成	
완화하다	緩和	緩和	
왜곡하다	歪曲	歪曲	
요구하다	要求	要求	
요약하다	要約	要約	
요청하다	要請	要請	
우려하다	憂慮	憂慮	
운반하다	運搬	運搬	
유도하다	誘導	誘導	
유지하다	維持	維持	
유행하다	流行	流行	
유혹하다	誘惑	誘惑	
의뢰하다	依賴	依賴	
의식하다	意識	意識	
의심하다	疑心	疑心	
이동하다	移動	移動	
이용하다	利用	利用	
이해하다	理解	理解	
인도하다	引導	引導	
인식하다	認識	認識	
인정하다	認定	認定	
일관하다	一貫	一貫	
일치하다	一致	一致	
임명하다	任命	任命	

한국어	한국한자	중국어	일본한자
임신하다	妊娠	妊娠	
입수하다	入手	入手	
자제하다	自制	自制	
작성하다	作成	作成	
작용하다	作用	作用	
장식하다	裝飾	裝飾	
장악하다	掌握	掌握	
재배하다	栽培	栽培	
재현하다	再現	再現	
전개하다	展開	展開	
전시하다	展示	展示	
전제하다	前提	前提	
전진하다	前進	前進	
절약하다	節約	節約	
접근하다	接近	接近	
접수하다	接受	接受	
정돈하다	整頓	整頓	
정리하다	整理	整理	
정복하다	征服	征服	
정의하다	定義	定義	
정지하다	停止	停止	
제거하다	除去	除去	
제공하다	提供	提供	
제기하다	提起	提起	
제시하다	提示	提示	
제약하다	制約	制約	
제외하다	除外	除外	
제작하다	製作	製作	
제정하다	制定	制定	
제출하다	提出	提出	
조리하다	調理	調理	

한국어	한국한자	중국어	일본한자
조명하다	照明	照明	
조사하다	調査	調査	
조작하다	造作	造作	
조장하다	助長	助長	
조정하다	調整	調整	
조종하다	操縱	操縱	
조직하다	組織	組織	
조치하다	措置	措置	
좌우하다	左右	左右	
좌절하다	挫折	挫折	
주도하다	主導	主導	
주입하다	注入	注入	
준비하다	準備	準備	
중시하다	重視	重視	
중지하다	中止	中止	
지배되다	支配	支配	
지배하다	支配	支配	
지시하다	指示	指示	
지원하다	志願	志願	
지적하다	指摘	指摘	
지정하다	指定	指定	
지휘하다	指揮	指揮	
진술하다	陳述	陳述	
진행하다	進行	進行	
진화하다	進化	進化	
짐작하다	斟酌	斟酌	
집중하다	集中	集中	
착안하다	着眼	着眼	
창작하다	創作	創作	
창조하다	創造	創造	
채용하다	採用	採用	

한국어	한국한자	중국어	일본한자
천명하다	闡明	闡明	
철회하다	撤回	撤回	
청구하다	請求	請求	
청산하다	淸算	淸算	
체결하다	締結	締結	
체포하다	逮捕	逮捕	
초과하다	超過	超過	
초대하다	招待	招待	
초월하다	超越	超越	
촉진하다	促進	促進	
추가하다	追加	追加	
추구하다	追求	追求	
추정하다	推定	推定	
추진하다	推進	推進	
추천하다	推薦	推薦	
축소하다	縮小	縮小	
축적하다	蓄積	蓄積	
출산하다	出産	出産	
출판하다	出版	出版	
출품하다	出品	出品	
치료하다	治療	治療	
침해하다	侵害	侵害	
타파하다	打破	打破	
탄생하다	誕生	誕生	
탈락하다	脫落	脫落	
탐색하다	探索	探索	
통과하다	通過	通過	
통보하다	通報	通報	
통일하다	統一	統一	
통제하다	統制	統制	
통합하다	統合	統合	

한국어	한국한자	중국어	일본한자
투입하다	投入	投入	
파견하다	派遣	派遣	
파괴하다	破壞	破壞	
포기하다	抛棄	抛棄	
포함하다	包含	包含	
폭로하다	暴露	暴露	
표명하다	表明	表明	
표방하다	標榜	標榜	
표시하다	表示	表示	
표현하다	表現	表現	
하락하다	下落	下落	
한정하다	限定	限定	
합격하다	合格	合格	
합의하다	合意	合意	
해결하다	解決	解決	
해석하다	解析	解析	
해제하다	解除	解除	
허가하다	許可	許可	
훼손하다	毁損	毁損	
가공하다	加工	加工	
가열하다	加熱	加熱	
가입하다	加入	加入	
간과하다	看過	看過	
간파하다	看破	看破	
감격하다	感激	感激	
감독하다	監督	監督	
감동하다	感動	感動	
감사하다	感謝	感謝	
감상하다	鑑賞	鑑賞	
감소하다	減少	減少	
감수하다	甘受	甘受	

한국어	한국한자	중국어	일본한자
감지하다	感知	感知	
강구하다	講究	講究	
강의하다	講義	講義	
개발하다	開發	開發	
개방하다	開放	開放	
개설하다	開設	開設	
개의하다	介意	介意	
거절하다	拒絶	拒絶	
거주하다	居住	居住	
견지하다	堅持	堅持	
결심하다	決心	決心	
결의하다	決議	決議	
결합하다	結合	結合	
결혼하다	結婚	結婚	
경고하다	警告	警告	
고백하다	告白	告白	
고소하다	告訴	告訴	
고수하다	固守	固守	
고심하다	苦心	苦心	
고집하다	固執	固執	
공격하다	攻擊	攻擊	
공경하다	恭敬	恭敬	
공략하다	攻略	攻略	
공언하다	公言	公言	
공존하다	共存	共存	
과시하다	誇示	誇示	
관리하다	管理	管理	
괄목하다	刮目	刮目	
교환하다	交換	交換	
군림하다	君臨	君臨	
굴복하다	屈服	屈服	

한국어	한국한자	중국어	일본한자
근무하다	勤務	勤務	
근접하다	近接	近接	
급등하다	急騰	急騰	
긍정하다	肯定	肯定	
기고하다	寄稿	寄稿	
기능하다	機能	機能	
기억하다	記憶	記憶	
기초하다	基礎	基礎	
나열하다	羅列	羅列	
냉동하다	冷凍	冷凍	
노력하다	努力	努力	
능가하다	凌駕	凌駕	
달성하다	達成	達成	
대기하다	待機	待機	
도래하다	到來	到來	
도출하다	導出	導出	
동결하다	凍結	凍結	
동의하다	同意	同意	
등장하다	登場	登場	
멸망하다	滅亡	滅亡	
모집하다	募集	募集	
목욕하다	沐浴	沐浴	
몰락하다	沒落	沒落	
반문하다	反問	反問	
반성하다	反省	反省	
반영하다	反映	反映	
발원하다	發源	發源	
방출하다	放出	放出	
방황하다	彷徨	彷徨	
배제하다	排除	排除	
배척하다	排斥	排斥	

한국어	한국한자	중국어	일본한자
배회하다	徘徊	徘徊	
번식하다	繁殖	繁殖	
보답하다	報答	報答	
보유하다	保有	保有	
복용하다	服用	服用	
복종하다	服從	服從	
부인하다	否認	否認	
부재하다	不在	不在	
부정하다	否定	否定	
부탁하다	付託	付託	
부패하다	腐敗	腐敗	
분노하다	憤怒	憤怒	
분만하다	分娩	分娩	
비난하다	非難	非難	
비례하다	比例	比例	
사망하다	死亡	死亡	
상륙하다	上陸	上陸	
상상하다	想像	想像	
생동하다	生動	生動	
생산하다	生産	生産	
생존하다	生存	生存	
생활하다	生活	生活	
서명하다	署名	署名	
서식하다	棲息	棲息	
선동하다	煽動	煽動	
설치하다	設置	設置	
성립하다	成立	成立	
성취하다	成就	成就	
성행하다	盛行	盛行	
세안하다	洗顔	洗顔	
세탁하다	洗濯	洗濯	

한국어	한국한자	중국어	일본한자
쇠퇴하다	衰退	衰退	
수사하다	搜査	搜査	
수상하다	受賞	受賞	
수술하다	手術	手術	
수확하다	收穫	收穫	
순산하다	順産	順産	
순환하다	循環	循環	
숭배하다	崇拜	崇拜	
습득하다	習得	習得	
승리하다	勝利	勝利	
승인하다	承認	承認	
시행하다	施行	施行	
신뢰하다	信賴	信賴	
신음하다	呻吟	呻吟	
실망하다	失望	失望	
실패하다	失敗	失敗	
심판하다	審判	審判	
악수하다	握手	握手	
안심하다	安心	安心	
암시하다	暗示	暗示	
양성하다	養成	養成	
여행하다	旅行	旅行	
역임하다	歷任	歷任	
연기하다	演技	演技	
연대하다	連帶	連帶	
연습하다	練習	練習	
열중하다	熱中	熱中	
옹호하다	擁護	擁護	
외면하다	外面	外面	
외출하다	外出	外出	
우승하다	優勝	優勝	

한국어	한국한자	중국어	일본한자
운동하다	運動	運動	
운운하다	云云	云云	
원망하다	怨望	怨望	
월동하다	越冬	越冬	
위반하다	違反	違反	
위치하다	位置	位置	
유보하다	留保	留保	
유의하다	留意	留意	
응시하다	凝視	凝視	
응징하다	膺懲	膺懲	
의논하다	議論	議論	
의미하다	意味	意味	
의존하다	依存	依存	
이행하다	履行	履行	
이혼하다	離婚	離婚	
인사하다	人事	人事	
인용하다	引用	引用	
입각하다	立脚	立脚	
입원하다	入院	入院	
입장하다	入場	入場	
입항하다	入港	入港	
자립하다	自立	自立	
자부하다	自負	自負	
자살하다	自殺	自殺	
작업하다	作業	作業	
재직하다	在職	在職	
저장하다	貯藏	貯藏	
저주하다	詛呪	詛呪	
저축하다	貯蓄	貯蓄	
저항하다	抵抗	抵抗	
적용하다	適用	適用	

한국어	한국한자	중국어	일본한자
전공하다	專攻	專攻	
전망하다	展望	展望	
전화하다	電話	電話	
전후하다	前後	前後	
점령하다	占領	占領	
접합되다	接合	接合	
정비하다	整備	整備	
제안하다	提案	提案	
제의하다	提議	提議	
조절하다	調節	調節	
존경하다	尊敬	尊敬	
존재하다	存在	存在	
존중하다	尊重	尊重	
종사하다	從事	從事	
종합하다	綜合	綜合	
주관하다	主管	主管	
주둔하다	駐屯	駐屯	
주시하다	注視	注視	
주의하다	注意	注意	
주재하다	主宰	主宰	
주저하다	躊躇	躊躇	
지도하다	指導	指導	
지지하다	支持	支持	
지출하다	支出	支出	
지향하다	志向	志向	
직면하다	直面	直面	
진입하다	進入	進入	
진출하다	進出	進出	
질문하다	質問	質問	
집권하다	執權	執權	
집착하다	執着	執着	

한국어	한국한자	중국어	일본한자
집필하다	執筆	執筆	
집행하다	執行	執行	
착수하다	着手	着手	
찬성하다	贊成	贊成	
참가하다	參加	參加	
참고하다	參考	參考	
청소하다	淸掃	淸掃	
추락하다	墜落	墜落	
축하하다	祝賀	祝賀	
출가하다	出家	出家	
출근하다	出勤	出勤	
출두하다	出頭	出頭	
출마하다	出馬	出馬	
출세하다	出世	出世	
출연하다	出演	出演	
출자하다	出資	出資	
출현하다	出現	出現	
충돌하다	衝突	衝突	
충성하다	忠誠	忠誠	
취득하다	取得	取得	
취임하다	就任	就任	
취재하다	取材	取材	
취직하다	就職	就職	
측정하다	測定	測定	
침략하다	侵略	侵略	
침입하다	侵入	侵入	
타락하다	墮落	墮落	
타협하다	妥協	妥協	
탈취하다	奪取	奪取	
탈피하다	脫皮	脫皮	
토론하다	討論	討論	

한국어	한국한자	중국어	일본한자
통치하다	統治	統治	
퇴근하다	退勤	退勤	
퇴원하다	退院	退院	
투자하다	投資	投資	
팽배하다	澎湃	澎湃	
편찬하다	編纂	編纂	
포용하다	包容	包容	
포착하다	捕捉	捕捉	
표시하다	標示	標示	
합류하다	合流	合流	
항복하다	降伏	降伏	
항의하다	抗議	抗議	
항해하다	航海	航海	
해방하다	解放	解放	
행동하다	行動	行動	
행사하다	行使	行使	
향유하다	享有	享有	
허락하다	許諾	許諾	
현존하다	現存	現存	
협력하다	協力	協力	
협박하다	脅迫	脅迫	
협의하다	協議	協議	
형성하다	形成	形成	
혼인하다	婚姻	婚姻	
화해하다	和解	和解	
확립하다	確立	確立	
확보하다	確保	確保	
확신하다	確信	確信	
확인하다	確認	確認	
확정하다	確定	確定	
활동하다	活動	活動	

한국어	한국한자	중국어	일본한자
활약하다	活躍	活躍	
회복하다	回復	回復	
회상하다	回想	回想	
회피하다	回避	回避	
획득하다	獲得	獲得	
효도하다	孝道	孝道	
후퇴하다	後退	後退	
후회하다	後悔	後悔	
흥분하다	興奮	興奮	
희생하다	犧牲	犧牲	
보고하다	報告	報告	
방문하다	訪問	訪問	
희망하다	希望	希望	

한·중·일 한자 형태가 같은 것
(일본 한자어가 간체자로 쓰이는 것)

한국어	한국한자	중국어	일본한자
변호	辯護	辯護	弁護
변명	辨明	辨明	弁明
변경	變更	變更	変更
변화	變化	變化	変化
변모	變貌	變貌	変貌
변신	變身	變身	変身
병행	立行	立行	並行
박탈	剝奪	剝奪	剝奪
참여	參與	參與	參与
칭찬	稱讚	稱讚	称賛
지속	持續	持續	持續
출발	出發	出發	出發
처벌	處罰	處罰	處罰
처분	處分	處分	處分
처리	處理	處理	處理
자극	刺戟	刺戟	刺激·刺戟
착각	錯覺	錯覺	錯覺
답변	答辯	答辯	答弁
담보	擔保	擔保	担保
담당	擔當	擔當	担当
당면	當面	當面	当面
등록	登錄	登錄	登錄
투쟁	鬪爭	鬪爭	鬪爭
독립	獨立	獨立	獨立

한국어	한국한자	중국어	일본한자
독점	獨占	獨占	獨占
단정	斷定	斷定	斷定
단언	斷言	斷言	斷言
대화	對話	對話	對話
대항	對抗	對抗	對抗
대응	對應	對應	對応
발표	發表	發表	發表
발달	發達	發達	發達
발동	發動	發動	發動
발휘	發揮	發揮	發揮
발견	發見	發見	發見
발굴	發掘	發掘	發掘
발간	發刊	發刊	發刊
발명	發明	發明	發明
발생	發生	發生	發生
발행	發行	發行	發行
발전	發展	發展	發展
번역	飜譯	飜譯	翻譯
반대	反對	反對	反對
반응	反應	反應	反応
가정	假定	假定	仮定
방어	防禦	防禦	防禦・防御
폐기	廢棄	廢棄	廢棄
폐지	廢止	廢止	廢止
분담	分擔	分擔	分担
복사	複寫	複寫	複寫
부담	負擔	負擔	負担
해당	該當	該當	該当
간섭	干涉	干涉	干涉
감탄	感歎	感歎	感嘆・感歎
고발	告發	告發	告發

한국어	한국한자	중국어	일본한자
근거	根據	根據	根據
공헌	貢獻	貢獻	貢獻
관련	關聯	關聯	關連
관계	關係	關係	關係
관람	觀覽	觀覽	觀覽
귀의	歸依	歸依	歸依
환호	歡呼	歡呼	歡呼
환영	歡迎	歡迎	歡迎
회수	回收	回收	回收
회전	回轉	回轉	回轉
격려	激勵	激勵	激勵
즉위	卽位	卽位	卽位
급증	急增	急增	急增
계획	計劃	計劃	計畫
기록	記錄	記錄	記錄
기여	寄與	寄與	寄与
계승	繼承	繼承	継承
계속	繼續	繼續	継續
검토	檢討	檢討	檢討
견학	見學	見學	見學
교차	交叉	交叉	交叉·交差
교체	交替	交替	交代·交替
교육	敎育	敎育	敎育
접촉	接觸	接觸	接触
해석	解釋	解釋	解釋
해체	解體	解體	解体
경험	經驗	經驗	経驗
경영	經營	經營	経營
정화	淨化	淨化	淨化
경쟁	競爭	競爭	競爭
구제	救濟	救濟	救濟

한국어	한국한자	중국어	일본한자
압도	壓倒	壓倒	壓倒
압축	壓縮	壓縮	壓縮
거행	擧行	擧行	擧行
각오	覺悟	覺悟	覺悟
갈망	渴望	渴望	渴望
확충	擴充	擴充	擴充
확대	擴大	擴大	擴大
확장	擴張	擴張	擴張
낭독	朗讀	朗讀	朗讀
노동	勞動	勞動	勞働
연상	聯想	聯想	連想
열거	列擧	列擧	列擧
유학	留學	留學	留學
녹음	錄音	錄音	錄音
만족	滿足	滿足	滿足
묘사	描寫	描寫	描寫
모색	摸索	摸索	摸索・模索
묵인	默認	默認	默認
판단	判斷	判斷	判斷
팽창	膨脹	膨脹	膨張
평가	評價	評價	評価
기도	祈禱	祈禱	祈禱
기획	企劃	企劃	企畫
기도	企圖	企圖	企図
기소	起訴	起訴	起訴
계발	啓發	啓發	啓發
강조	強調	強調	強調
강조	強調	強調	強調
강화	強化	強化	強化
강행	強行	強行	強行
강제	強制	強制	強制

한국어	한국한자	중국어	일본한자
경청	傾聽	傾聽	傾聽
구별	區別	區別	區別
구분	區分	區分	區分
취소	取消	取消	取消す
권유	勸誘	勸誘	勸誘
양보	讓步	讓步	讓步
입학	入學	入學	入學
섭렵	涉獵	涉獵	涉獵
침묵	沈默	沈默	沈默
실천	實踐	實踐	實踐
실시	實施	實施	實施
실현	實現	實現	實現
실행	實行	實行	實行
실험	實驗	實驗	實驗
실재	實在	實在	實在
시청	視聽	視聽	視聽
시도	試圖	試圖	試図
적응	適應	適應	適応
수집	收集	收集	收集
수집	蒐集	蒐集	收集·蒐集
수렴	收斂	收斂	收斂
수록	收錄	收錄	收錄
수습	收拾	收拾	收拾
순응	順應	順應	順応
체험	體驗	體驗	体験
도전	挑戰	挑戰	挑戰
왕래	往來	往來	往來
위장	僞裝	僞裝	僞裝
위로	慰勞	慰勞	慰勞
흡수	吸收	吸收	吸收
헌신	獻身	獻身	獻身

한국어	한국한자	중국어	일본한자
상관	相關	相關	相關
상응	相應	相應	相応
서술	敍述	敍述	叙述
선전	宣傳	宣傳	宣伝
선발	選拔	選拔	選拔
선택	選擇	選擇	選擇
의거	依據	依據	依據
억압	抑壓	抑壓	抑壓
은폐	隱蔽	隱蔽	隱蔽
응답	應答	應答	応答
응용	應用	應用	応用
유발	誘發	誘發	誘發
예측	豫測	豫測	予測
예방	豫防	豫防	予防
예고	豫告	豫告	予告
예기	豫期	豫期	予期
예상	豫想	豫想	予想
예약	豫約	豫約	予約
전파	傳播	傳播	伝播
전달	傳達	傳達	伝達
운영	運營	運營	運營
운전	運轉	運轉	運轉
증가	增加	增加	增加
진단	診斷	診斷	診斷
진압	鎭壓	鎭壓	鎭壓
증명	證明	證明	証明
증언	證言	證言	証言
중단	中斷	中斷	中斷
전환	轉換	轉換	轉換
자각	自覺	自覺	自覺
총괄	總括	總括	總括

한국과 중국 한자 형태가 같은 것

한국어	한자	중국어
순종	順從	順從
숭상	崇尙	崇尙
실수	失手	失手
용납	容納	容納
위협	威脅	威脅
유념	留念	留念
종용	慫慂	慫慂
출전	出戰	出戰
협조	協助	協助
호소	號召	號召
대접	待接	待接
복귀	復歸	復歸
간주	看做	看做
대답	對答	對答
대비	對備	對備
도모	圖謀	圖謀
명심	銘心	銘心
무마	撫摩	撫摩
불구	不拘	不拘
사과	謝過	謝過
조립	組立	組立
조심	操心	操心
지칭	指稱	指稱

한국한자와 일본한자가 같은 것

한국어	한국한자	일본한자
가담	加擔	加担, 荷担
보강	補强	補强
채택	採擇	採擇
철수	撤收	撤收
존속	存續	存續
대변	代辯	代弁
점검	點檢	点檢
단행	斷行	斷行
대처	對處	對處
발견	發見	發見
반발	反撥	反撥・反發
판매	販賣	販賣
부여	附與	附与
관여	關與	關与
귀국	歸國	歸國
급증	急增	急增
가동	稼動	稼働・稼動
검출	檢出	檢出
검증	檢證	檢証
장려	獎勵	獎勵
감당	堪當	勘当
연발	連發	連發
난무	亂舞	亂舞
만끽	滿喫	滿喫
강요	强要	强要
궁리	窮理	窮理
거래	去來	去來
권장	勸獎	勸獎

한국어	한국한자	일본한자
육박	肉薄	肉迫・肉薄
속출	續出	續出
이전	移轉	移轉
억압	抑壓	抑壓
응답	應答	応答
영위	營爲	營爲
증대	增大	增大
적발	摘發	摘發
차단	遮斷	遮斷
전락	轉落	轉落
전전	轉轉	轉々
자처	自處	自處
가세	加勢	
감안	勘案	
감행	敢行	
개최	開催	
거부	拒否	
견제	牽制	
결정	決定	
결탁	結託	
경직	硬直	
고안	考案	
공감	共感	
공언	公言	
공표	公表	
관장	管掌	
구현	具現	
규명	糾明	
근접	近接	
급등	急騰	
기고	寄稿	
기술	記述	
기원	祈願	
기증	寄贈	

한국어	한국한자	일본한자
기피	忌避	
납득	納得	
납부	納付	
내포	內包	
다양	多樣	
돌입	突入	
몰두	沒頭	
몰입	沒入	
배달	配達	
배려	配慮	
봉사	奉仕	
사별	死別	
설득	說得	
소개	紹介	
수용	受容	
순화	醇化	
승진	昇進	
시사	示唆	
시인	是認	
시정	是正	
식사	食事	
신고	申告	
안내	案內	
역설	力說	
오인	誤認	
유입	流入	
육성	育成	
은퇴	隱退	
음미	吟味	
일탈	逸脫	
입력	入力	
입사	入社	
자생	自生	
재개	再開	

한국어	한국한자	일본한자
전개	展開	
전념	專念	
정착	定着	
졸업	卒業	
주력	注力	
주문	注文	
주최	主催	
진학	進學	
창출	創出	
철폐	撤廢	
체념	諦念	
추방	追放	
추적	追跡	
출제	出題	
특기	特記	
파악	把握	
표출	表出	
해명	解明	
해소	解消	
홍보	弘報	
활용	活用	
결성	結成	
대기	待機	
입증	立證	
자행	恣行	
작동	作動	
저지	沮止	
정립	定立	
제대	除隊	
제한	制限	
조달	調達	
조성	造成	
지급	支給	
지양	止揚	

한국어	한국한자	일본한자
직시	直視	
집계	集計	
착용	着用	
책정	策定	
철거	撤去	
초래	招來	
초청	招請	
촬영	撮影	
추궁	追窮	
추출	抽出	
추측	推測	
출범	出帆	
출항	出港	
치유	治癒	
탈출	脫出	
탐구	探求	
토의	討議	
편성	編成	
폭락	暴落	
피력	披瀝	
함유	含有	
도착	到着	
망라	網羅	
매각	賣却	
매도	罵倒	
배격	排擊	
배반	背反	
배출	排出	
배출	輩出	
배포	配布	
보완	補完	
부과	賦課	
부재	不在	
사양	辭讓	

한국어	한국한자	일본한자
산재	散在	
상기	想起	
상정	想定	
수행	遂行	
애원	哀願	
언급	言及	
연명	延命	
운항	運航	
유보	留保	
일축	一蹴	
납치	拉致	
논의	論議	
수락	受諾	
연행	連行	
염려	念慮	
이륙	離陸	
이사	移徙	
이탈	離脫	
이행	移行	
인접	隣接	
입건	立件	
장착	裝着	
정진	精進	
허용	許容	
둔갑	遁甲	
취급	取扱	

참고문헌

사전 :

[1] ≪辭源≫ 商務印書館, 1998
[2] ≪새국어사전≫ 제3판, 이기문, 두산동아, 1998
[3] ≪표준국어대사전≫ 국립국어연구원, 두산동아, 1999
[4] ≪한중이의어사전≫ 최성만, 서림문화사, 1999
[6] ≪現代漢語辭典≫ 제2판, 상무인서관, 1983
[7] ≪新華辭典≫ 수정판, 商務印書館, 2001
[8] ≪中韓辭典≫ 고려대학교 민족문화연구소, 1989
[9] ≪국어사전≫ 전자판.

논저 :

[10] 강신항, 鷄林類事≪高麗方言≫연구, 성균관대학교 출판부, 1980
[11] 강신항, 현대 국어 어휘 사용의 양상, 태학사, 1991
[12] 강은국, 현대조선어, 1987
[13] 강은국, 조선어문형연구, 서광학술자료사, 1993
[14] 고신숙, 조선어리론문법(품사론), 과학·백과사전출판사, 1987
[15] 고영근, 國語 接尾辭의 研究, 서울 : 백합출판사, 1974
[16] 奇周衍, 近代國語 造語論 研究 1 派生法 篇, 1994
[17] 김계곤, 현대국어조어법연구, 박이정도서출판, 1996
[18] 김광해, 국어어휘론개설, 집문당, 1993
[19] 김규철, 국어연구 어디까지 왔나(서울대 대학원 국어연구회편) 동아출판사, 1990
[20] 김기혁, 국어 문법 연구, 박이정 도서출판, 1996
[21] 김동익·강은국, 조선어문법, 연변대학조문학부, 1995
[22] 김동찬, 조선어실용문법, 사회과학출판사, 2005
[23] 김백련, 조선어문장론, 사회과학출판사, 2005
[24] 김성근, 조선어어음론, 사회과학출판사, 2005
[25] 김영배·신현숙, 현대 한국어 문법, 한신문화사, 1994
[26] 김영희, 한국어 통사현상의 의의, 도서출판 역락, 2005

[27] 김옥희, 조선어품사론, 사회과학출판사, 2005

[28] 김용구, 조선어리론문법(문장론), 과학·백과사전출판사, 1986

[29] 김인균, 국어 명사의 문법, 역락, 2005

[30] 김정남, 국어 형용사의 연구, 도서출판 역락, 2005

[31] 김정은, 국어 단어형성법 연구 박이정, 1995c

[32] 김종택, 국어 어휘론, 탑출판사, 1992

[33] 김종훈, 한국고유한자연구, 집문당, 1983

[34] 김진우, 언어와 의사소통, 한신문화사, 1995

[35] 김진호, 국어 특수조사의 통사·의미 연구, 도서출판 역락, 2000

[36] 김창섭, 국어 단어 형성과 단어 구조 연구(國語學業書 21), 태학사, 1996

[37] 김형배, 국어사동사 연구, 박이정, 1997

[38] 남기심, 현대국어 통사론, 태학사, 2001

[39] 남기심·고영근, 표준국어문법론(개정판), 탑출판사, 1998

[40] 최봉춘, 조선어한어어휘대비, 연변대학출판사 한문판, 1989

[41] 노명희, 한자어형태론, 국어학회, 1997

[42] 노명희, 현대국어 한자어연구, 태학사, 2005

[43] 류구상 외, 한국어의 목적어, 월인, 2001

[44] 리근영, 조선어리론문법(형태론), 과학백과사전출판사, 1985

[45] 리동빈, 조선어단어분화연구, 도서출판 역락, 2003

[46] 박병선, 한국어 계량적 연구 방법론, 도서출판 역락, 2005

[47] 박승윤, 기능문법론, 한신문화사, 1990

[48] 박영섭, 國語漢字語語彙論, 박이정, 1995

[49] 서승현, 국어의 형태·통사적 구성에 관한 연구, 보고사, 2002

[50] 서정목, 문법의 모형과 핵 계층 이론, 태학사, 1998

[51] 서정수, 동사 '하'의 문법, 형성출판사, 1975a

[52] 서정수, 국어문법의 연구, 한국문화사, 1991

[53] 성광수, 한국어 문장 표현의 양상, 월인, 1999

[54] 송기중, 現代國語 漢字語 形態論, 形態, 태학사, 1993

[55] 송원용, 국어 어휘부와 단어형성, 국어학회, 2005

[56] 송철의, 국어 파생어 형성 연구, 國語學業書18, 태학사, 1992

[57] 시정곤, 국어 통사 구조 연구 I, 서강대학교 출판부, 1994

[58] 시정곤 외, 논항구조란 무엇인가, 월인, 2000

[59] 시정곤, 국어의 단어형성 원리, 한국문화사, 1998

[60] 신기상, 漢字語構文과 그 語順에 대하여, 한국어의 역사, 보고사, 1996

[61] 신기상, 현대국어 한자어, 북스힐, 2005
[62] 심재기, 국어의휘론신강, 태학사, 1982
[63] 심재기, 한국어어휘론 집문당, 총 475면, 1982
[64] 안병희, 문법론, 국어학 개론, 수도출판사, 1965
[65] 왕 력, 한어어휘사, 상무인서관 한문판, 1993
[66] 우인혜, 우리말 피동 연구, 한국문화사, 1997
[67] 우형식, 국어 타동구문 연구, 도서출판 박이정, 1996
[68] 유은종, 조선어의미론연구, 료녕인민출판사, 1996
[69] 유은종, 현대조선어어휘론, 연변대학출판사, 1999
[70] 이광정, 국어학의 새로운 조명, 역락 도서출판, 2003
[71] 이근영, 조선어리론문법(형태론), 과학·백과사전출판사, 1985
[72] 이기종, 우리말의 인지론적 분석, 역락 도서출판, 2001
[73] 이선웅, 국어 명사의 논항구조 연구, 월인, 2005
[74] 이용주, 한국 한자어에 관한 연구, 삼영사, 1974
[75] 이익섭, 한자어 조어법의 유형, 이숭녕박사 송수기념논총, 1968
[76] 이익환·이민행, 심리동사의 의미론, 역락 도서출판, 2005
[77] 이정민, 언어학사전, 박영사, 1987
[78] 이홍배 역, 촘스끼의 확대표준 통사론, 한신문화사, 2002
[79] 임홍빈, 국어문법의 심층(2) - 명사구와 조사구의 문법 태학사, 1998
[80] 임홍빈·이홍식 외, 한국어 구문 분석 방법론, 한국문화사, 2003
[81] 정순기, 조선어형태론, 사회과학출판사, 2005
[82] 정희정, 한국어 명사 연구, 한국문화사, 2000
[83] 조선 어문 연구회, 조선어 문법, 평양, 1949
[84] 조선문화어문법규법편찬위원회, 조선어문화어문법규법, 김일성종합대학출판사, 1976
[85] 채현식, 유추에 의한 복합명사 형성 연구, 국어학회, 2003
[86] 최경봉, 국어 명사의 의미 연구, 태학사, 1998
[87] 최금단, 현대 중국어와 한국 한자어의 대비 연구, 한신대학교 출판부, 2001
[88] 최윤갑, 조선어 한국어 연구, 홍문각, 1998
[89] 최현배, 우리말본, 정음문화사, 1978
[90] 필옥덕, 현대 한국어 동사의미 결합관계 연구, 역락 도서출판, 2004
[91] 현대조선어학, 김일성종합대학출판사, 2003
[92] 黃伯榮 廖序東, 現代漢語,高等教育出版社, 重印版, 2005
[93] 李得春, 中韓語言文字關係史研究(F), 延邊教育出版社, 2006
[94] 劉 順, 現代漢語名詞的多視角研究, 學林出版社, 2003

[95] 呂叔湘, 呂叔湘全集 (第二卷)遼宁敎育出版社, 2002

학술지 및 학위논문 :

[96] 강범모, 한국어 보문명사 구문의 의미특성, 어학연구, Vol.19 No.1, 1983 강범모, '어
    휘 의미 정보구조와 표상-한국어 명사 의미를 중심으로', ≪한국어 의미
    학≫, 5, 1999, 83-118
[97] 강범모, 서술 명사의 기준과 의미구조, 한국언어정보학회 여름학술대회 발표논문
    집, 2000
[98] 강범모, 술어명사의 의미구조, 언어학 제31호, 한국언어학회, 2001
[99] 강신항, 한국 한자음의 어제와 오늘, 국어생활 17, 국어연구소, 1989
[100] 고영근, 派生接辭의 分析問題, 語學硏究 25-1, 1989
[101] 고재설, 동작성 명사 구문에 대하여, 한국언어문학 47, 2001
[102] 고재설, 동사 '-하'와 형용사 '-하', 국어학 33, 145-175, 1999
[103] 권순고, 한자어 어형성연구, 충남대학교 대학원 국어국문학과, 1996
[104] 김계곤, 조어법, 한힌샘연구 1, 한글학회, 1988
[105] 김계곤, 현대 국어의 조어법 연구, 한글 221, 1996
[106] 김광해, 한자 합성어, 국어학 24호, 1994
[107] 김광희, 비실체성 명사의 술어화와 논항구조, 언어학 Vol.8 No.3 대한언어학회,
    1998
[108] 김규곤, 현대국어의 조어법 연구, 인천교대론문집 제4집, 1969
[109] 김규곤, 현대국어의 조어법 연구 : 뒷가지에 의한 파생법, 仁川敎大 論文集, 1969
[110] 김규철, 한자어 단어형성에 관한 연구, 국어연구 41, 국어연구회, 1980
[111] 김규철, 漢字語 單語形成에 대하여, 국어학 29, 국어학회, 1997
[112] 김기혁, 관형 구성의 통어 현상과 의미 관계, 한글 209, 한글학회, 1990
[113] 김동식, 동사 '되다'의 연구, 국어국문학 92, 배달말학회, 1984
[114] 김영희, '하다'그 대동사설의 허실, 배달말, 1984
[115] 김영희, 논항의 판별기준, 한글 12, 2004
[116] 김용하, 국어 명사구의 기능범주, 계명어문학 제6집, 51-58, 1991
    김용하, '국어 명사구의 구조 연구', 계명대학교 석사학위논문, 1990
[117] 김용하, 한국어의 유표격과 무표격, 계명대 대학원 연구 논문, 1995
[118] 김용한, 한자 어소의 의미 기증 연구, 국학자료원, 1998
[119] 김은영, 국어 어휘의 계층적 의미관계에 대한 고찰, 한국언어문학 40, 1998
[120] 김지홍, '명사구를 필요로 하는 기능범주에 대하여', ≪배달말≫ 22, 1997, 1-45

[121] 김재훈, 한국어 고유명사 추출, 연구논문집, Vol.18, 2001

[122] 김정은, 비통사적 합성법 연구, 국어교육 87-88, 1995

[123] 김정은, 한자어의 단어형성법 연구(1), 한국어의미학 1, 한국어 의미학회, 1997

[124] 김정은, 한자어의 단어형성법 연구, 한말연구 4, 한말연구학회, 1998a

[125] 김정은, 한자어의 단어형성법 연구, 국어국문학, 121, 국어국문학회, 1998b

[126] 김정은, 현대국어 조어법에 대한 연구 어문론집 4, 숙명여대, 1994

[127] 김종택, 복합한자어의 어소배합구조, 어문학 27, 한국어문학회, 1972

[128] 김지홍, 명사구의 확장과 그 논항 구조에 대하여, 배달말 20, 배달말학회, 1995

[129] 김지홍, 명사구를 필요로 하는 기능범주에 대하여, 배달말 22, 1997

[130] 김지홍, 동사구와 명사구 기능범주들의 관련성에 대하여, 백록어문, 2000

[131] 김창섭, 形容詞 派生 接尾辭들의 機能과 의미 : ≪-답-, -스럽-, -롭-, 하-≫와
     ≪-的≫의 경우, 진단학보 58, 1984

[132] 김창섭, 零派生과 意味轉移, 관악어연구, 서울대 10, 1985

[133] 김창섭, 한자어 형성과 고유어 문법의 제약, 국어학 37집, 2001

[134] 김학수, 명사의 격과 화제와의 관계, 논문집, Vol.28 No.1, 1995

[135] 김한샘, 한국어 명사의 어휘의미론적 연구, 원우론집, 2001

[136] 김형배, '시키다'의 선행요소와 접미사적 기능에 관한 연구, 한민족문화학회, 한
     민족 문화 연구, 2004

[137] 남풍현, 漢字語의 品詞轉成과 不規則性, 국어국문학 제61호, 국어국문학회, 1973

[138] 남경완, 유혜원, 한국어 구문 분석을 위한 서술성 명사 연구, 어문논집 51, 2005

[139] 노명희, 한자어 어휘형태론적 특성에 관한 연구, 국어연구 95, 서울대논문, 1990

[140] 노명희, 한자어 형태론, 국어학 29, 국어학회, 1997

[141] 都炯秀, 명사적 표현의 구조분석, 啓明研究論叢 17, 1999

[142] 박민규, 다의어의 의미 분할과 의미 분류, 한글 257, 2002

[143] 박영섭, 국어 한자어에 대한 소고, 제23회 국어학 공동연구회 발표 논문 국어학
     회, 1996

[144] 박영섭, 國語 漢字語에 대한 小攷, 국어학, 국어학회, 1997

[145] 박용욱, 의미정보를 이용한 복합명사의 결합제약, 연구논문집, 2001

[146] 박호관, 현대 국어 명사구의 유형과 특성, 우리 말글 16, 1998

[147] 박호관, 국어 명사의 유형과 통사구조, 우리 말글 23, 2001

[148] 박호관, 국어 명사구의 통사구조와 의미, 언어과학 연구 19, 2001a 박호관, '국어
     격 명사구의 통사구조와 의미', ≪언어과학 연구≫ 19, 2001, 23-46

[149] 박호관, 국어 속격 명사구와 {-의}의 의미, 우리 말글 21, 2001b

[150] 서승현, 국어의 형태·통사적 구성에 관한 연구 보고서, 2002

[151] 서정수, (현대)한국어 문법연구의 개관, 한국문화사, 1991

[152] 서정수, 동사 '하-'와 '되-'에 대하여, 어학연구 27권 3호, 서울대학교, 1991

[153] 성원경, 한·중 양국에서 현용하는 한자어휘 비교고 : 중국어의 특수어휘를 중심
으로 省谷論業 제8집, 1977

[154] 송기중, 현대국어 한자어의 구조, 한국어문 1집, 한국정신문화연구원, 1~85면, 1990

[155] 송기중, 현대국어 한자어의 구조, 한국어문 1집, 한국정신문화연구원, 1992

[156] 송병학, 한국어의 동명사 복합어, 충남대 논문집 7권 1호, 1980

[157] 심재기, 한자어의 전래와 그 기원의 계보, 김형규영수기념논총, 1971

[158] 심재기, 한자어의 구조와 그 조어력, 국어생활 제8호, 국어연구회, 1987

[159] 심재기, 한자어 수용에 관한 통시적 연구, 국어학 18, 1989

[160] 안희돈, 경동사 생략과 어휘의미구조, 현대문법연구, 현대문법학회, 1997

[161] 양동휘, 국어 피·사동연구, 한글 166, 1979

[162] 양인석, 부정어 죄향이동, 언어와 언어학, 1996

[163] 우인혜, '되다'와 '지다'의 비교고찰, 한국학논집 23, 한양대학교, 1993

[164] 우형식, 국어의 관형절과 핵심명사, 원우론집, 1987

[165] 원대성, 명사의 상적 특성에 대한 연구, 국어연구 65, 1986

[166] 원유상, 명사의 지위에 관한 연구, 논문집, 1988

[167] 유승섭, 국어의 결속과 공범주의 통제양상, 한국언어문학 제39호, 1997

[168] 유승섭, 국어 내포구문의 논항 구조, 한글 256, 2002

[169] 유승섭, 국어 겹목적어 구문의 격 점검현상, 한글 263, 2004

[170] 유영기, 중국어의 어휘구조 연구, 성균관대학교 중어중문학과, 1991

[171] 유혜원, '-을/를'이 나타나는 피동문 연구, 한국어학 제9집, 한국어학회, 1999

[172] 윤평선, 국어 명사의 의미관계에 대한 연구, 한국언어문학 제35호, 1995

[173] 이건식, 복합명사와 명사구의 의미 해석, 國文學論集 - 檀國大學校國語國文學科,
1989

[174] 이강로, 한자어의 기원적 계보, 국어생활, Vol. No.8, 1987

[175] 이득춘, 한국 한자어와 중국어의 대조에서 나타나는 구조적 및 의미적 차이, 연
세대말 19, 1994

[176] 이병모, 명사의 하위분류에 대하여, 한글 251, 167-201, 2001

[177] 이병규, 잠재논항의 개념 정립, 남기심 엮음, 국어 문법의 탐구, 1998

[178] 이상규, 한자어 단어형성에 대하여, 한양어문 제15집, 1997

[179] 이선영, 용언어간의 어휘형성론적 고찰, 국어학, 국어학회, 2003

[180] 이수련, 소유도식으로 본 <오다>, <가다>, 한글 258, 2002

[181] 이승명, 국어 'N+없다'의 구조, 한글 259, 2003

[182] 이정애, 문법화의 이론적 배경과 연구의 흐름, 한국언어문학 40, 1998
[183] 이정택, 용언 '되다'와 피동법, 한글 218, 한글학회, 1992
[184] 이혜경, 중주어 구문의 논항구조에 대한 연구, 언어과학, 동남언어학회, 1998
[185] 이홍식, 동명사 설정문제에 대하여, 국어학 31집, 1998
[186] 임숙주, 韓・中에 있어서 동형한자어의 對照・比較 硏究, 경기대학교, 1997
[187] 임홍빈, 피동성과 피동구문, 국민대학교 논문집 12, 1977
[188] 임홍빈, 국어 피동화의 의미, 진단학보 45, 1978,
[189] 임홍빈, 용언의 어근분리 현상에 대하여, 언어 4-2, 1979
[190] 임홍빈, 국어 피동화의 통사와 의미, 고영근, 남기심 공편, 국어통사의미론, 탑출
　　　 판사, 1983
[191] 임홍빈, 국어 피동화의 의미, 진단학보, 진단학회, 1987
[192] 조용준, 서술성 명사의 피동화에 대한 고찰, 한말연구 2, 한말연구모임, 1996)
[193] 채희락, 한국어의 명사류와 빈범주 '소단위들', 언어와 언어학, 1996
[194] 채희락, '하-'의 특성과 경술어구문 어학연구 32-3, 409-476, 1996
[195] 최경봉, 국어 명사 관형 구성의 의미 결합 관계에 대한 고찰, 국어학 26, 국어학
　　　 회, 1995
[196] 최경봉, 명사의 의미 분류에 대하여, 한국어학 4, 1996
[197] 한영균, '명사+동사' 합성구의 형태론적 특성, 울산어문집, Vol.13, 1997
[198] 한정한, 격조사는 핵이 아니다, 한글 260, 2003
[199] 홍기선, 한국어 대격의 의미, 언어, 한국언어학회, 287-311, 1994
[200] 홍재성, 기능동사 구문연구의 한 시각 : 어휘적 접근, 인문논총 41, 서울대학교,
　　　 1996
[201] 홍재성, 한국어의 명사 I , 새국어생활 11권 4호, 국립국어연구원, 2001
[202] 홍재성, 한국어의 명사 II, 새국어생활 11권 4호, 국립국어연구원, 2001나
[203] 權善玉, 韓中日 常用漢字 比較 硏究, 경희대학교, 2002
[204] 申昌淳, 漢字語 小攷, 국어국문학, 42-43, 1969
[205] 宋基中, 現代國語 漢字語 文法, 제19회 國語硏究회 論文要旨 및 資料, 1985
[206] 宋　敏, 開化初期 新生漢字語 受容, 語文學論業, 國民大 語文學硏究所, 1999
[207] 金圭坤, 현대국어의 뒷가지 처리에 관한 관견, 한글 144, 1969
[208] 金宗澤, 複合漢字語의 語素配合 構造, 語文學, 韓國語文學會, 27, 1972
[209] 盧明姬, 漢字語의 語彙形態論的 특성에 관한 硏究, 국어연구 제95호, 국어연구회,
　　　 1990
[210] 盧明姬, 語根類 漢字語의 문법적 특성, 어문연구 제31권 제2호, 2003
[211] 李妃雅, 中國語 語彙와 韓國語 漢字語彙의 比較 연구, 인하대학교, 2001

[212] 李翊燮, 國語 造語論의 몇 問題 東洋學, 1975
[213] 陸儉明, 配价語法理論和對外漢語教學, 世界漢語教學, 第1期, 1997
[214] 潘國英, 名詞的語義特征和同語格的實現, 修辭學習, 第2期, 2005
[215] 彭玉海, 論題元, 中國俄語教學 (季刊) 第2期, 1998
[216] 郭聿楷, 語義格与語義配价, 外語与外語教學(大連外國語學院學報) 第10期, 1999
[217] 韓万衡, 德國配价論主要學派在基本問題上的觀点和分歧, 國外語言學 第3期, 1997
[218] 胡培安, 名詞和動詞的范疇轉換, 信陽師范學院學報 第6期, 2003
[219] 李 欣, <NP的 VP>短語的句法結构分析, 云南師范大學學報 第1期, 2006
[220] 劉慧淸, '名詞+動詞'詞語串构成定中式短語的內部限制條件,語言硏究, 第1期
[221] 錢 軍, 名詞+名詞結构的意義問題,外國語言文學 第一期, 2007
[222] 陸儉明, 對'NP+的+vP'結构的重新認識EJ, 中國語文 第五期, 2003
[223] 熊仲儒, 以'的'爲核心的DP結构 ,当代語言學 第2期, 2005

학위논문 :

[224] 김용하, 국어 명사구의 구조 연구, 계명대대학 석사학위논문, 1990
[225] 고광주, 국어의 비대격 구문 연구, 구려대학교 대학원 석사학위 논문, 1994
[226] 고재설, 국어의 합성동사에 대한 연구 : '명사+하다' 구성을 중심으로, 서강대 석
          사학위논문, 1987
[227] 김병일, 국어 명사구의 내적 구조 연구, 부산대학교 박사학위논문, 2000
[228] 김제열, '하다'구문의 연구, 경희대 박사학위논문, 1999
[229] 권진홍, 한국어 비서술성 명사의 논항연구, 연변대학교 박사학위논문, 2007
[230] 노명희, 현대국어 한자어의 단어구조 연구, 서울대학교 박사학위논문, 1998
[231] 도경식, 중국어 이음절 한자어 연구', 계명대 교육대학원 석사학위논문, 1976
[232] 묘춘매, 한국 어소도치 한자어의 생성과 그 의미, 고려대학교 대학원 석사학위논
          문, 1999
[233] 박영섭, '국어 한자어의 기원적 계보 연구-현용 한자어를 중심으로' 성균관대 박
          사학위논문, 1986
[234] 서정수, 동사 ≪하-≫에 대한 연구, 박사학위논문, 연세대 대학원, 1975
[235] 시정곤, 국어 단어형성 원리, 고려대 박사학위논문, 1993
[236] 이병규, 국어의 술어명사문 연구, 연세대 박사학위논문, 2001
[237] 이선영, 'x하다'에 대한 인지언어학적 고찰, 전남대학교 대학원 국어국문학과, 2004
[238] 이선웅, 국어 명사의 논항 구조 연구, 서울대학교 박사학위논문, 2004
[239] 이운영, 한국어 명사의 다의적 해석, 서울대학교 박사학위논문, 2004

[240] 이현우, 현대 국어의 명사구의 구조 연구, 서울대박사학위논문, 1995
[241] 최규일, 국어 어휘 형성에 관한 연구, 성균관대학교 박사학위논문, 1989
[242] 徐炳國 現代國語의 語形成硏究, 박사학위논문, 경북대 대학원, 1975
[243] 張佃成, 접미사 '-스럽다, -롭다, -답다'의 특성 및 중국어에서의 대응, 연변대학
     대학원 석사학위논문, 2007

찾아보기